Child Music Education

영유아 음악교육

머리말

영유아 음악교육을 강의하던 중의 일이다.

개강날, 강의실에는 50여 명 남짓한 유아교육과 학생들이 새로운 수업에 대한 기대감으로 자리하고 있었다. 2학년 학생들이 수강할 수 있는 과목임에도 불구하고 3학년, 4학년 학생들이 출석부에 기재되어 있던 터라 4학년 학생들이 마지막 학기에 왜 이 과목을 수강하게 되었는지 동기를 묻지 않을 수 없었다. 학생들의 대답을 요약하면 이렇다. 4학년 1학기에 유치원으로 교육실습을 갔는데 현장에 가서야 비로소 음악교수방법이 매우 중요하다는 것을 느꼈기 때문에 졸업하기 전 마지막 학기라도 수강신청을 했다는 것이다.

학생들의 대답을 암묵적으로 유추하면 '적어도 2학년 때까지는 음악교육의 중요성을 몰랐던 것' 이라고 생각해도 그리 큰 오류는 아닐 것이다.

이것은 비단 소수의 학생들만의 이야기는 아니다. 예비교사 시절 아동음악에 대한 강의를 들었어도 교육부에서도 명확하게 제시한 음악교육의 4가지 영역–음악감상, 노래 부르기, 악기 다루기, 창의적 표현력–의 내용 및 교수-학습방법을 구체적으로 적용해 볼 수 있는 기회를 갖지 못했거나 모델링이 될 만한 수업을 접해 보지 않았기 때문에 교육현장에 교사로 노출되었을 때 어떻게 해야 할지 자신이 없는 것이다. 그래서 대부분의 교사들은 4가지 음악영역 중 노래 부르기에 편중되어 계획안을 구성할 뿐 아니라 노래 부르기 지도 시 교사는 노래를 부르지도 않고 오직 CD나 인터넷으로 음원을 다운받아 들려주고 있는 현실이다. 물론 교육 현장에서 음악의 영역을 골고루 잘 지도하는 교사들에게는 예외적인 말이다.

고든(Gordon)을 비롯하여 많은 유아음악 학자가 "유아는 음악을 좋아한다. 유아들은 선천적으로 음악적 적성을 타고났다."라고 강하게 외친다 해도 그들이 좋아하는 음악을, 그들이 선천적으로 타고난 음악적 적성을 키워줄 수 있는 메뉴얼과 교사가 부족한 것이 현실이다.

이에 유아들에게는 음악의 즐거움을 경험하게 하고, 교사들에게는 음악을 가르치면서 행복한 경험을 제공하기 위하여 우리는 함께 연구하였고 그 결과로 소중한 책이 출판되었다.

본 책은 part I 이론편과 part II 실제편으로 구성되었다. 1장은 '영유아 음악교육의 이해'로 음악교육의 바른 개념 정립을 위해 0~2세 표준보육과정과 3~5세 누리과정 속 예술경험 영역에서 다루는 음악교육의 내용을 제시하였다. 2장에서는 음악교육의 흐름을 역사적 측면에서 이해할 수 있도록 하는 '역사적 배경'으로 이어지도록 구성하였고, 3장에서는 유아 교사들이 음악교육을 실시하기에 앞서 음악을 이해하기 위해 반드시 알아야 하는 '음악교육의 요소'를 다루었다. 4장은 음악교육의 요소가 반영된 교육을 전개할 수 있도록 '음악교육의 영역'으로 구성하였다. Part I에서 깊이 있게 다룬 이론을 바탕으로 실제적인 교육의 예시로 구성된 part II에서는 음악교육의 4가지 영역을 중심으로 5장에서는 음악감상의 실제, 6장은 노래 부르기, 7장은 악기 다루기, 8장은 음악적 창의력으로 나누어 예비유아교사들과 현직유아교사들이 적용할 수 있는 내용 및 활동계획안으로 수록하였다. 부록에서는 유아 음악의 통합적 활동인 음악극과 반주곡으로 활용할 수 있는 기악곡을 수록하였다.

아무리 훌륭한 교재라도 그 교재를 제대로 활용하지 못하거나 그것을 지도할 능력 있는 교사가 없다면 효과는 크게 기대할 수 없듯이, 아무리 훌륭한 음악이라도 그 음악을 제대로 듣지 못하거나 음악을 지도할 능력 있는 교사가 없다면 효과는 크게 기대할 수 없다.

바라기는 본 교재를 활용하는 동안 유아와 교사들이 음악적 인지능력–음악의 형식, 속도, 강약, 음색–과 음악적 표현능력이 향상되어 상상하고 표현하고 즉흥으로 연주하고 동작 및 극으로 표현해 내는 통합적인 음악활동을 경험하길 기대한다.

끝으로 부족한 원고를 흔쾌히 받아주시고 크고 작은 일들이 많았던 과정을 묵묵히 견뎌주신 파워북 유제구 사장님과 김재광 상무님, 자료 정리에 수고를 아끼지 않은 무지개 유치원 김보민·이남경 선생님, 기도로 함께 후원해 준 사랑하는 가족들, 그리고 오랜 세월 동안 유아교육 현장을 사랑하고 몸담게 해주신 하나님께 감사와 영광을 돌린다.

2014년 9월

저자

차례

Part I 영유아 음악교육의 이해

제1장 영유아 음악교육의 이론

제2장 음악교육의 역사적 배경

제3장 음악교육의 요소

PART I 영유아 음악교육의 이해

제1장

영유아 음악교육의 이론

1. 영유아 음악교육의 중요성

영유아는 일상생활 속에서 노래를 부르거나 다양한 음악에 반응하는 등의 음악적 활동을 한다. 그린버그(Greenberg, 1979)에 의하면 음악은 영유아의 생활요소에서 가장 본질적인 요소로, 태어날 때부터 누구나 갖고 있는 잠재력이며 이러한 잠재력을 바탕으로 음악을 만들고 노래 부르며 리드미컬하게 움직이고 음악을 듣고 연주하며 만들어봄으로써 무한한 기쁨을 얻을 수 있다고 하였다. 실제로 영유아는 음악에 민감하게 반응하고 주변 세계에 대한 실험과 탐색을 통해 음악을 경험하고 즐거움을 느낀다. 또한 음악적 훈련을 받아본 경험 없이 유아는 본능적으로 듣고, 노래하고, 춤을 추고, 연주하며, 스스로 음악적으로 표현할 수 있는 능력을 소유하고 있다(Campbell & Scott-Kassner, 1995).

고든(Gordon, 1990)은 모든 영유아가 선천적으로 어느 정도의 음악 적성을 지니고 태어나며, 이러한 타고난 음악 적성은 적절한 환경적 조건이나 교육을 통해 발달할 수 있다고 주장하였으며, 동시에 음악 적성 발달의 가장 중요한 시기를 '영유아기'라고 강조하였다. 또한 영유아는 누구나 음악적 소질을 가지고 태어나며 영유아기의 경험, 교육, 환경에 의해 음악성이 발달하다가 9세가 지나면 그 성장이 멈춘다고 하였다.

호지(Hodges)는 뇌음악Neuromusical이란 연구 주제에서 다음과 같은 5가지의 흥미로운 명제를 제시하였다. 첫째, 음악은 인간에게 있어서 생물학적인 권리이다. 둘째, 인간은 태내에서부터 시작해서 죽을 때까지 음악적 자극에 반응한다. 셋째, 음악적 훈련을 받은 사람의 뇌의 형질은 훈련을 받지 않은 사람의 것과 다르다. 넷째, 음악적 뇌는 분야별로 나뉘어 있고modularized, 특정 부위가 특정한 음악적 임무를 수행한다. 다섯째, 장애가 있거나 병이든 사람도 음악과 음악학습을 통하여 뇌의 기능회복resilence이 가능하게 된다(Hodges, 1996).

영유아 음악의 중요성을 강조한 연구자들은 음악의 개념은 언어에 대한 이해와 반복적인 연습을 통하여 두뇌를 발달시키고 적응능력을 길러주며 음악 감상하기, 노래 부르기, 악기 다루기, 신체로 표현하기, 창작하기 등과 같은 음악활동을 통하여 치료적 효과가 나타났음을 강조하였다(Wood, 1995). 또한 인지발달과 밀접한 관계가 있는 박pulse, 리듬, 템포, 강약, 형식과 같은 음악개념 요소를 느끼고, 기어가기, 미끄러지기, 걷기, 리듬동작 따라하기 등과 같은 경험에 참여하게 될 때 신체 협응력, 공간지각력 및 시지각 등의 발달이 촉진된다고 보았다(Balkin, 1985).

이렇듯 많은 학자가 영유아기 음악교육의 중요성을 강조한 것은 영유아기는 음악적 감수성을 계발하기 위한 최적기이며, 이를 위하여 다양한 음악활동과 음악교육의 기회를 제공해야 하는 중요한 시기라고 보았기 때문이다.

음악활동은 모든 영유아에게 기쁨을 주고 음악과 더불어 행복을 느끼도록 해주므로 영유아 음악교육을 통하여 느낌과 이해를 수반할 수 있는 다양한 음악적 경험을 제공해야 한다. 이러한 다양하고 풍부한 경험을 통해 음악을 느끼고 접하게 하는 것은 성장 후의 음악적 잠재력과 미적 감수성, 창의적 능력과 자신감 있는 삶을 살도록 해주는 데 있어서 중요한 영향을 미치기 때문이다.

2. 영유아 음악교육의 개념

영유아 음악교육은 영유아를 대상으로 하는 음악교육을 의미하며, 영유아라는 용어는 교육법상 "만 0세에서부터 초등학교 취학 전까지의 어린이"(「유아교육진흥법」

제2조 제1호)를 말한다. 그러므로 영유아 음악교육은 만 0세부터 초등학교에 입학하기 전까지의 아동을 대상으로 하는 음악교육을 말한다.

영유아의 성장발달에 영향을 미치는 음악을 그들에게 어떤 목표를 가지고 어떻게 교육하느냐 하는 것이 영유아 음악교육이며, 이는 다양한 음악활동을 통해 전인발달을 돕는 체계적인 활동 경험에 의해 이루어진다고 할 수 있다(안재신, 2004).

영유아는 자신을 표현하는 데 음악을 사용하며, 모든 인간이 음악적으로 의사소통할 수 있는 가능성과 음악적인 경험에 의한 강한 욕구가 있음을 보여준다.

영유아는 음악을 들으면서 흥얼거리거나 신체표현을 시도한다. 또한 놀이를 통해 다양한 활동과 경험을 하게 되는데 이러한 영유아기의 음악을 좀 더 체계적이고 조직화된 소리로 이해하고 감상하도록 이끌어주는 과정이 음악교육이라고 할 수 있다. 즉, 음악적 경험을 제공하여 음악을 지각하고, 음악을 느끼고 반응하며, 음악을 즐기게 함으로써 영유아의 음악적 경험에 대한 정서적 가치와 인지적 중요성에 반응하는 능력을 개발시켜 영유아의 음악적 능력을 기르도록 하는 활동이라 할 수 있다(박수정, 2007).

그러나 어려서부터 개인의 흥미나 소질과 상관없이 부모의 요구에 의해 악기를 일찍부터 배우는 우리 사회의 실정을 볼 때 영유아의 성장발달에 영향을 미치는 음악을 어떤 목표를 가지고 어떻게 교육하느냐 하는 것이 중요하므로 영유아 음악교육에 대한 교육적 개념 정립이 무엇보다도 선행될 필요성이 있다고 볼 수 있다.

3. 영유아 음악교육의 목표

영유아 음악은 음악적 기술을 요구하기보다는 놀이를 통한 음악활동이 되어야 한다. 따라서 영유아 음악교육의 목표는 각 발달영역을 충족시키는 데 초점을 두는 것이 바람직하다(Hartup, 1970). 영유아 음악교육의 목표를 음악적 능력과 음악적 개념의 발달, 신체발달, 정서적 발달, 언어 및 인지발달, 사회성 및 긍정적 자아개념 형성 발달, 창의성 발달로 구분하여 제시하고자 한다.

1) 음악적 능력과 음악적 개념의 발달

다양한 음악활동은 영유아로 하여금 음악 듣기, 노래 부르기, 악기 연주하기, 음악 만들기, 음악에 맞춰 동작으로 표현하기 같은 음악 능력을 개발시켜 준다. 또한 다양한 음악활동을 통하여 영유아는 자연스럽게 멜로디, 리듬, 화성, 음색, 형식, 셈여림, 빠르기 등에 대한 음악적 개념을 형성한다. 영유아의 음악활동은 주로 듣기와 표현하기의 감각적 활동이므로, 영유아는 지식을 통하여 음악적 개념을 습득하기보다는 다양한 음악적 경험을 통하여 체험적이며 점진적으로 그들의 음악에 고유한 개념을 발달시켜 나간다.

2) 신체 발달

음악활동은 신체적 움직임을 동반하는 활동을 하기 때문에 신체발달과 밀접한 관계가 있다. 음악의 빠르기와 리듬에 따라 영유아의 신체가 움직이게 함으로써 대근육과 소근육의 고른 발달을 도모한다. 또한 악기를 다루고, 손뼉을 치고 음악에 맞춰 신체표현을 하는 등의 활동을 통하여 영유아는 눈과 손의 협응력이 길러지고 소근육과 대근육의 조절 능력이 향상되며, 오감각기관의 활용을 통한 신체 탐색과 표현력의 발달을 가져오게 된다.

3) 정서적 발달

음악을 통해 부정적인 감정을 해소함으로써 정서적 안정과 균형을 이루게 된다. 음악은 그 자체로 영유아에게 만족감과 즐거움을 주고, 노래나 리듬을 통해 자유롭게 자신을 표현할 수 있도록 도움으로써 영유아의 마음 속에 내재되어 있는 긴장과 갈등을 해소시키고 정서적 안정감을 가져다 줄 수 있다. 영유아의 음악활동은 영유아가 노래를 부르거나 음악을 듣거나 악기를 다루는 등의 다양한 음악적 체험을 통하여 풍부한 감정, 충만함, 아름다움 등을 경험함으로써 심미감을 증진하도록 돕는다.

4) 언어 및 인지발달

음악적 경험은 영유아의 언어·인지발달에 영향을 준다. 영유아의 음악활동에는 실제로 언어적·인지적 요소가 매우 밀접하게 결합되어 있다. 노랫말을 통하여 어휘력을 길러주며, 다양한 문장에 대한 이해력을 향상시킨다.

노래 부르기 활동에서처럼 노랫말을 통하여 직접적으로 언어표현과 문장력을 기르는 것 이외에, 듣기를 통해 단어와 소리의 형태를 배우도록 하여 언어발달에 영향을 미친다.

음의 특성을 이해하고 음악의 개념을 형성하는 과정은 영유아가 음에 대한 변별력과 인식력, 분류능력, 음의 서열능력, 음에 대한 기억과 재생능력 등을 동반하는 과정이므로 이는 영유아의 인지능력을 향상시켜 준다. 그러므로 음악적 경험은 영유아의 사고력, 문제해결력, 소리에 대한 이해력을 개발하고, 관계·비교·개념을 통합할 수 있는 인지적 발달에 영향을 준다.

5) 사회성 및 긍정적 자아개념 형성 발달

음악활동은 영유아의 사회성 및 긍정적 자아개념 형성에 영향을 준다.

음악활동의 대부분은 소그룹이나 대그룹을 통하여 이루어지므로 집단활동에서 영유아는 음악적 즐거움을 느끼며 자발적인 참여에 대한 내적 동기를 갖게 되며, 대·소집단 음악활동에 참여하는 것을 통해 협동심을 배우고 자아를 통제하고 질서와 규율을 지키게 된다. 음악활동 속에서 영유아는 참여, 나눔, 협동의 사회적 기술을 익히게 되며, 또한 영유아에게 즐겁고 행복한 놀이학습의 음악을 맛보게 함으로써 긍정적인 자아를 이루게 한다. 영유아의 호기심과 성취감을 충족시킬 뿐 아니라, 영유아 자신이 창의적으로 시도하는 음악적 표현활동을 통하여 자신감을 가지도록 함으로써 긍정적인 자아개념을 형성하도록 돕는다.

6) 창의성 발달

음악활동은 자발적이고 적극적으로 활동에 참여하게 하고, 자신의 느낌과 생각을 자유롭게 표현하도록 유도하여 창의성 발달을 돕는다. 가드너(Gardner, 1982)는 취학 전의 영유아는 예술적인 창의력이 가장 풍부한 특성이 있는 시기라고 주장하였다. 음악은 영유아의 상상력과 탐구심을 증진시키고, 영유아의 감정과 느낌을 음악을 통해 표출하게 하여 영유아의 창의력을 표현하게 한다. 창의력이 가장 풍부한 영유아기에 음악활동을 통하여 자신의 생각과 느낌을 탐색하고 실험하며 독창적으로 표현함으로써 상상력과 표현력이 신장되고 창조적 희열을 느끼게 되며, 이는 영유아의 창조적 사고력의 신장을 돕는다.

영유아에게 있어서 음악교육은 발달의 모든 영역에 직·간접적으로 영향을 미치기 때문에 중요하다. 영유아기의 음악교육의 중요성은 그림 1-1과 같다.

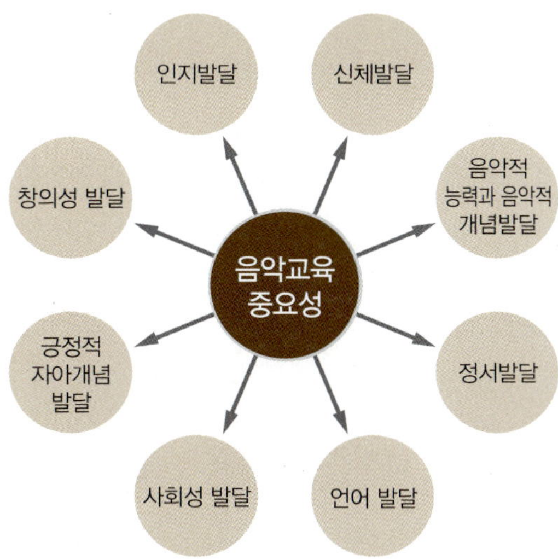

그림 1-1 영유아기 음악교육의 중요성

4. 영유아 음악교육의 내용

영유아 음악교육의 내용은 누리과정과 표준보육과정에서 찾아볼 수 있다.

누리과정은 3~5세 유아를 대상으로 하고, 표준보육과정은 0~2세 영아를 대상으로 하고 있다. 누리과정과 표준보육과정에서 음악과 관련된 영역은 '예술경험' 영역에 제시되어 있다.

영유아 음악교육의 내용을 누리과정, 표준보육과정의 예술경험 영역에서 목표, 내용, 내용체계, 교사의 지도 유의점으로 나누어 살펴보고자 한다(교육부, 2013; 보건복지부, 2013; 여성가족부, 2013).

1) 3~5세 누리과정: 예술경험

(1) 목표

아름다움에 관심을 가지고 예술경험을 즐기며, 창의적으로 표현하는 능력을 기른다. 이에 따른 소목표는 다음과 같다.

첫째, 자연과 주변 환경에서 발견한 아름다움과 예술적 요소에 관심을 갖고 탐색한다.

둘째, 자신의 생각과 느낌을 음악, 움직임과 춤, 미술, 극놀이를 통해 창의적으로 표현하는 것을 즐긴다.

셋째, 자연과 다양한 예술작품을 감상하며 풍부한 감성과 심미적 태도를 기른다.

(2) 내용

예술경험 영역에 대한 내용은 아름다움 찾아보기, 예술적 표현하기, 예술 감상하기의 3가지 범주로 구분되어 있다.

① 아름다움 찾아보기

자연 및 예술의 모든 영역을 아우르며 음악, 움직임 및 춤, 미술의 요소를 자유롭게 탐색하도록 하는 내용을 다룬다. 이를 통해 유아가 주변 환경에 잠재된 아름다움을 발견하고, 적극적으로 찾아보려는 태도를 형성할 수 있도록 돕는다.

② 예술적 표현하기

다양한 예술표현 방식을 통해 자신의 느낌과 생각을 표현하도록 하는 내용을 다룬다. 유아는 자신이 나타내려고 하는 바를 마음껏 펼칠 수 있을 때 잠재된 창의성과 표현력이 발휘되므로, 편안하고 허용적인 환경을 제공하는 것이 무엇보다 중요하다.

③ 예술 감상하기

우리나라의 전통예술을 포함하여 다양한 종류의 예술을 감상하는 경험들로 구성되어 있다. 주변에서 친근하게 접할 수 있는 자연이나 사물, 예술작품을 비롯하여 인류보편의 감성을 담고 있는 다양한 문화의 작품들에도 관심을 가져볼 기회를 제공한다.

(3) 누리과정 예술경험 내용 체계

예술경험 영역에 대한 내용범주와 3~5세의 내용을 정리하면 **표 1-1**과 같다.

표 1-1 3~5세 누리과정 예술경험 영역의 내용 범주

내용 범주	내용
아름다움 찾아보기	음악적 요소 탐색하기
	움직임과 춤 요소 탐색하기
	미술적 요소 탐색하기
예술적 표현하기	음악으로 표현하기
	움직임과 춤으로 표현하기
	미술활동으로 표현하기
	극놀이로 표현하기
	통합적으로 표현하기
예술 감상하기	다양한 예술 감상하기
	전통예술 감상하기

① '아름다움 찾아보기' 내용 범주

'아름다움 찾아보기'에서 음악적 요소 탐색하기와 움직임과 춤 탐색하기, 미술적 요소 탐색하기의 내용을 연령별로 살펴보면 **표 1-2**와 같다.

표 1-2 3~5세 누리과정 예술경험 영역의 '아름다움 찾아보기' 내용 범주

내용 범주	내용	연령		
		3세	4세	5세
아름다움 찾아보기	음악적 요소 탐색하기	다양한 소리, 음악의 셈여림, 빠르기, 리듬 등에 관심을 갖는다.		다양한 소리, 악기 등으로 음악의 셈여림, 빠르기, 리듬 등을 탐색한다.
	움직임과 춤 요소 탐색하기	움직임과 춤의 모양, 힘, 빠르기 등에 관심을 갖는다.		움직임과 춤의 모양, 힘, 빠르기, 흐름 등을 탐색한다.
	미술적 요소 탐색하기	자연과 사물의 색, 모양, 질감 등에 관심을 갖는다.		자연과 사물에서 색, 모양, 질감, 공간 등을 탐색한다.

② '예술적 표현하기' 내용 범주

'예술적 표현하기'에서 음악으로 표현하기, 움직임과 춤으로 표현하기, 미술활동으로 표현하기, 극놀이로 표현하기, 통합적으로 표현하기의 내용을 연령별로 살펴보면 **표 1-3**과 같다.

표 1-3 3~5세 누리과정 예술경험 영역의 '예술적 표현하기' 내용 범주

<table>
<tr><th rowspan="2">내용 범주</th><th rowspan="2">내용</th><th colspan="3">연령</th></tr>
<tr><th>3세</th><th>4세</th><th>5세</th></tr>
<tr><td rowspan="14">예술적 표현하기</td><td rowspan="4">음악으로 표현하기</td><td>간단한 노래를 듣고 따라 부른다.</td><td colspan="2">노래로 자신의 생각과 느낌을 표현한다.</td></tr>
<tr><td colspan="3">전래동요를 즐겨 부른다.</td></tr>
<tr><td>리듬악기로 간단한 리듬을 표현해 본다.</td><td colspan="2">리듬악기를 연주해 본다.</td></tr>
<tr><td colspan="2">간단한 리듬과 노래 등을 즉흥적으로 만들어 본다.</td><td>리듬과 노래 등을 즉흥적으로 만들어 본다.</td></tr>
<tr><td rowspan="3">움직임과 춤으로 표현하기</td><td colspan="2">신체를 이용하여 주변의 움직임을 자유롭게 표현한다.</td><td>신체를 이용하여 주변의 움직임을 다양하게 표현하며 즐긴다.</td></tr>
<tr><td colspan="3">움직임과 춤으로 자신의 생각과 느낌을 표현한다.</td></tr>
<tr><td colspan="2">도구를 활용하여 다양한 움직임으로 표현한다.</td><td>다양한 도구를 활용하여 창의적으로 움직인다.</td></tr>
<tr><td rowspan="3">미술 활동으로 표현하기</td><td>다양한 미술활동을 경험해 본다.</td><td colspan="2">다양한 미술활동으로 자신의 생각과 느낌을 표현한다.</td></tr>
<tr><td></td><td>협동적인 미술활동에 참여한다.</td><td>협동적인 미술활동에 참여하여 즐긴다.</td></tr>
<tr><td>미술활동에 필요한 재료와 도구에 관심을 가지고 사용한다.</td><td colspan="2">미술활동에 필요한 재료와 도구를 다양하게 사용한다.</td></tr>
<tr><td rowspan="2">극놀이로 표현하기</td><td>일상생활의 경험을 극놀이로 표현한다.</td><td>일상생활의 경험이나 간단한 이야기를 극놀이로 표현한다.</td><td>경험이나 이야기를 극놀이로 표현한다.</td></tr>
<tr><td></td><td colspan="2">소품, 배경, 의상 등을 사용하여 협동적으로 극놀이를 한다.</td></tr>
<tr><td rowspan="2">통합적으로 표현하기</td><td></td><td colspan="2">음악, 움직임과 춤, 미술, 극놀이 등을 통합하여 표현한다.</td></tr>
<tr><td colspan="2">예술활동에 참여하여 표현과정을 즐긴다.</td><td>예술활동에 참여하여 창의적으로 표현하는 과정을 즐긴다.</td></tr>
</table>

③ '예술감상하기' 내용 범주

'예술 감상하기'에서 다양한 예술 감상하기, 전통예술 감상하기의 내용을 연령별로 살펴보면 **표 1-4**와 같다.

표 1-4 3~5세 누리과정 예술경험 영역의 '예술 감상하기' 내용 범주

내용 범주	내용	연령		
		3세	4세	5세
예술 감상하기	다양한 예술 감상하기	다양한 음악, 춤, 미술작품, 극놀이 등을 듣거나 본다.	다양한 음악, 춤, 미술작품, 극놀이 등을 듣거나 보고 즐긴다.	
		나와 다른 사람의 예술 표현을 소중히 여긴다.		
	전통예술 감상하기	우리나라의 전통예술에 관심을 갖는다.		우리나라의 전통 예술에 관심을 갖고 친숙해진다.

(4) 지도상의 유의점

교사는 다음과 같이 예술경험지도 및 유의점에 따라 지도한다.

① 교사는 유아가 자연과 주변 환경, 사물 등에서 오감각을 이용하여 자발적으로 음악적 요소를 탐색할 수 있도록 충분한 시간과 기회를 제공한다. 3~4세는 직접 보고 듣고 만지는 등의 적극적인 탐색경험에 초점을 두며, 5세는 탐색과정에서 다양한 음악적 요소를 비교해 보거나 차이점을 구별해 보는 경험을 하게 한다.

② 유아가 자신의 생각, 느낌, 경험 등을 음악, 움직임과 춤, 노래, 극놀이 등의 예술활동을 통해 적극 표현할 수 있도록 기회를 제공한다. 이를 위해 자유로운 분위기와 안전한 개방된 공간을 조성하고, 결과보다는 과정에 중점을 두어 유아로 하여금 표현과정에서 즐거움과 만족감, 심미감을 경험하도록 한다. 또한 유아의 창의적인 표현을 촉진하기 위해서는 유아의 개별적인 표현을 격려하고 새로운 표현방법을 발견하고 시도할 수 있도록 교사의 적절한 언어적 상호작용이 필요하다. 3세는 노래의 길이가 짧고, 리듬형식이 반복적이며 쉽게

따라 부를 수 있는 음정을 선택한다. 4~5세는 다양한 장르의 노래를 표현하도록 한다.

③ 유아가 음악, 움직임과 춤, 극놀이 등의 다양한 예술작품을 감상하고 이를 소재로 생각과 느낌을 나누는 기회를 제공한다. 3세는 예술작품에 관심을 갖고 그 느낌을 자연스럽게 이야기하도록 하며, 4~5세는 작품을 분석하고 자신의 생각과 느낌에 따라 재구성해 보는 경험을 하도록 한다.

④ 교사는 우리나라의 전통예술에 관심을 갖고 친숙해질 수 있도록 전통악기와 음악, 춤, 전래놀이 등을 자주 접할 기회를 제공한다.

⑤ 교사는 유아의 자유로운 감성과 창의적인 표현을 존중하는 태도를 보인다. 이를 위해 자유롭고 허용적인 분위기를 조성하며 유아의 개별적인 표현에 대해 표정, 몸짓, 언어 등을 이용하여 구체적이고 적극적으로 반응하고 지지한다. 또한 활동에 어려움을 보이는 유아에게는 자신의 경험과 생활에 관해 이야기를 나누거나 질문하는 등의 방법을 통해 자연스럽게 동기유발이 되도록 이끌어준다.

⑥ 예술경험 영역의 활동들은 유아가 참여하는 다양한 표현활동이 서로 통합적으로 이루어지도록 한다. 예를 들어, 한 가지 예술영역 내에서의 통합, 두 가지 이상의 예술영역 간의 통합, 감상과 표현활동을 통합하여 경험하게 하며, 특히 하나의 개념이나 생활 주제 안에서 통합되도록 한다. 초기에는 한 가지 예술영역 내에서의 통합으로 시작하여 점차 두 가지 이상의 예술영역이 통합된 활동을 제공한다. 또한 예술경험 활동은 하루 일과 중에 자연스럽게 이루어지도록 하고 개별활동, 대·소집단활동의 기회를 균형 있게 제공한다.

⑦ 예술경험을 위한 교수자료는 자연과 일상생활에서 친근하게 접할 수 있는 실물자료, 사진·영상·그림 등의 시각적 자료, 동화·동시 등의 문학적 자료, 음악·다양한 소리·악기 등의 청각적 자료, 우리나라와 다른 나라의 다양한 예술작품과 문화재, 다양한 종류와 재질의 재료·도구 등이 있다. 교사는 이러한 교수자료를 유아의 연령과 발달단계를 고려하여 적극 활용함으로써 예술경험을 돕도록 한다.

2) 0~2세 표준보육과정: 예술경험

(1) 목표

예술경험은 영역은 출생 후부터 주변 환경 및 생활 속에서 다양한 예술적 요소를 흥미롭게 경험하고 즐기도록 돕기 위한 영역이다. 0~1세 표준보육과정과, 2세 표준보육과정의 예술경험 목표는 다음과 같다.

0~1세 표준보육과정 예술경험 목표
아름다움에 관심을 가진다. 1. 자신의 신체와 주변의 감각자극에 호기심을 가지고 반응한다. 2. 소리와 움직임으로 반응하고, 단순한 미술을 경험하며 모방 행동을 즐긴다. 3. 친근한 소리나 노래를 즐겨 듣고 자연물, 사물, 주변환경에 관심을 가진다.

2세 표준보육과정 예술경험 목표
아름다움에 관심을 가지고 예술경험을 즐긴다. 1. 주변 생활에서 예술적 요소를 발견하고 흥미롭게 탐색한다. 2. 간단한 리듬이나 노래, 움직임, 자발적인 미술활동을 자유롭게 시도하고 모방이나 상상놀이로 표현한다. 3. 주변의 환경과 자연 및 다양한 표현에서 예술적 요소를 관심 있게 보고 즐긴다.

(2) 내용

앞에서 예술경험 영역은 출생 후부터 영아가 주변 환경 및 생활 속에서 다양한 예술적 요소들을 흥미롭게 경험하고 즐기도록 돕기 위한 영역이라고 하였다. 이를 위해 예술경험 영역은 '아름다움 찾아보기', '예술적 표현하기', '예술 감상하기'의 세 가지 내용 범주로 구성되어 있다.

① '아름다움 찾아보기'에서는 영아가 주변의 친근한 자연이나 생활환경에서 음악, 움직임, 미술 요소와 모방적 행동에 관련된 현상이나 사물을 흥미롭게 보며 집중하며 탐색하도록 한다.

② '예술적 표현하기'에서는 영아가 음악·움직임·미술·모방 경험을 마음껏 시도하고 표현하며 자유롭게 즐기도록 한다.

③ '예술 감상하기'에서는 친근한 소리나 노래, 아름다운 사물이나 환경, 움직임·미술작품 상상놀이를 즐기며 생활에서 예술에 대해 지속적으로 흥미를 가지도록 한다.

(3) 표준보육과정 예술경험 내용 체계

표준보육과정의 0~1세, 2세를 위한 예술경험 영역의 내용 범주는 **표 1-5**와 같다.

표 1-5 0~1세, 2세의 표준보육과정 예술경험 영역의 내용 범주

내용 범주	0~1세 보육과정	2세 보육과정
아름다움 찾아보기	예술적 요소에 호기심 가지기	예술적 요소 탐색하기
예술적 표현하기	리듬 있는 소리로 반응하기	리듬 있는 소리와 노래로 표현하기
	움직임으로 반응하기	움직임으로 표현하기
	단순한 미술 경험하기	자발적으로 미술활동하기
	모방 행동 즐기기	모방과 상상놀이하기
예술 감상하기	아름다움 경험하기	아름다움 즐기기

표 1-5는 연령, 발달, 개인차 등을 고려하여 예술경험 영역을 각각의 수준으로 나누어 제시하고 있다. 따라서 0~1세 보육내용은 1·2·3·4수준, 2세 보육내용은 1·2수준으로 구분한다. 예를 들어, 2세를 담당하고 있는 보육교사는 2세 보육내용의 1·2수준을 기본으로 하되, 개인의 발달적 차이를 고려하여 발달이 느린 영유아가 있을 경우에는 0~1세 수준의 4수준을 적용할 수 있다.

① '아름다움 찾아보기' 내용 범주

'아름다움 찾아보기' 0~1세의 내용은 1·2·3·4수준, 2세의 내용은 1·2수준으로 구분하였으며, 이를 살펴보면 **표 1-6**과 같다.

표 1-6 0~2세 표준보육과정 예술경험 영역의 '아름다움 찾아보기' 내용 범주

<table>
<tr><th rowspan="2">내용 범주</th><th colspan="5">0~1세 보육과정</th><th colspan="3">2세 보육과정</th></tr>
<tr><th>내용</th><th>1수준</th><th>2수준</th><th>3수준</th><th>4수준</th><th>내용</th><th>1수준</th><th>2수준</th></tr>
<tr><td rowspan="2">아름다움 찾아보기</td><td rowspan="2">예술적 요소에 호기심 가지기</td><td colspan="4">주변의 소리와 움직임에 호기심을 가진다.</td><td rowspan="2">예술적 요소 탐색하기</td><td colspan="2">주변 환경에서 나는 다양한 소리와 움직임을 탐색한다.</td></tr>
<tr><td colspan="4">주변 환경에서 색, 모양에 호기심을 가진다.</td><td colspan="2">주변 환경에서 색, 모양을 탐색한다.</td></tr>
</table>

② '예술적 표현하기' 내용 범주

'예술적 표현하기' 0~1세의 내용은 1·2·3·4수준, 2세의 내용은 1·2수준으로 구분하였으며 이를 살펴보면 **표 1-7**과 같다.

표 1-7 0~2세 표준보육과정 예술경험 영역의 '예술적 표현하기' 내용 범주

<table>
<tr><th rowspan="2">내용 범주</th><th colspan="5">0~1세 보육과정</th><th colspan="3">2세 보육과정</th></tr>
<tr><th>내용</th><th>1수준</th><th>2수준</th><th>3수준</th><th>4수준</th><th>내용</th><th>1수준</th><th>2수준</th></tr>
<tr><td rowspan="7">예술적 표현하기</td><td rowspan="2">리듬 있는 소리로 반응하기</td><td colspan="2">리듬 있는 소리에 관심을 가진다.</td><td colspan="2">노래를 부분적으로 따라 부른다.</td><td rowspan="2">리듬 있는 소리와 노래로 표현하기</td><td colspan="2">친근한 노래를 따라 부른다.</td></tr>
<tr><td colspan="2">리듬과 노래에 소리로 반응한다.</td><td colspan="2">리듬과 음높이에 맞추어 소리를 낸다.</td><td colspan="2">신체, 사물, 리듬악기 등을 이용하여 간단한 리듬과 소리를 만든다.</td></tr>
<tr><td rowspan="2">움직임으로 반응하기</td><td colspan="4">손발 흔들기와 몸 움직임으로 반응한다.</td><td rowspan="2">움직임으로 표현하기</td><td colspan="2">노래나 리듬에 맞춰 몸으로 표현한다.</td></tr>
<tr><td colspan="2"></td><td colspan="2">간단한 도구를 활용하여 움직인다.</td><td colspan="2">간단한 도구를 활용하여 몸으로 표현한다.</td></tr>
<tr><td rowspan="2">단순한 미술 경험하기</td><td colspan="2" rowspan="2"></td><td colspan="2" rowspan="2">감각적으로 단순한 미술 경험을 한다.</td><td rowspan="2">자발적으로 미술 활동하기</td><td colspan="2">자발적으로 그리기, 만들기를 한다.</td></tr>
<tr><td colspan="2">간단한 도구와 미술 재료를 다룬다.</td></tr>
<tr><td>모방 행동 즐기기</td><td colspan="2">소리나 얼굴 표정, 몸 움직임 등을 모방한다.</td><td colspan="2">단순한 모방 행동을 놀이처럼 즐긴다.</td><td>모방과 상상 놀이 하기</td><td>모방 행동을 놀이처럼 즐긴다.</td><td>일상생활 경험을 상상놀이로 즐긴다.</td></tr>
</table>

③ '예술 감상하기' 내용 범주

'예술 감상하기' 0~1세의 내용은 1·2·3·4수준, 2세의 내용은 1·2수준으로 구분하였으며 이를 살펴보면 **표 1-8**과 같다.

표 1-8 0~2세 표준보육과정 예술경험 영역의 '예술 감상하기' 내용 범주

<table>
<tr><th rowspan="2">내용 범주</th><th colspan="5">0~1세 보육과정</th><th colspan="3">2세 보육과정</th></tr>
<tr><th>내용</th><th>1수준</th><th>2수준</th><th>3수준</th><th>4수준</th><th>내용</th><th>1수준</th><th>2수준</th></tr>
<tr><td rowspan="3">예술 감상 하기</td><td rowspan="3">아름다움 경험하기</td><td colspan="2" rowspan="2">일상생활에서 반복되는 소리와 노래에 관심을 가진다.</td><td colspan="2" rowspan="2">일상생활에서 리듬 있는 소리와 노래를 즐겨 듣는다.</td><td rowspan="3">아름다움 즐기기</td><td colspan="2">자연이나 생활의 소리나 움직임, 친근한 음악과 춤을 관심있게 듣거나 본다.</td></tr>
<tr><td colspan="2">일상생활에서 자연과 사물의 아름다움에 관심을 가지고 즐긴다.</td></tr>
<tr><td colspan="4">일상생활에서 자연이나 사물의 아름다움을 경험한다.</td><td colspan="2">자신과 또래가 표현한 노래, 춤, 미술용품 등에 관심을 가지고 즐긴다.</td></tr>
</table>

(4) 지도상의 유의점

교사는 0~2세의 영아에게 음악교육을 지도할 때 예술경험 영역의 세부내용에 따라 지도하여야 한다.

① '아름다움 찾아보기' 지도사항

- 0~1세 영아는 익숙한 일상생활 환경에서 소리와 움직임에 대해 호기심을 가지게 된다. 보육교사는 영아가 관심을 보이는 예술적 요소를 반복적으로 제시하고 말로 표현해 주면서 영아가 소리나 움직임들에 대해 호기심을 가질 수 있도록 격려해 준다.
- 2세 영아는 주변 환경에서 자연의 소리나 움직임 등을 감각적으로 경험할 수 있도록 지원한다.

② '예술적 표현하기' 지도사항

- 0~1세 영아는 리듬감 있는 소리와 움직임으로 반응을 보이며 이 시기의 영아들에게 보육교사는 리듬 있는 소리에 관심을 갖도록 해주고, 영아가 소리와 움직임으로 반응할 수 있도록 격려하며 지원한다.
- 2세 영아는 리듬 있는 소리나 노래를 따라 부르고 몸으로 표현하며 모방 행동과 상상놀이를 즐긴다. 또한 자발적으로 그리기를 시작하며 다양한 재료를 탐색하므로, 이 시기의 영아들이 좀 더 자주 예술적 표현을 할 수 있도록 보육교사는 움직임이나 소리 등의 느낌을 표현하며 언어로 자극을 해준다.

③ '예술 감상하기' 지도사항

- 0~1세 영아는 리듬감 있는 소리에 강한 호기심을 가지고 반응을 보이며 의도적으로 주변의 소리를 들으려고 한다. 이 시기의 영아들에게 보육교사는 부드럽고 다양한 소리를 매일 일상생활에서 들려준다.
- 2세 영아는 주변의 소리, 움직임 등에 지속적인 관심을 갖고 특히 자신이 좋아하는 것은 더 많은 관심을 가지므로, 이 시기의 영아들은 좀 더 자주 예술적 요소를 경험할 수 있도록 보육교사는 움직임이나 소리 등의 느낌을 줄 수 있도록 지원한다.

5. 영유아의 음악성 발달의 특성

영유아의 음악성 발달의 특성을 일반적인 음악 특성과 연령별 음악적 특성에 대해 알아보자 한다.

1) 영유아의 일반적인 음악 특성

고든(1997)은 영유아가 음악을 배울 수 있는 내적 잠재력을 가지고 있으며, 이런 음악능력은 어떠한 음악경험과 교육이 실시되었는가에 따라 그 정도가 다르게 발달한다고 주장하였다. 따라서 아무리 풍부한 음악적 환경이 제공된다고 할지라도 제공되는 음악적 환경의 질이 낮으면 영유아의 음악능력은 출생 시 수준에서 결코 향상되지 못한다고 하였다.

음악적 능력은 인간이 지능을 갖고 태어나듯이, 각 개인마다 높고 낮은 차이가 있으나 누구나 가지고 태어나는 보편적인 능력이라고 할 수 있으며, 이러한 음악적 능력을 발달시키기 위해서는 영유아에게 적합한 악기와 노래, 감상, 신체활동 등의 적절한 지도가 이루어질 때 영유아의 음악적 능력은 크게 계발될 수 있다. 그러기 위해서는 현재 영유아가 가지고 있는 음악적 발달 특성을 이해하고 적절한 음악교육이 이루어져야 한다.

영유아기의 일반적인 음악 발달 특성을 다음과 같이 살펴볼 수 있다(안재신, 2004).

① 영유아의 본능 중에는 음을 만들어 내는 본능이 있다. 영유아는 자기 주변에 있는 모든 물체를 음으로 만들어내는 본능을 가지고 있다.
② 영유아는 음향 환경, 즉 소리에 관심을 가지며 부드러운 고음을 선호한다.
③ 영유아는 리듬패턴의 변화뿐만 아니라 빠르기와 박자의 변화에도 반응을 나타낸다.
④ 영유아는 일종의 창작 행위로 볼 수 있는 옹알이나 자발적인 노래 부르기를 좋아 한다. 영유아는 본능적으로 흥얼거리고 노래하며 소리 내기를 좋아한다.
⑤ 영유아는 음악에 맞추어 몸을 흔들거나 춤추기를 좋아한다.
⑥ 영유아는 모방을 통해 노래를 배우고 기억하게 되며 선율적 · 화성적인 곡보다는 리듬이 있는 곡에 더 관심을 갖는다.
⑦ 영유아는 여러 사람과 함께 맞추어서 노래 부르는 일을 힘들어 하고, 너무 높거나 낮거나 빠른 곡도 잘 부르지 못한다.
⑧ 영유아는 귀로 듣고 기억하기를 좋아하고 단음으로 연주해야 잘 알아들으며, 흥미를 유발하지 않는 노래는 싫어하고 오랜 시간 앉아서 음악을 듣지 못한다.
⑨ 타악기에 대한 흥미가 집중되는 시기이며, 여러 악기의 특징적인 음색 자체에 호기심을 갖는다. 따라서 악기를 만지고 치고 두드려보며 자유롭게 소리를 탐색한다.

⑩ 음악을 좋아하고 음악에 대한 소질이 있어도 뚜렷이 나타나지는 않는다. 박자감이나 리듬감, 음정감 등이 확실하지 않다.

2) 영유아의 연령별 음악적 특성

영유아기는 앞에서 언급했던 것처럼 음악적인 발달에 있어서 중요한 시기이다. 영유아기에 음악적 성장을 이루기 위해서는 영유아기의 연령별 발달단계에 따른 음악적 특징을 이해하는 것이 필요하다.

소리 탐색과 듣기, 노래 부르기, 악기 탐색과 다루기, 음악감상 및 신체표현 등의 4가지 영역으로 나누어 각 연령별로 영유아의 음악적 특징에 대해 알아보고자 한다.

(1) 0~1세

출생에서 1세 영아의 음악적 특징을 정리하면 다음과 같다(이진우, 이순영, 2006; 성인지, 2007; 김혜경, 2010; 안경숙 외, 2012).

① 소리탐색과 듣기

- 생후 4~6개월에 소리에 강한 관심을 나타내기 시작한다.
- 9개월 무렵에는 싫어하는 음악에 대해 불쾌감을 나타낸다.

② 노래 부르기

- 울음, 언어, 음악의 순으로 음악적 표현력이 계발된다.
- 옹알이로 음악적 표현한다.

③ 악기 탐색과 다루기

- 딸랑이 등의 소리기구를 스스로 가지고 놀 수 있다.

④ 음악감상 및 신체적 표현

- 소리가 나는 방향으로 고개를 돌리며, 음악을 틀어주면 만족해 한다.
- 음악에 반응하며 팔다리를 움직인다.

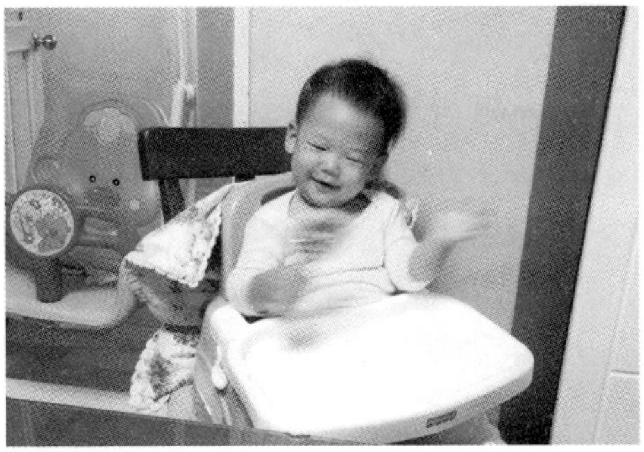

0~1세 : 소리기구를 가지고 놀 수 있음

출생~1세까지의 영아는 온몸의 감각기관을 통해 음악에 반응하며, 주로 듣고, 모든 것을 받아들이기만 하는 수동적인 시기이기 때문에 음악을 많이 들려줌으로써 음악성이 계발되므로 음악적 잠재력을 키워주는 것이 필요하다.

(2) 1～2세

1~2세 영아의 음악적 특징을 정리하면 다음과 같다(Greenberg, 1985; 이진우, 이순영, 2006; 김영연, 2007; 김혜경, 2010; 안경숙 외, 2012).

① 소리 탐색과 듣기

- 의도적으로 주변의 소리를 들으려 하고, 싫은 음악과 좋은 음악을 구별한다.
- 비음악적인 소리와 음악적인 소리(예: 천둥소리와 천사의 노랫소리)를 구별한다.
- 텔레비전이나 라디오 같은 주변 소리에 관심을 보인다.
- 물체를 두드려 보며 소리를 만드는 데에도 열중한다.

② 노래 부르기

- 리듬과 높낮이를 이용한 옹알이를 한다.
- 영아들은 처음으로 2도, 3도, 완전 4도 등과 같이 다양하고 좁은 간격의 정확한 음정을 구사하기 시작한다.
- 노래의 특징적인 부분을 흥얼거린다.
- 좋아하는 노랫말 중 몇 구절을 따라 부를 수 있다.

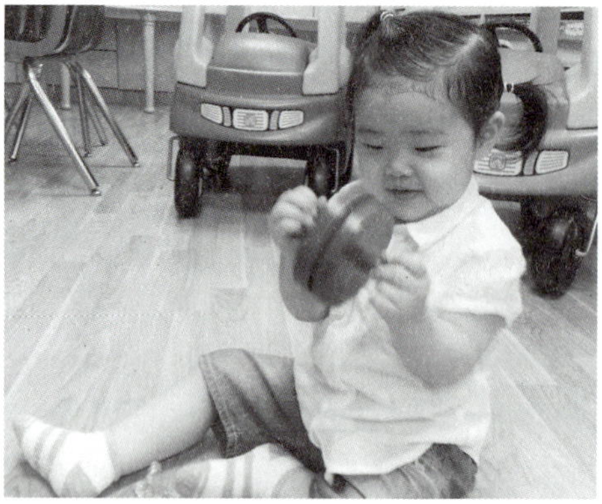 

1~2세 : 물체를 두드려 보며 소리에 집중함

③ 악기 탐색과 다루기

- TV 음악이나 광고 노래를 좋아하고 냄비, 주전자, 컵 등으로 소리 내는 것을 즐긴다.
- 리듬악기에 관심을 가지나 연주는 미숙하다.

④ 음악감상 및 신체적 표현

- 음악에 맞추어 움직이지만 꼭 박자에 맞추어 움직이는 것은 아니다.
- 리듬감 있는 움직임을 즐긴다.
- 선 자세에서 신체의 각 부분을 움직이면서 몸 전체를 움직인다.

1~2세 영아는 주변의 새롭고 신비한 소리에 관심이 많아지는 시기이고, 사물을 가지고 소리 내는 것을 좋아하기 때문에 영유아들의 눈높이에 맞게 소리 만들기 환경을 구성하여 음악적 흥미를 맘껏 충족시키는 것이 필요하다.

(3) 2~3세

2~3세 영유아의 음악적 특징을 정리하면 다음과 같다(김혜경, 2010; 김정화, 1998; 안경숙 외, 2012).

① 소리 탐색과 듣기

- 여러 악기나 소리 낼 수 있는 모든 물체에서 나는 소리의 특징에 관심을 보인다.
- 음의 부드러움과 시끄러움을 분간한다.
- 느린 박자보다는 빠른 박자에 더 쉽게 반응한다.
- 반복적인 음과 리듬에 반응한다.

② 노래 부르기

- 노래의 멜로디에 접근한다.
- 놀이를 하면서 흥얼거리고 콧노래를 부른다.
- 음정이 불안하나 짧은 노래를 부를 수 있다.
- 반복적인 음과 리듬에 반응한다.
- 주변에서 들었던 노래의 부분을 모방한다.

③ 악기 탐색과 다루기

- 북을 쳐 본 경험이 있다면, 다른 물체로 북치는 흉내를 낸다.
- 음악의 박자에 맞추어 악기를 연주하려고 애쓴다.
- 음향기기나 악기에 흥미를 보이며 마라카스나 장난감 실로폰, 탬버린 등의 음악적 소리들을 듣는 것을 좋아한다.
- 실로폰 악기를 다룰 수 있다.

④ 음악감상 및 신체적 표현

- 몇 분씩 누워서도 음악을 들을 수 있다.
- 신체적인 움직임을 유발하는 노래들을 좋아한다.
- 리듬이나 멜로디에 맞추어 흔들고 뛰기를 좋아한다.
- 음악 박자나 리듬 패턴(rhythm pattern)에 맞추어 손뼉을 친다.
- 간단한 손유희도 가능하게 되어 리듬에 맞춰 표현하게 된다.

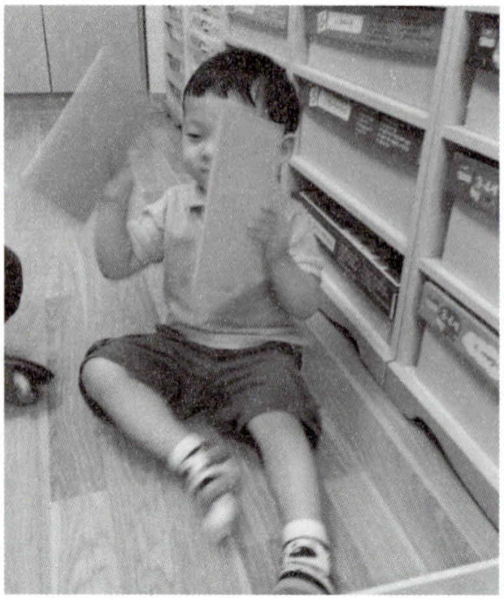

2~3세 : 악기에 대한 경험을 다른 물체로 흉내냄

2~3세 영유아는 언어사용 능력이 급속하게 발달하고, 운동기능도 발달하는 시기이기 때문에 적극적으로 음악에 반응하고 놀이를 할 수 있는 음악적 환경을 갖추는 것이 필요하다.

(4) 3~4세

3~4세 유아의 음악적 특징을 정리하면 다음과 같다(이민경, 2005; 김영연, 2007; 김혜경, 2010; 안경숙 외, 2012).

① 소리 탐색과 듣기

- 리듬 패턴에 맞추어 손뼉을 쳐야 하는지 알게 된다.
- 느린 박보다는 빠른 박의 기본 박을 쉽게 따라한다.
- 세련되게 음악의 리듬에 맞추어 몸동작을 한다.
- 작다, 빠르다, 느리다 등의 음악적 요소들을 개념화한다.
- 음악의 박자에 맞춰 박수를 치고, 크고 부드럽고 빠르고 느린 것의 개념을 형성한다.

② 노래 부르기

- 다른 유아와 함께 노래 부르기를 좋아한다.

• 기억력을 통해 노래 전체를 부를 수 있다.
• 자기 목소리로 곡조를 만들어 부르기를 좋아한다.
• 음역이 2~3도 정도인 노래는 쉽게 부를 수 있다.
• 음의 높낮이, 강도, 속도 등을 변화시키는 등 목소리를 좀 더 잘 통제할 수 있다.

③ 악기 탐색과 다루기

• 벨, 실로폰 등을 계속적으로 소리 내며 놀이한다.
• 피아노 연주 모습을 흉내낼 수 있다.
• 쉽게 연주할 수 있는 리듬악기를 다룬다.
• 들었던 노래의 반주나 악기 연주를 시도한다.

④ 음악감상 및 신체적 표현

• 음악에 대한 집중력과 감상력이 증가한다.
• 몸동작을 통해서 크다, 작다, 빠르다, 느리다 등의 음악적 요소를 개념화하기 시작한다.
• 음악의 박자를 맞추어 율동할 수 있는 능력이 향상된다.
• 자기 신체를 음악에 맞추어 마음껏 표현하는 창의성을 보인다.

3~4세 : 친구들과 함께 노래 부르기

3~4세 유아는 음악을 통해서 자기표현이 증가하는 시기이다. 정서와 느낌 표현이 자유로워지고 자기의 음악을 창조하는 데 가장 흥미를 보이는 시기이기 때문에 자신이 음악적으로 받은 느낌을 언어적·비언어적인 다양한 방법으로 자연스럽게 표현할 수 있는 경험이 필요하다.

(5) 4~5세

4~5세 유아의 음악적 특징을 정리하면 다음과 같다(김영연, 2007; 조혜리, 2012; 안경숙 외, 2012; 신수현, 2013)

① 소리 탐색과 듣기

- 음의 고저 및 음의 장단, 음색의 차이에 관한 개념을 확장한다.
- 여러 개의 소리가 동시에 울리는 것을 느낀다.
- 음향기기를 통하여 음악을 집중하여 들을 수 있다.
- 큰 소리와 작은 소리에 대한 자극에 잘 반응한다.
- 세분화된 리듬, 음의 높고 낮음을 더욱 정확히 표현한다.
- 높고 낮은 것, 길고 짧은 곡조, 음색에 있어서의 차이점 등을 깨닫는다.

② 노래 부르기

- 노래의 음역이 완전 5도 내의 음정으로 구성한다.
- 대그룹, 소그룹 속에서의 노래와 혼자노래를 할 수 있다.
- 노래의 강약과 속도에 주의하며 노래를 부른다.
- 돌림노래나 2부 합창 등의 변화를 줄 수 있다.
- 노래 전체를 기억하여 부르게 되고 세분화 된 리듬, 음의 높고 낮음을 더욱 정확히 표현한다.
- 음악적 개념 형성의 증가로 높고 낮은 곡조, 길고 짧은 곡조, 음색의 차이점을 깨닫는다.
- 확장된 어휘나 음역, 리듬 감각이 영유아로 하여금 다양한 목소리로 노래 부르는 것이 가능하다.

- 음역은 '도' 에서 '라' 까지 6도이다.

③ 악기 탐색과 다루기

- 노래의 반주, 리듬악기를 사용하여 연주할 수 있다.
- 평범한 리듬 패턴보다는 부점이나 당김음이 있을 때 더 잘 반응한다.

④ 음악감상 및 신체적 표현

- 청력이 현저하게 발달하고 감상을 즐긴다.
- 리듬음악에 집중하는 시간이 늘어난다.
- 음악감상을 하고 자신의 느낌을 언어로 표현할 수 있다.
- 음악을 듣고 몸으로 표현하거나 극화시키는 데 많은 흥미를 보인다.
- 음악에 맞추어 발로 박자를 맞추거나 손뼉을 치는 등 복잡한 것을 표현하고 율동을 할 수 있다.
- 박자의 길이를 알기 때문에 단순한 춤을 배워 출 수 있다.
- 신체적으로도 동작의 정확성이 높아지면서 단순한 춤을 배워 출 수 있다.
- 음악을 기억하여 신체로 표현하는 것을 즐거워한다.

4~5세의 음악적 특징은 음악의 제반 개념 습득이 가능하며, 음의 고저 판별력이나 리듬 감수능력이 가장 급속하게 발달하는 시기이기 때문에 음악의 제반 습득이 가능하도록 환경을 제공하여 효과적인 음악교육이 되도록 하는 것이 필요하다.

4~5세 : 음악감상이나 리듬악기 연주

6. 영유아 음악교육을 위한 환경

음률영역 환경구성

영유아기는 신체적 · 정서적 · 지적 영역 등의 발달이 급진적으로 이루어지는 중요한 시기이므로 체계적이고 균형적인 발달을 할 수 있도록 좋은 교육환경과 감각적인 자극 및 문화적인 경험을 제공해 주어야 한다. 따라서 영유아기에 주변 환경이 음악적 자극(청각, 시각, 촉각적인 경험)을 마련해 줄 수 있어야 한다.

음악성은 태어날 때부터 지니고 태어나는 유전적인 요인도 있겠으나 환경을 통해 음악을 경험하는 정도에 따라 그 능력의 발달 정도와 속도가 달라질 수 있다. 음악적 소질을 가지고 태어난다 하더라도 환경과 교육에 의해 발달되지 않는다면 음악적 성장은 기대할 수 없다. 그러므로 영유아기의 적극적이고 직접적인 음악적 경험은 중요하며, 이 시기의 영유아는 음악적 잠재력을 발달시킬 충분한 기회를 가져야 한다(임혜정, 2006). 이러한 점에서 유아교육기관, 가정, 그리고 영유아가 속한 지역사회에서 제공되는 음악적 환경이 어떠한가는 영유아의 음악적 발달을 위해 매우 중요한 부분이 된다. 특히 전문적인 유아교육이 이루어지는 유아교육기관 내 음악환경은 활동영역으로 음악영역을 구성하는 것이 중심이다. 음악영역은 동작표현을 함께 할 수 있는 공간으로서 음률영역이라는 명칭으로도 사용되고 있다.

유아교육기관에서의 음률영역 환경구성에 대한 사항을 살펴보면 다음과 같다.

1) 음률영역은 독립된 영역으로 구성한다

음률영역은 독립된 영역으로서 일정한 활동영역의 한 부분을 할애해야 한다. 교구장이나 가림판 등을 사용하여 영역을 마련해 주어야 하며, 가림판은 스티로폼 등을 붙여서 소음을 막도록 하고 각각의 악기를 정리하여 놓을 수 있는 교구 바구니 등을 마련해 둔다.

영유아반 음률영역

2) 다양한 악기를 경험시킨다

음률영역에 구비되어야 할 악기와 교구로는 리듬악기, 멜로디 악기, 현악기, 전통악기 등이 있다.

- 리듬악기 : 탬버린, 캐스터네츠, 트라이앵글, 방울, 리듬막대, 톤블록, 우드블록, 핸드벨, 마라카스, 귀로, 손가락 심벌즈 등

탬버린

캐스터네츠

트라이앵글

방울

우드블록

핸드벨

마라카스

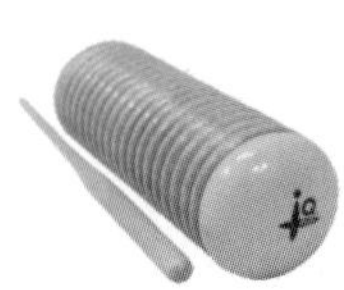

귀로

손가락 심벌즈

• 멜로디 악기 : 실로폰, 스텝벨, 목금, 피아노, 키보드, 멜로디언 등

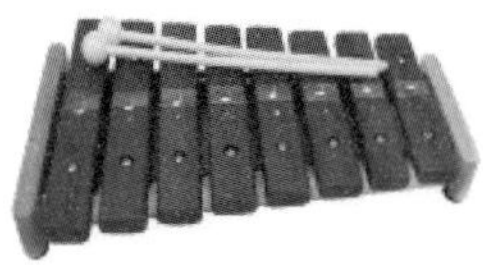
실로폰

목금

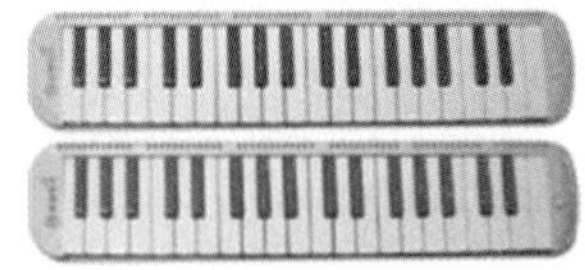
멜로디언

• 현악기 : 기타, 만돌린, 우쿨렐레 등

기타

만돌린

우쿨렐레

• 전통악기류 : 소고, 장구, 징, 꽹과리, 북 등

소고

장구

징

북

3) 음률영역과 관련된 자료 및 그림자료로 환경을 구성한다

음률영역에 관계된 자료에는 영유아가 즐겨 부르는 노래를 삽화 그림이 삽입된 노래책, 악기나 음악가에 관한 그림책, 전통악기를 소개하거나 악기 연주하는 모습을 담은 그림책, 다른 나라의 희귀한 악기를 소개한 그림책 등이 있다. 시청각 매체로는 영유아가 조작할 수 있는 헤드폰, CD 플레이어, 악기 제작 및 연주에 관한 DVD와 DVD 플레이어 등이 준비되어야 한다. 또한 음악을 표현할 수 있는 자료인 흰 종이,

색연필, 연필, 사인펜 등을 비치한다.

악기나 교수자료는 주제와 관련하여 영유아가 새로운 경험을 할 수 있도록 배려해야 하며, 여러 가지 음악활동에 대한 사진자료는 음률영역의 벽면에 게시해 주면 좋다.

그림 및 사진자료로는 악기들의 사진 및 연주하는 모습, 노래하는 모습, 오케스트라의 사진, 오페라 사진, 음악회 포스터 및 음악을 듣는 모습의 자료 등이 있다.

음률영역과 관련된 자료 및 그림자료 게시

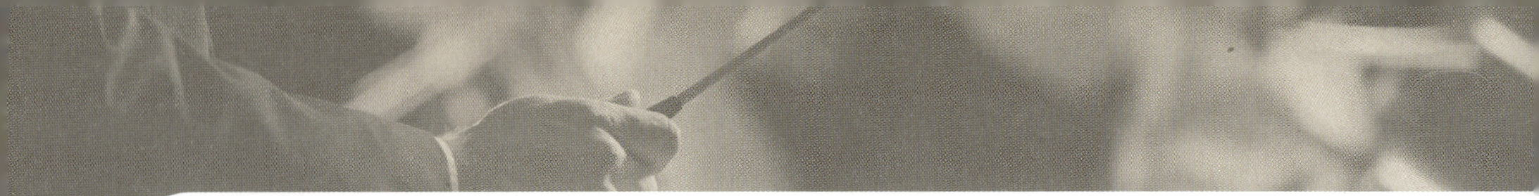

제2장

음악교육의 역사적 배경

클래식 음악Classical music이란 중세 이후부터 1900년 사이의 음악을 일컫는다. class란 등급을 의미하는 것으로 고대 로마 군인의 최고 지위를 뜻하는 단어이며 수준 높은 클래스 음악, 오랫동안 사랑받아온 고전 음악을 가리킨다. 클래식 음악은 바로크, 고전, 낭만시대로 분류된다.

1. 음악가의 시대적 특징

1) 바로크 시대(1600~1750)

'바로크Baroqu' 라는 말은 17~18세기 미술양식을 가리키는 말이었으나 1600년에서 1750년대의 음악을 부르는 명칭이다. '일그러진 진주' 라는 뜻을 가진 포르투갈어로 고전주의 예술가들이 바로크 시대의 예술을 좋지 않은 뜻으로 해석하며 붙인 이름이다. 음악사에서 바로크 음악은 변화의 시기였고 큰 영향을 끼쳤다. 바로크 시대 이전의 음악은 교회음악 중심이었고 오르간을 이용한 성악 중심의 음악이었다.

바로크 시대에는 교회음악과 세속음악이 확실히 구별되기 시작했다. 중세시대부터 쓰던 오르간을 더 발전시켰을 뿐만 아니라 바이올린, 피아노의 기원인 하프시코드, 클라비코드 등 여러 악기를 사용하기 시작했다. 또한 오페라(연극과 음악이 결합된 종합무대예술)와 교향곡(관현악 연주를 위한 곡)이 시작된 시기이기도 하다. 당시 유행했던 화려한 의상처럼 바로크 시대의 음악은 꾸밈음이 많이 사용되었다. 바로크 시대는 바흐의 죽음(1750년)과 함께 끝이 난다.

바로크 시대의 대표 음악가	
1	'음악의 아버지(엄숙한 음악)'라 불리는 바흐(1685~1750)
2	'음악의 어머니(친근한 음악)'로 불리는 헨델(1685~1759)
3	바이올린 연주자였던 작곡가 비발디(1678~1741)

대표 감상곡

- 바흐의 '미뉴엣'
- 헨델의 〈메시아〉 중 '할렐루야'
- 비발디의 〈사계〉 중 '봄', '여름', '가을', '겨울

바흐(Bach)

헨델(Handel)

하프시코드(harpsichord)

2) 고전파 시대(1750~1830)

바로크 음악의 뒤를 이어 18세기 중엽부터 19세기 초의 음악을 고전파 음악이라고 한다. 고전파 시대의 중요한 변화는 왕족, 귀족을 위한 음악이 중산층, 시민을 위한 음악으로 바뀌었으며, 시민들을 위한 공개 음악회가 자주 열리게 되었다. 화려했던 바로크 음악과는 달리 고전파 시대에는 단순미와 균형이 잡힌 형식이 매우 중요시 되었다. 소나타, 교향곡 형식이 발달하였고, 악기의 발달로 성악곡에서 기악곡 중심으로 바뀌었다. 고전파 시대를 영어로 'Classical Period' 라고 한다. 최고를 뜻하는 'Classic' 이라는 단어로 표현하고 있다. 클래식 음악하면 흔히 떠올리게 되는 모차르트,

베토벤 등이 모두 고전파 시대의 음악가이다. 150년이었던 바로크 시대보다 훨씬 짧았던 80년의 고전파 시대지만 가장 위대한 명곡들이 탄생한 최고의 시대였다. 고전파 시대는 베토벤의 죽음(1827년)과 함께 끝이 난다.

고전파 시대의 대표 음악가

1 100곡이 넘는 교향곡을 쓴 '교향곡의 아버지' 하이든(1732~1809)
2 5살에 피아노 협주곡을 작곡한 '음악의 천재' 모차르트(1756~1791)
*협주곡:독주 악기와 관현악이 함께 연주하기 위해 만들어진 곡
3 청각 장애인이 된 아픔을 노력으로 이겨내고 명곡들을 탄생시킨 '악성'(음악의 성인) 베토벤 (1770~1827)

대표 감상곡

하이든의 〈놀람 교향곡〉
모차르트의 〈터키 행진곡〉, 〈작은별 변주곡〉
베토벤의 〈엘리제를 위하여〉, 〈운명 교향곡〉, 〈합창 교향곡〉

모차르트(Mozart)

베토벤(Beethoven)

3) 낭만파 시대(1830~1900)

형식을 중요시하고 이성적이었던 고전파 시대 이후 감정을 중요시한 개인주의적 음악의 낭만파 시대가 열렸다. 공상, 신비, 초자연적인 느낌을 음악으로 표현했다. 아름다운 멜로디와 화려한 화음이 낭만파 음악의 특징이다. 다양한 악기들이 발달되어 오케스트라의 규모도 커지고 음악표현의 폭도 다양해졌다. 낭만파 시대 음악에서

매우 중요한 특징은 문학과의 결합이다. 낭만파 음악에 제목을 붙인 것이 많은 이유도 시나 이야기를 소재로 한 곡들이 많기 때문이다. 시를 소재로 성악을 위해 쓰여진 가곡들, 시에서 영감을 얻어 작곡된 연주곡들이 발달하였다.

낭만파 시대의 대표 음악가

1 시를 소재로 한 가곡을 600곡 이상 작곡한 '가곡의 왕' 슈베르트(1797~1828)
2 200여 곡의 아름다운 피아노곡을 쓴 '피아노의 시인' 쇼팽(1810~1849)
3 전통을 유지하면서 풍부한 화음을 사용한 고전적 낭만주의 브람스(1833~1897)
4 9살에 독주회를 한 '피아노 천재' 리스트(1811~1886)

대표 감상곡

- 슈베르트의 〈송어〉
- 쇼팽의 〈녹턴(야상곡) 2번〉
- 브람스의 〈헝가리무곡〉
- 리스트의 〈사랑의 기쁨〉
- 생상스의 〈동물의 사육제〉
- 차이코프스키 〈호두까기 인형〉

슈베르트(Schubert)

쇼팽(Chopin)

리스트(Liszt)

4) 현대 음악(1900~)

'20세기 음악', '신음악New Music'이라고도 부른다. 현대의 예술음악을 뜻하지만 넓은 의미로 재즈, 유행가, 영화음악 등의 현대 대중음악을 포함한다. 의학과 과학의 발달로 복잡해지고 다양해진 세상만큼 음악도 새롭게 변했고 작곡가들의 상상력은 현실이 될 수 있었다. 기계가 발달함에 따라 전자음악이란 새로운 장르도 생겨났고 기존 전통에서 벗어나 급진적이고 실험적인 음악들이 나오기 시작했다.

20세기 이전의 음악은 유럽에서만 탄생되는 듯했지만 미국이 영국으로부터 독립을 한 후 미국에서 재즈, 뮤지컬 같은 독창적인 음악들이 탄생했다. 조성(장조나 단조)이 없는 음악을 시작한 아놀드 쇤베르크(1874~1951)부터 재즈 역사상 가장 많은 곡을 작곡한 피아니스트 듀크 엘링턴(1899~1974), 영화 〈The Sting〉에 재즈곡 '엔터테이너'로 아카데미상을 받은 미국의 전설적인 피아니스트 스캇 조플린(1868~1917), 명상·심리치료로도 사용되는 듣기 편한 대중적 음악 뉴에이지New Age 음악을 작곡한 조지 윈스턴(1949~), 유키 구라모토(1951~), 20세기 가장 위대한 영화음악 작곡가 엔니오 모리꼬네(1928~) 등 다양한 장르별로 대표하는 음악가들이 매우 많다.

대표 감상곡

스캇 조플린의 〈Entertainer(엔터테이너)〉
엔니오 모리꼬네의 〈가브리엘의 오보에〉
유키 구라모토의 〈Lake Louise〉

엔니오 모리꼬네

전자음악(electronic music)

2. 음악가의 이해

음악교육 관련 이론가인 고든, 달크로즈, 오르프, 가드너, 코다이에 대해 살펴보고자 한다.

1) 고든(Edwin, E. Gordon, 1927~)

미국의 음악교육자로 음악교육의 핵심인 오디에이션audiation 이론을 연구하여 제시하였다.

(1) 교육철학

① 음악교육은 유아가 음악을 이해하고 즐기는 능력을 기르는 것이다.

② 이를 위해 반드시 오디에이션을 할 수 있어야 하며, 음악교육은 빠르면 빠를수록 좋으므로 영유아기에 시작하는 것이 바람직하다.

③ 음악을 배우는 과정은 언어를 배우는 과정과 동일하다. 이때 체계적·단계적 학습이 중요하다.

④ 유아기 음악교육은 음악적 감수성을 키워주는 교육이어야 한다.

(2) 교육방법

⑤ 오디에이션

- 오디에이션이란 '실제로 들리지 않는 음악을 상상하여 마음속으로 듣고 이해하는 능력' 이며 내청inner hearing과 같은 의미이다.
- 고든은 오디에이션 능력을 발달시킴으로써 모든 음악학습을 실현할 수 있다고 보았다.
- 영유아기에는 음악적 옹알이를 하는 과정에서 오디에이션을 발달시킬 수 있게 도와주어야 한다. 즉, 영유아를 음악적 환경에 자연스럽게 노출시키면, 음악을 모방하는 단계를 거쳐 음악 적성이나 오디에이션이 발달된다.
- 오디에이션은 8개의 형태로 구분되며 **표 2-1**과 같다.

표 2-1 오디에이션의 8개의 형태

유형	과정	다루는 음악적 자료
유형 1	음악 듣기	친숙한 음악이나 생소한 음악
유형 2	악보 읽기	친숙한 음악이나 생소한 음악
유형 3	악보 쓰기	친숙한 음악이나 생소한 음악
유형 4	음악 기억하며 연주하기	기억 속의 친숙한 음악
유형 5	음악 기억하며 쓰기	기억 속의 친숙한 음악
유형 6	창작과 즉흥연주하기	생소한 음악
유형 7	창작과 즉흥연주하기	악보 읽기하며 생소한 음악
유형 8	창작과 즉흥연주하기	악보 쓰기하며 생소한 음악

출처: 김수현(2012)

- 오디에이션을 통한 새 노래 배우기

  1) 교사 허밍
  2) 강박에 맞춰 발구르기(쿵박자 치기)
  3) 약 박에 맞춰 손뼉치기(짝박자 치기)
  4) 오디에이션–시작음(도) 잡아주고 유아에게 소리내지 않고 부르기
  5) 리듬 치면서 허밍–허밍으로 부르기
  6) 제목과 노랫말 설명 후 노랫말 넣어 노래 부르기
  7) 음악에 맞는 율동 및 신체표현하기

⑥ 음악학습과정 : 음정과 리듬의 분리

리듬과 음정의 특징을 함께 다루는 것이 어렵다고 보고, 리듬과 음정을 분리시켜서 리듬이 없는 음정 패턴tonal pattern과 음정이 없는 리듬 패턴rhythm pattern을 학습에 사용한다.

⑦ 음악교육방법

고든은 교육방법으로 음악학습의 계열화를 주장하였다. 음악학습의 계열화는 기능의 계열화와 내용의 계열화로 나뉜다. 기능의 계열화는 변별학습과 추론학습으로

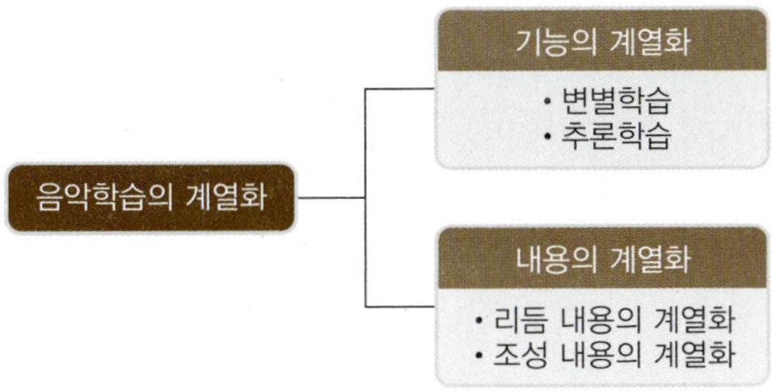

그림 2-1 음악학습의 계열화

구성되어 있으며, 내용의 계열화는 리듬 내용의 계열화와 조성 내용의 계열화로 이루어진다.

변별학습은 듣고 반응하는 내용이며, 추론학습은 창작을 하거나 즉흥연주를 하는 내용이다. 리듬 내용의 계열화는 박과 박자에 대한 내용이고, 조성 내용의 계열화는 장조와 단조 등의 내용이 포함된다.

2) 달크로즈(Emile Jaques-Dalcroze, 1865~1950)

스위스의 음악교육자로 효과적인 음악교육이란 신체표현을 통해 훈련시킴으로써 청감각을 발달시키고, 정확한 연주로 이어주는 과정이라고 하였다.

(1) 교육철학

① 음악은 지적이기 이전에 감각적이어야 한다.

② 신체의 주된 부분인 감각기관의 발달을 꾀하는 것이 중요하며, 음악적 생각이나 느낌은 신체를 통해 표현되어야 한다.

③ 듣기훈련이 모든 음악학습에 있어 우선시되어야 한다.

④ 유아 개개인의 개인성과 독창성이 극히 중시되어야 한다.

⑤ 유아의 음악적 경험은 단계적으로 이루어져야 한다. 리듬경험과 청각훈련이 이루어진 후에 악기 연주를 배우는 것이 바람직하다.

(2) 교육방법

① 유리드믹스(good + rhythm) : 음악의 좋은 리듬을 신체의 움직임으로 표현

- 정신적·감정적인 면에서 인식 능력이 발달하고, 집중력, 선율의 흐름을 느끼고 표현능력 등을 기른다.
- 신체적인 면에서 신체를 움직이고 조절하는 능력과 정확성, 표현력 등을 기른다.
- 음악적인 면에서 빠르고 정확하게 음을 듣는 청각능력과 그에 대해 독창적으로 반응하는 능력을 기른다.

② 솔페이지(solfege) : 계이름으로 노래 부르는 활동

- 달크로즈는 솔페이지가 내청inner hearing과 음형total pattern의 기억능력을 발달시킨다고 생각하고, 솔페이지 활동을 기보법을 배우기 전에 경험해야 한다고 하였다.
- 솔페이지 방법에서 고정도법fixed Do에 의한 보고 부르기 방법을 익히도록 권장하고 있다.
- 고정도법에 의한 계이름 보고 부르기는 조와 상관없이 C음은 항상 도(Do)로 부르는 방법이다. 이는 유아에게 절대음감을 습득하도록 이끌고자 했던 의도에서 비롯된 것이라 할 수 있다.

다장조(C Major)

사장조(G Major)

③ **즉흥연주 : 높은 단계의 활동으로, 음악의 구성요소들을 활용하여 유아가 움직임, 말, 노래, 다양한 악기를 사용하여 새롭게 표현하도록 하는 활동**

- 모든 음악적 요소를 창의적으로 개성 있게 결합하여 표현하는 능력을 기르기 위한 것이다(셈여림, 빠르기, 음높이 등).
- 즉흥연주의 지도에서는 움직임, 말, 노래, 다양한 악기를 사용하며 피아노를 가장 많이 사용한다.
- 교사의 역할이 중요하며 교사는 유아들에게 음악적 표현을 유도할 수 있다.

예) 교사가 피아노로 바람이 부는 모습을 즉흥적으로 연주하고 영유아들은 그 음악의 선율에 따라 창의적인 신체표현을 한다. 교사가 한 영유아에게 높은 옥타브 건반으로 날아가는 나뭇잎의 움직임을 나타내게 할 수 있다(이홍수, 1990).

3) 오르프(CarlOrff, 1895~1982)

독일 출신 작곡자이자 음악교육자, 음악교육은 노래, 신체동작, 악기 연주 등이 통합되어 이루어지는 총체적인 체험이어야 한다고 주장하였다.

(1) 교육철학

① 리듬은 음악에서 메우 중요한 요소이며 음악교육에서 가장 먼저 다루어야 한다(김은심, 2008).

② 영유아의 음악적 능력은 지능발달 과정처럼 지속적·점진적으로 발달한다. 따라서 음악교육도 쉽고 자연적인 활동부터 점차 진전된 학습으로 이루어져야 한다.

③ 영유아의 창의성 개발을 위해 즉흥연주와 즉흥적 표현의 기회를 주어야 한다.

④ 음악은 기초적인 것이어야 한다. 기초음악이란 음악이 춤, 언어, 동작과 결합된 것으로 활동적인 참여가 필요하며, 쉽고 자연스러워서 영유아의 교육에 적합한 음악을 말한다(김민아, 2000).

(2) 교육방법

① 말하기

• 말하기 매체는 영유아가 가장 손쉽게 사용할 수 있는 음악학습의 수단이다.

• 모국어에 내제되어 있는 말의 리듬이나 유행어, 놀이요들이 음악수업의 재료가 되며, 짧은 시나 속담 등에 리듬을 붙여 사용하기도 한다.

• 말하기 매체는 목소리 그 자체의 음색과 그 외의 다양한 목소리의 효과도 이용한다. 말하기가 노래하기와 밀접한 연관성이 있기 때문에 중요한 매체로 사용된다.

• 노래를 배우기 전에 '말하는 목소리'와 '노래하는 목소리'의 구별을 위한 활동과 유아들의 음성발달 초기 단계에서 말과 노래 사이의 음색과 음역의 변별력이 필요하다.

② 노래 부르기

• 오르프의 음악지도는 말하기와 노래 부르기를 하나의 학습체험으로 결합시킴으로써 두 가지 활동이 서로 보완되고 강화되는 효과를 얻는다.

• 리듬을 붙인 말로 노래를 만들어 부르기를 함으로써 리듬으로부터 선율이 발생한다는 것을 인식하게 한다. 유아가 말로 읽거나 표현할 때 그 말의 리듬과 함께 소리들이 지니고 있는 음높이를 발견하고 그것을 노래로 전환하도록 이끄는 것이다.

• 오르프에서의 노래지도 단계

1) G와 E의 두 음정으로 노래 부르기를 하는 것에서 시작한다.

2) G–E 두 음정을 익힌 다음에는 A 가 추가되고 차례로 D와 C가 추가된다.

3) 5음계의 곡을 충분히 다룬 후 7세 이하의 유아는 라장조(D Major)에서의 솔–미로 노래한다.

③ 신체동작

• 기본적인 신체동작을 음악과 관련지어서 음악적 개념을 형성하도록 돕는다. 걷기, 기기, 달리기, 껑충뛰기, 돌기, 손뼉치기, 발구르기 등 일상적인 움직임이 모두 포함된다.

- 신체동작은 리듬학습뿐 아니라 셈여림의 학습을 위해서도 활용되며, 음악에 즉흥적으로 반응하여 좀 더 복잡한 신체표현을 하는 기회를 제공하기도 한다.

④ 즉흥연주

- 즉흥연주는 슐베르크의 핵심 내용으로 신체동작, 말하기, 몸으로 리듬치기, 노래 부르기, 악기 연주 등을 모두 활용하도록 되어있다.
- 오르프의 즉흥연주에서 강조되는 것은 세련된 연주가 아니라 유아에게 음악을 창조적으로 생각해 내는 과정을 체험시키는 것이다. 즉, 창의적인 활동의 기회와 여건 마련에 중점을 두고 어떤 내용을 정해주는 것이 아니라 유아 스스로 내용과 형식을 결정하게 한다.

(3) 오르프 악기

실로폰

소프라노 실로폰

알토 실로폰

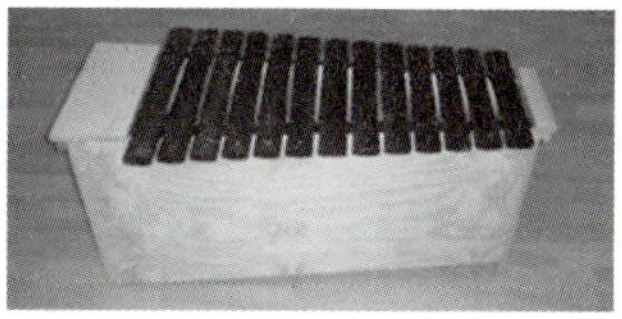

베이스 실로폰

무선율 타악기

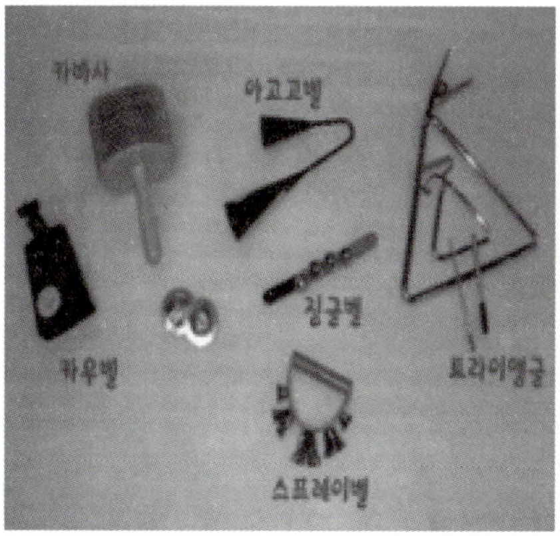

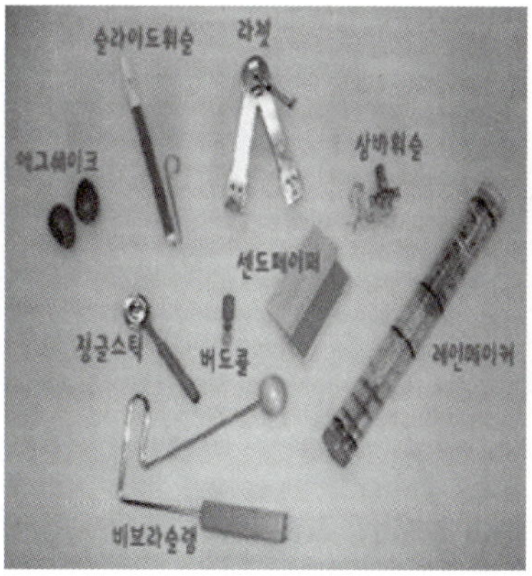

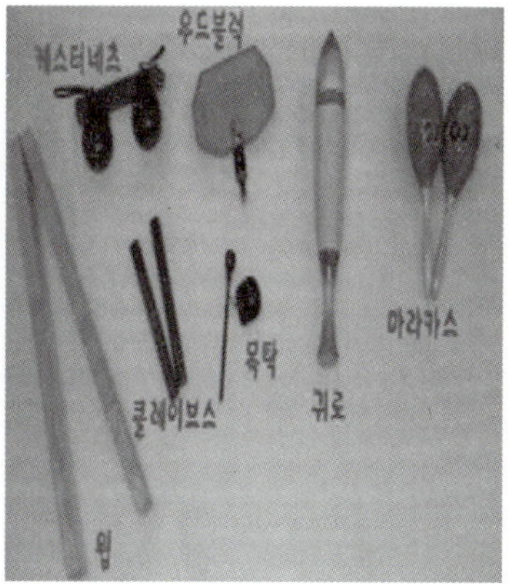

⑤ 오르프 악기 합주 악보

♬봄비

4) 가드너(Howard Gardner, 1943~)

미국 출신 교육학자이며 다중지능이론의 창시자이다.

(1) 교육철학

① 다중지능

- 인간은 음악지능, 신체운동지능, 논리수학 지능, 언어 지능, 인간친화 지능, 자기 성찰 지능, 자연 지능, 공간지능 등 8가지의 지능을 모두 소유하고 있으며, 각 지능을 적정 수준까지 다양한 방법을 통해 발달시킬 수 있다
- 다중지능이론 중 음악적 지능은 소리의 음색, 높낮이, 리듬, 빠르기, 셈여림 등 음악적 요소에 민감하고, 이와 관련된 요소를 구성하여 창조하며 관련 문제를 해결하는 능력을 뜻한다.

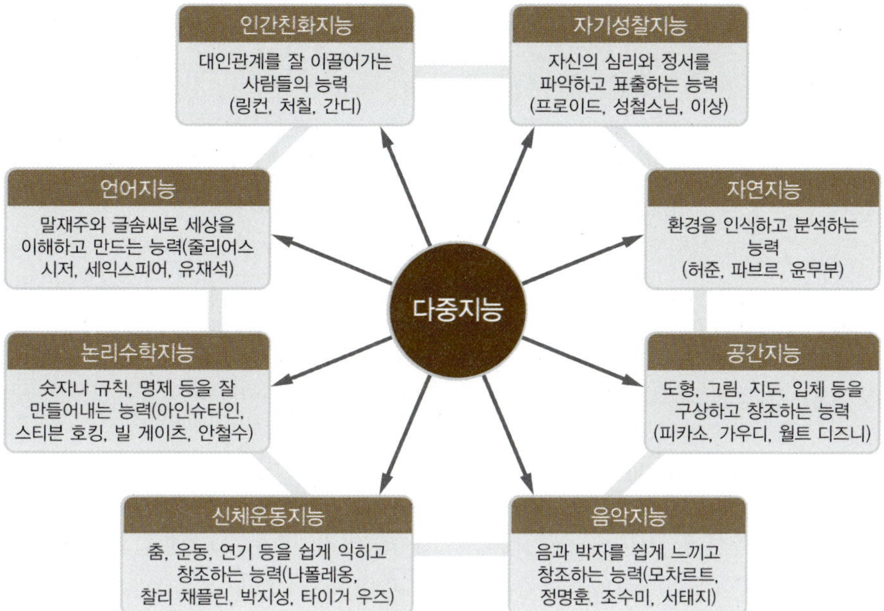

그림 2-2 다중지능

② 음악지능

- 음악지능이 뛰어난 사람은 소리, 리듬, 진동과 같은 음의 세계에 민감하다.
- 사람의 목소리와 같은 언어적인 형태의 소리뿐만 아니라 비언어적 소리에도 예민하다. 예를 들어, 발자국 소리만으로도 누가 오고 있는지를 알아내는 사람은 음악지능이 높다고 할 수 있다.
- 음악의 형태를 잘 감지하고, 음악적 유형을 잘 구별할 뿐만 아니라 다른 음악 형태로 변형시키기도 한다.
- 악기 연주를 좋아하고 작곡하는 것을 좋아한다. 단순히 음악이나 리듬에만 국한되는 것이 아니고 소리의 전체를 다루기 때문에 청각-진동적인 지능auditory/vibrational intelligence이라고 부르기도 한다.

(2) 교육방법

① 교육은 개인의 지능을 발전시켜야 하며, 특정 지능만을 강조해서는 안 된다. 특정 방법이나 환경은 몇몇의 유아에게는 적합할 수 있으나, 다른 유아에게는 적합하지 않을 수 있다. 그러므로 다양한 방법을 통해 학생들의 개별 지능에 맞춘 수업이 이루어져야 한다.

② 소리의 음색, 높낮이, 리듬, 빠르기, 셈여림 등 음악적 요소에 민감하고, 이와 관련된 요소를 구성하여 창조하며, 관련 문제를 해결하는 활동을 제시하여야 한다.

5) 코다이(Zoltan Kodaly, 1882~1967)

헝가리 출신의 작곡가이며 음악교육자, 민족음악가, 지휘자로서 민요를 강조하고 이를 통해 국민 전체가 음악을 해석하고 창작할 수 있는 능력을 획득하는 것을 음악교육의 주된 목표로 하여 영유아기부터 기반을 잡을 수 있도록 교육을 시켜야 한다고 주장하였다.

(1) 교육철학

① 음악은 참여를 통해 경험되어야 한다.

② 음악학습은 조기에 시작되어야 한다.

③ 음악적 언어는 모국어를 배우듯이 익혀야 한다.

④ 목소리는 모든 사람에게 주어진 자연적인 악기이며, 조기음악지도에서 '함께 노래 부르기'는 독창이나 악기 연주보다 더 효과적이다.

⑤ 민족문화의 유산인 민요를 음악교육에 주로 사용한다.

⑥ 예술적으로 가장 가치 있는 악곡만이 음악학습의 교재가 되어야 한다.

⑦ 훌륭한 음악교사는 어릴 때부터 바르게 교육받은 사람이어야 한다.

(2) 교육방법

① 이동도법에 의한 계이름창

- 이동도법 계이름창은 조가 바뀌더라도 각 계이름 사이의 음정이 일정하므로

정확한 음정으로 노래를 부를 수 있다고 보았으며, 계이름을 외워서 부르는 방법도 사용하였다.

② 손기호

- 코다이의 음악교육방법의 중요한 특징 중 하나는 각 음 간의 상호 관련성을 손기호hand sign의 방법을 사용한다는 점이다.
- 손기호 방법은 손의 위치와 모양의 관계를 통해 음정에 대한 감각을 기르고, 계이름으로 부르는 능력과 내청의 능력을 개발하는 데 효과적이다.
- 손기호 방법은 음악의 선율을 공간 속에서 신체를 이용하여 표현하므로 눈으로 보고 몸으로 느낄 수 있다는 의미를 지닌다. 즉, 눈과 귀, 머리, 손, 팔의 신체를 통해 음감을 느끼고 체화하는 것이다(심성경, 2013).
- 영유아의 경우는 높낮이에 대한 인식이 아직 부정확하여 섬세한 손모양을 표현하기 어려우므로 음높이에 따른 자세를 몸 전체로 표현하는 기호를 사용하도록 할 수 있다.

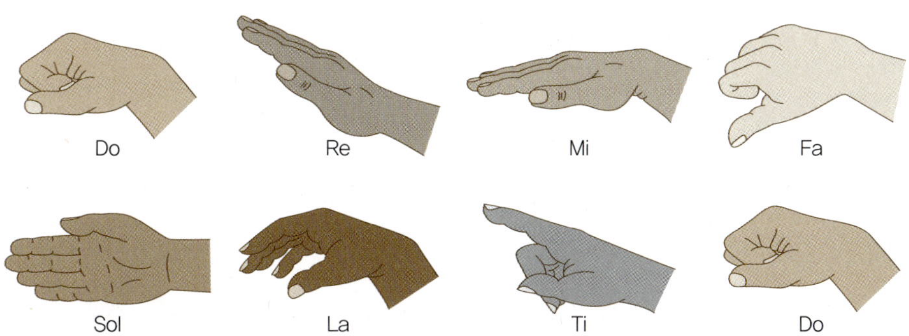

우리말 이름	영어 이름	제원	기능
도	do	주먹을 가볍게 쥔다.	으뜸음
레	re	손바닥을 비스듬히 핀다.	으뜸음 다음의 첫 음
미	mi	옆으로 평행이 되도록 핀다.	
파	fa	주먹을 쥐고 아래로 엄지를 내린다.	
소(솔)	so	손바닥을 보이도록 하고 손가락을 모두 붙인다.	딸림음
라	la	손목을 구부리면서 엄지손가락을 안으로 넣는다.	
티(시)	ti	주먹을 쥐고 엄지와 검지를 위로 올린다.	으뜸음으로 향하는 음

그림 2-3 코다이 손기호

출처: 최슬기(2009)

• 코다이 손기호로 노래하기

비행기
미레도레 미미미 레레레 미미미
미레도레 미미미 레레미레도

작은별
도도 솔솔 라라 솔 **파파** 미미 레레 도
솔솔 **파파** 미미 레 솔솔 **파파** 미미 레
도도 솔솔 라라 솔 **파파** 미미 레레 도

③ 리듬지도

• 코다이는 시각자료를 통해 리듬지도를 진행하였다. 그림의 크기로 음의 길이를 표시하고, 몸의 움직임을 통해 박자에 대한 감각을 체화시키도록 하였다.

4분음표와 8분음표의 설명 자료

• 첸트로 노래 부르며 박수치기, 발구르기 활동

Let's Chant!

Open them shut them open them shut them

Give a little clap

Open them shut them open them shut them

Put them in you lap

발구르기

박수치기

제3장

음악교육의 요소

음악이란 음(소리)의 높낮이, 길이, 셈여림, 음색 등의 특성을 소재로 하여 감정과 사상을 표현한 시간 예술이다. 화면에 구성되는 그림과 같은 공간예술과 구별된다.

음악의 3요소는 리듬, 가락 화성이다.

- 리듬rhythm : 소리의 장단, 셈여림이 일정한 규칙으로 진행되는 흐름을 말한다.
- 가락melody : 선율, 멜로디라고 한다. 리듬에 맞춰 높고 낮은 음들을 연결해 놓은 것으로 음높이 다양한 변화로 이루어져 있다.
- 화성harmony : 두 개 혹은 그 이상의 높이가 다른 음들이 동시에 조화롭게 울리는 것이다.

본 장에서는 음악교육의 요소로 음악적 개념인 음, 박, 화성, 형식, 음악적 표현에 대해 살펴보기로 한다.

1. 음(소리)

소리는 물체에 힘이 가해지거나 동물이나 사람의 성대의 자극으로 떨릴 때 생기고 이 떨림을 진동이라고 한다. 그 진동은 공기를 통해 우리 귀에 전달된다. 이 전달된 공기의 진동을 음 또는 소리라고 한다.

활동 '아아아' 소리내며 목에 손을 대보면 떨림을 느낄 수 있다. 기타를 켜면 줄이 떨리기 때문에 소리가 난다. 기타 줄을 튕겨 떨림을 느껴볼 수 있다.

1) 음의 종류

④ 고른음

진동이 규칙적이며 일정한 높이가 있는 소리(예: 피아노, 바이올린 등의 가락악기)

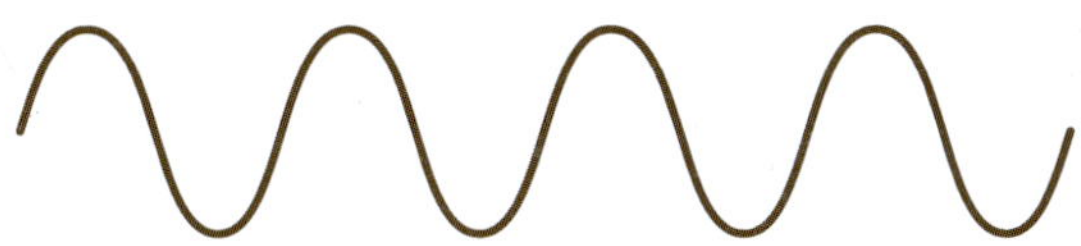

⑤ 시끄러운 음

동이 불규칙적이며 일정한 높이가 없는 소리(예: 주로 타악기 소리)

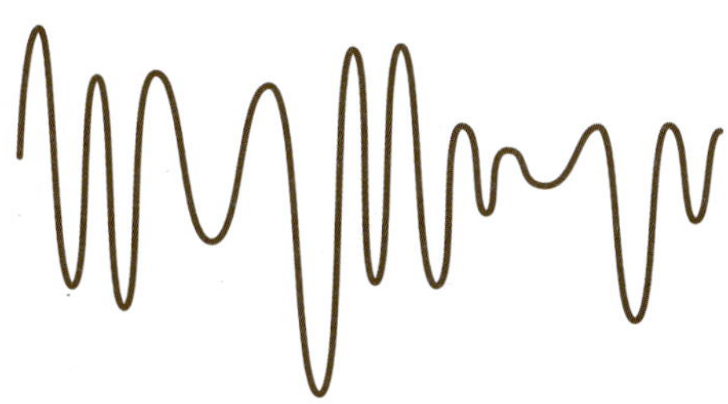

2) 음의 성질

(1) 높낮이(pitch)

음의 높고 낮음, 일정한 시간 내의 진동수로 결정된다. 진동수가 많을수록 높음 음, 진동수가 적으면 낮은 음의 소리가 난다.

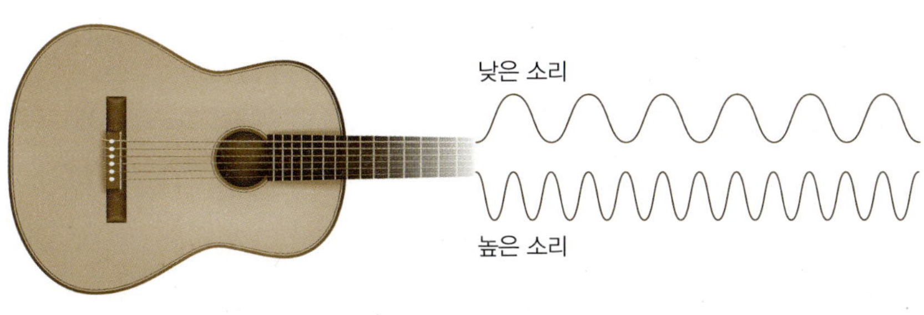

기타 제일 밑줄을 튕기면 높은 소리가 나고, 제일 위의 줄을 튕기면 낮은 소리가 난다. 피아노 건반에서 높은 음, 낮은 음을 구별해 쳐준다.

(2) 길이(length)

음의 길고 짧음, 진동 시간이 길수록 음의 길이가 길다.

예) 탬버린 한 번만 치기–짧은 소리, 트레몰로 주법–긴 소리

(3) 셈여림(dynamics)

음의 강약, 크고 작음, 음의 진동폭이 넓을수록 센 소리가 된다.

예) 작은 소리–친구와 속삭이며 얘기하기, 캐스터네츠

큰 소리–비행기 소리, 큰 북

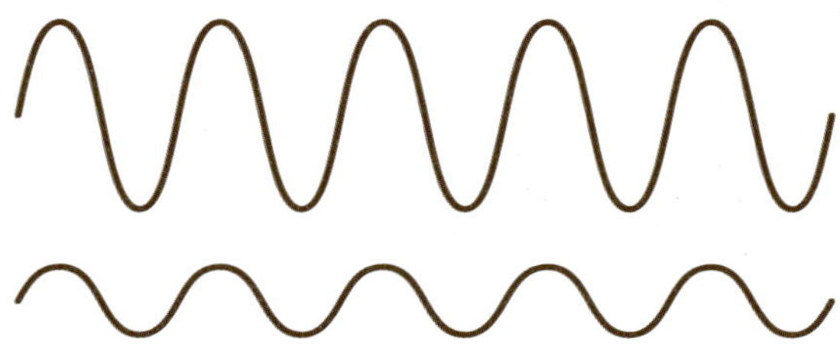

(4) 음색(tone color)

음의 색깔, 사람마다 다른 목소리를 가지고 있듯이 같은 높이의 음이라도 악기에 따라 다른 소리가 난다. 다른 소리와 구별시키는 독특한 성질을 말한다.

활동 1 같은 높이의 '솔'을 피아노로 연주하고, 실로폰으로 연주해 다른 소리가 나는 것을 들어본다. 친구들의 목소리를 눈을 감고 알아 맞혀본다. 다양한 악기의 소리를 눈을 감고 맞혀본다

활동 2 바흐의 '미뉴엣'을 피아노 버전과 바이올린 버전으로 감상해 보고 악기 고유의 음색을 들어본다.

3) 음이름과 계이름

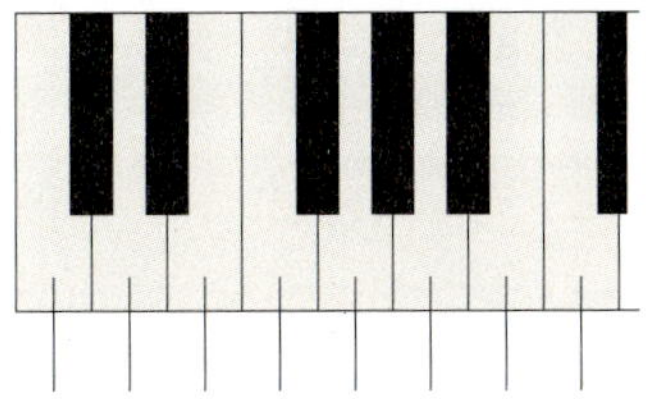

한국	다	라	마	바	사	가	나	다
미국 + 영국	C	D	E	F	G	A	B	C
이탈리아 + 프랑스	도	레	미	파	솔	라	시	도

다장조(C Major)

음이름:	다	라	마	바	사	가	나	다
	C	D	E	F	G	A	B	C
계이름:	도	레	미	파	솔	라	시	도

사장조(G Major)

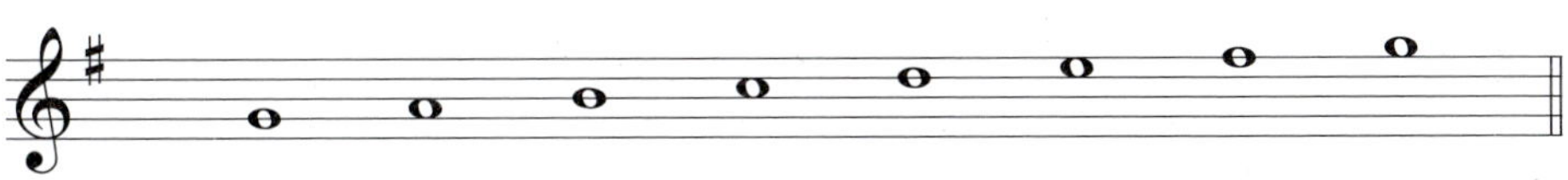

음이름:	사	가	나	다	라	마	바	사
	G	A	B	C	D	E	F	G
계이름:	도	레	미	파	솔	라	시	도

⇨ 음이름은 변하지 않는다. 조표와 상관없이 고정되어 있는 이름이다. 계이름은 조성에 따라 변한다.

4) 음표와 쉼표

음표는 음의 길이를 표시하고, 쉼표는 음악이 진행되는 도중 음이 멈추는 쉬는 길이를 나타낸다.

① 민음표와 민쉼표

음표	𝅝	𝅗𝅥	♩	♪	𝅘𝅥𝅯
음표 이름	온음표	2분음표	4분음표	8분음표	16분음표
박자	4(VVVV)	2(VVVV)	1(VVVV)	1/2(VVVV)	1/4(VVVV)
쉼표	𝄻	𝄼	𝄽	𝄾	𝄿
쉼표 이름	온쉼표	2분쉼표	4분쉼표	8분쉼표	16분쉼표

② 점음표와 점쉼표

음표	음표 이름	실제의 길이	쉼표	쉼표 이름	실제의 길이
𝅝.	점온음표	𝅝 + 𝅗𝅥	𝄻.	점온쉼표	𝄻 + 𝄼
𝅗𝅥.	점2분음표	𝅗𝅥 + ♩	𝄼.	점2분쉼표	𝄼 + 𝄽
♩.	점4분음표	♩ + ♪	𝄽.	점4분쉼표	𝄽 + 𝄾
♪.	점8분음표	♪ + 𝅘𝅥𝅯	𝄾.	점8분쉼표	𝄾 + 𝄿
𝅘𝅥𝅯.	점16분음표	𝅘𝅥𝅯 + 𝅘𝅥𝅰	𝄿.	점16분쉼표	𝄿 + 𝅀

③ 셋잇단음표

2등분할 음표를 셋으로 등분한 음표

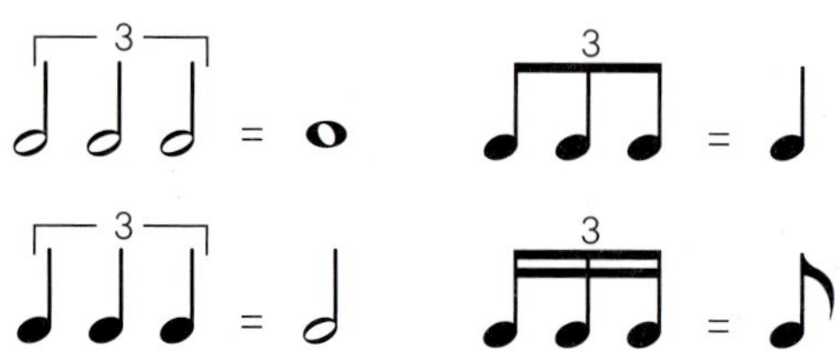

2. 박 & 박자

1) 박(beat)

- 음악의 맥박(심장의 고동, 시계의 똑딱임, 메트로놈 소리 등)
- 규칙적이고 동일하게 움직이는 시간속의 소리 움직임
- 박자의 단위, 음악 내내 지속되는 리듬 단위의 연속적인 반복

사람의 맥박처럼 일정하게 지속되는 움직임이다. 사람마다 맥박의 빠르기나 박동수가 다른 것처럼 음악의 박도 곡마다 다르고 같은 곡에서도 변할 수 있다. 빠른박, 느린박, 또한 강세에 따라 센박, 여린박이 있다.

활동 맥박 소리를 느껴본다. 시계의 초심의 똑딱 소리에 맞춰 박수를 쳐본다. 동요에 맞춰 규칙적으로 머리를 끄덕이거나 발을 굴러본다.

2) 박자(time)

① 박의 묶음

② 일정한 수의 박이 모여 음악적인 시간을 구성하여 박자를 이룬다.

③ 2박, 3박, 4박, 6박과 같이 주기적인 반복에 의해 묶어 놓으면 박자가 된다.

④ 박자는 셈여림이 반복되는 단위로 센박을 첫박으로 주기를 이룬다.
(예: 2/4박자–강약, 3/4박자–강 약 약)

활동

- 2/4박자 곡(예: **♬자전거, ♬꼬마눈사람**)에 맞춰 하나–둘, 하나–둘 박자를 세어본 후 강약을 발구르기(강), 손뼉치기(약) 하면서 노래를 불러본다.
- 3/4박자 곡(예: **♬우리동네, ♬우리나라 꽃**)을 들으며 삼각형(트라이앵글) 모양을 손으로 그리면서 하나–둘–셋 박자를 세어 본다. 같은 방법으로 강약약을 표현해 본다. 2박자의 느낌과 3박자의 느낌이 다름을 구별해 본다.

⑤ 박자의 종류 : 박자표는 분수로 표기한다. 위의 숫자는 한 마디 안의 박의 수를 나타내고, 아래 숫자는 한 박을 이루는 단위를 나타낸다. 2/4박자는 4분음표(♩)를 한 박으로 한 마디 안에 2박이 있다는 뜻이다.

- 홑박자simple time : 2/4박자에서 4분음표=1박, 한 박을 한 단위로 본다.
- 겹박자compound time : 홑박자가 합쳐진 것

  6/8박자(한 마디에 8분음표가 6개, ♪=1박, 3박자×2=총 6박)

	홑박자(simple time)	겹박자(compound time)
2박 (2 beat)	2/4 ♩ ♩ (강 약)	6/8 ♪♪♪ ♪♪♪ (강 약 약 중강 약 약) ♩. ♩. (♪3개씩 묶어 2박자 계통임)
3박 (3 beat)	3/4 ♩ ♩ ♩ (강 약 약)	9/8 ♪♪♪ ♪♪♪ ♪♪♪ (강 약 약 중강 약 약 중강 약 약) ♩. ♩. ♩.
4박 (4 beat)	4/4 ♩ ♩ ♩ ♩ (강 약 중강 약)	12/8 ♪♪♪ ♪♪♪ ♪♪♪ ♪♪♪ (강 약 약 중강 약 약 강 약 약 중강 약 약) ♩. ♩. ♩. ♩.

3) 리듬(rhythm)

① 리듬은 '흐름'을 뜻하는 그리스어 'rhythmos'에서 유래되었다.

② 음악적 움직임의 패턴 : 길고 짧은 소리의 운율적 패턴으로 다양한 음표와 쉼표로 구성된다.

예) 4/4박자 리듬–박자표에 맞게 음표, 쉼표들이 모여 리듬을 이룬다.

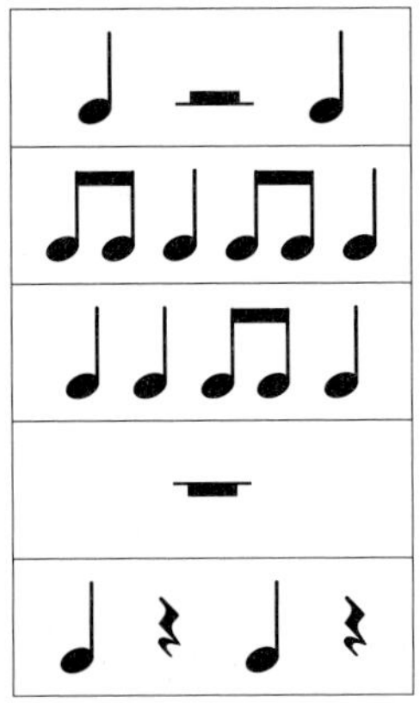

활동 챈트(chant)로 리듬 표현하기

(4분음표=밤, 8분음표=대추)

- 익숙한 동요의 리듬을 우드블럭, 캐스터네츠 등의 리듬악기로 연주해 보기
- ♬**리듬악기노래**에 맞춰 다양한 악기로 연주해 보기(악기 소리 부분을 연주하며 4분음표와 8분음표의 리듬을 구분할 수 있다.)

4) 마디(measure)

① 마디 : 일정한 박이 모여 마디로 묶여진다. 박자의 경계를 표시해 놓은 것이다.

② 세로줄 : 마디를 나눠준다.

예) 4/4박자 곡 : 한 마디에 4박씩 들어간다. 4박이 끝날 때마다 세로줄을 긋는다.

③ 겹세로줄 : 곡 중간에 조표나 박자가 바뀔 때 사용된다.

예) 4/4박자 ⇨ 9/8박자로 바뀜

④ 끝세로줄 : 곡이 끝날 때 사용된다. 겹세로줄의 오른쪽 선을 굵게 그린다.

5) 템포(tempo)

① 음악이 진행되는 속도 : 빠름과 느림

② 빠른 음악/느린음악, 빠른 노래/느린 노래 : 연주하는 속도를 나타낸다.

활동 생상스의 〈동물의 사육제〉 중 빠른곡 ♬**캥거루**, 느린곡 ♬**거북이**를 감상해본다.

• 악곡 전체를 템포를 지시하는 빠르기표

빠르기표	의미	메트로놈 빠르기(대략적 수치)
Grave(그라베)	느리고 장중하게	♩=20~40
Lento(렌토)	느리고 무겁게	♩=40~45
Largo(라르고)	느리고 폭넓게	♩=45~50
Adagio(아다지오)	느리고 침착하게	♩=55~70
Andante(안단테)	느리게	♩=70~90
Andantino(안단티노)	조금 느리게	♩=80~100
Moderato(모데라토)	보통 빠르기	♩=100~120
Allegretto(알레그레토)	조금 빠르게	♩=100~115
Allegro(알레그로)	빠르게	♩=120~140
Vivace(비바체)	빠르고 경쾌하게	♩=140~160
Presto(프레스토)	매우 빠르고 성급하게	♩=160~200

• 곡의 첫 부분 악보 위에 기보되어 있다.

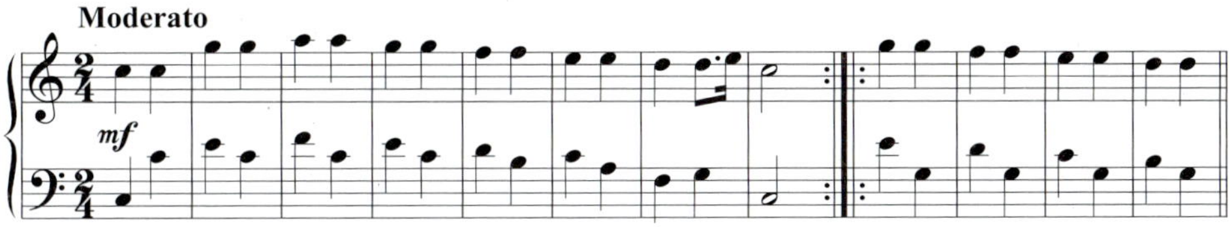

메트로놈의 수

• 음악의 속도를 숫자로 표시한 것

• 시간단위는 1분으로 1분 안에 가지고 있는 박beat의 수를 숫자로 표시한다. BPMBeats Per Minute이라고 한다.

• ♩ = 60 : 1분 안에 4분음표가 60번 연주되는 속도 (⇨ 1초=1박의 속도)

• 곡의 첫 부분 악보 위에 기보되어 있다.

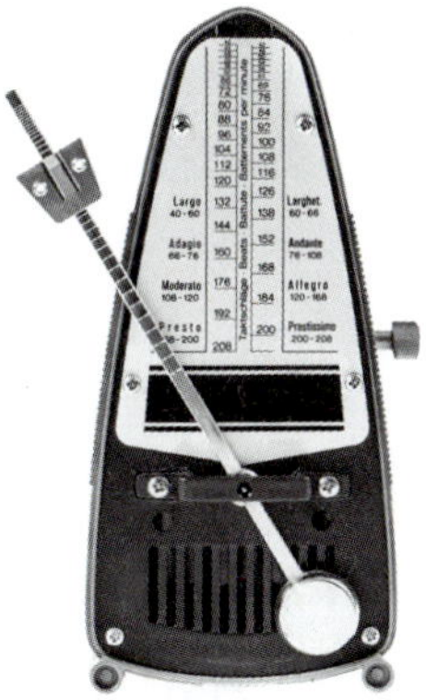

메트로놈

3. 멜로디와 화성

멜로디	화성
수평적 : 음들이 순서 있게 나타난다.	수직적 : 동시에 음들이 나타난다.

1) 멜로디(melody)

멜로디를 가락, 선율이라고도 한다. 리듬에 맞춰 높고 낮은 음들을 연결해 놓은 것이며, 음높이 다양한 변화로 이루어져 있다.

리듬과 음이 합쳐져 멜로디가 된다.

① 리듬

② 음높이

라라

솔솔 솔

도도

♬작은별 멜로디

노래는 고유한 멜로디로 이루어져 있다. 노랫말 없이도 멜로디를 들었을 때 무슨 노래인지 알 수 있다.

활동 노래 가사 없이 잘 아는 동요를 연주해 들려 주거나 허밍으로 멜로디를 불러 유아들이 알아맞히게 한다.

2) 화음(chord)

높이가 다른 두 개 이상의 음이 동시에 울리는 것을 화음이라고 한다.

♬동물농장

활동 유아들이 **♬동물농장** 멜로디를 부르고, 교사가 화음을 넣어 부른다.

① 기본 3화음

음정(음과 음 사이의 거리)을 얘기할 때 도-레를 2도, 도-미를 3도라고 한다. 이런 식으로 도-미(3도), 다시 미-솔(3도), 3도씩 쌓아 올린 세 개의 음을 3화음이라 한다. 흔히 화음을 코드chord라고 하며 화음은 로마숫자(I, V 등)로도 표기한다.

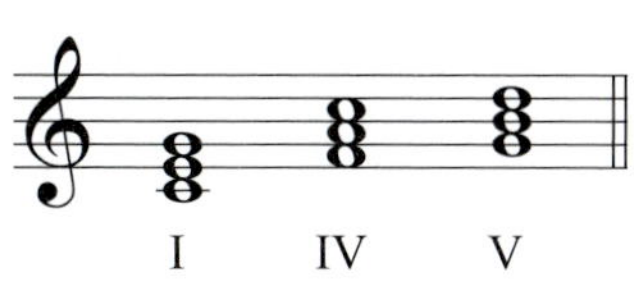

I	으뜸화음	도미솔	C 코드
IV	버금딸림화음	파라도	F 코드
V	딸림화음	솔시레	G 코드

으뜸화음은 가장 으뜸음인 '도'를 기준으로 3화음을 만든것이고, 첫 음에서 시작하므로 로마숫자 I(1)로 표기한다. 버금딸림화음은 '도'에서 네번째 음인 '파'를 기준으로 3화음은 만든 것이고 로마숫자 IV(4)로 표기한다. 딸림화음은 '도'에서 5번째 음인 '솔'을 기준으로 3화음을 만든 것으로 로마숫자 V(5)로 표기한다.

활동 • 핸드벨로 '도' '미' '솔' 동시에 연주하며 화음 들어보기

• **♬화음 삼형제** 노래 부르며 주요 3화음 익히기

② 기본 코드

장조코드(major chords)

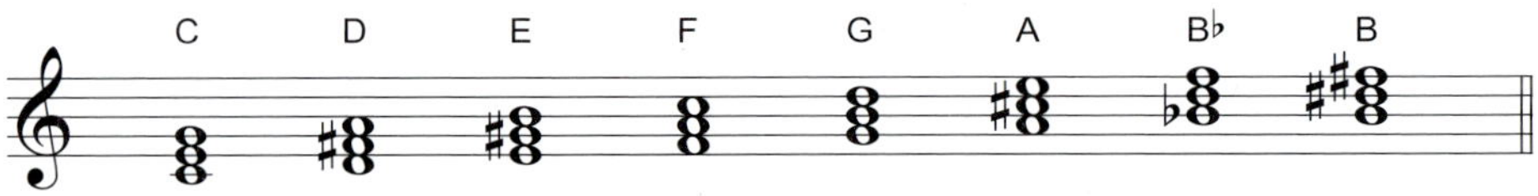

단 코드(minor chords)

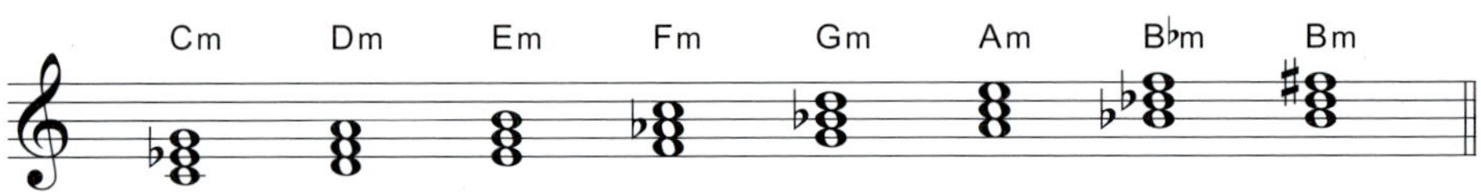

세븐코드(7th chords)

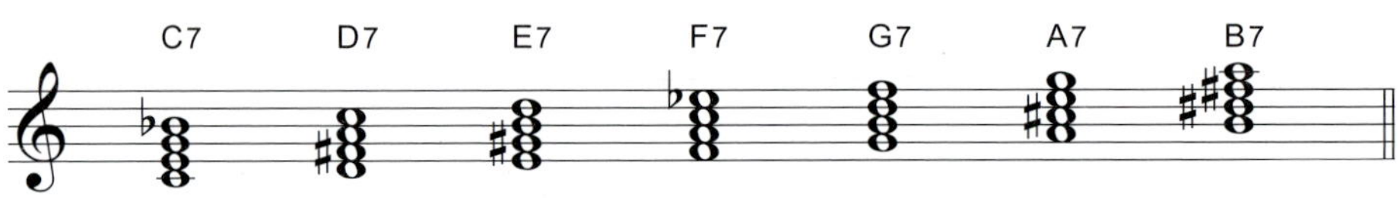

3) 화성(harmony)

한 화음에서 다른 화음으로 바뀌는 과정, 즉 화음들이 연결되어 진행되는 것을 화성이라고 한다. 화음을 연결할 때에는 기본적인 규칙이 있다.

♬퐁당퐁당

- 사용된 화음 : C 코드(I), F 코드(IV), G 코드(V)–주요 3화음으로 되어 있다.
- 화성(화음 진행) ⇨ F – C – F – C – G – C

  (IV – I – IV – I – V – I)

다장조(C major) 코드

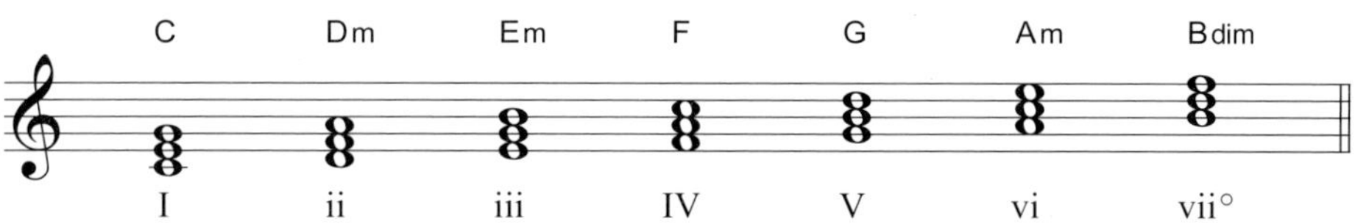

- 주요 3화음(장조코드) : C(I), F(IV), G(V)
- 부 3화음(단조코드) : Dm(ii), Em(iii), Am(vi)

  (*단조코드는 로마숫자 소문자로 표기한다.)

일정한 규칙에 의한 화성 진행은 다음과 같다.

- I–IV–V–I 화성 진행 : C(I)–F(IV)–G(V)–C(I)

- I–IV–V_7–I*(V화음 대신에 V_7을 쓸 수 있다) 화성 진행 : C(I)–F(IV)–G_7(V_7)–C(I)

• I–ii–V_7–I 화성 진행 : C(I)–Dm(ii)–G_7(V_7)–C(I)

4. 형식(form)

음악의 구조적 틀, 형태를 뜻한다.

1) 가요의 형식

• 작은 악절 : 4마디

• 큰 악절 : 8마디

① 한도막 형식

한 개의 큰 악절, 8마디로 된 형식을 말한다.

♬태극기

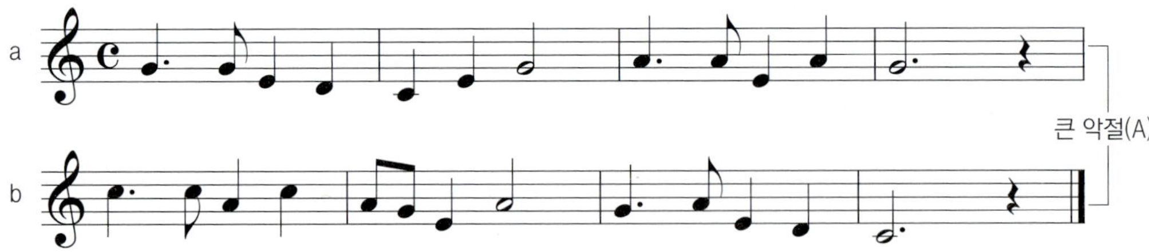

② 두도막 형식

두 개의 큰 악절, 16마디로 된 형식을 말한다.

♬아리랑

③ 작은 세도막 형식

세 개의 작은 악절(4마디), 12마디로 된 형식을 말한다.

♬작은별

④ **세도막 형식**

세 개의 큰 악절, 총 24마디로 된 형식을 말한다.

♬아기염소

2) 기악곡의 형식

① 겹세도막 형식(ABA) : 세 부분으로 되어 있고, ABA 형식으로 처음 부분(A)과 대조적인 중간부분(B)에 이어 다시 처음부분(A)이 반복된다. 왈츠, 미뉴엣, 행진곡에 많이 쓰인다(감상곡 : 바흐의 〈미뉴엣〉).

② 론도Rondo형식 : 론도는 프랑스어로 '돈다' 라는 뜻이다. 주제(A) 부분이 3번 이상 되풀이되고 그 사이에 다른 성격의 부주제가 들어간다. A–B–A–C–A형식이다

(감상곡 : 베토벤의 〈엘리제를 위하여〉).

③ 변주곡 형식 : 하나의 주제를 바탕으로 하여 그 주제를 여러 가지로 변화시켜 연주하는 곡을 말한다.

♬모차르트의 '작은별 변주곡'

주제

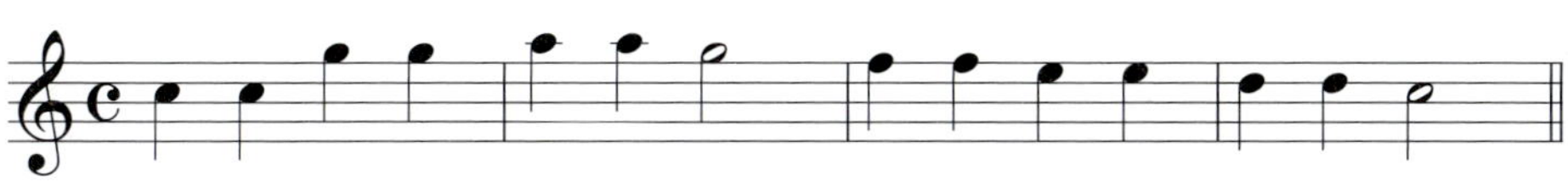

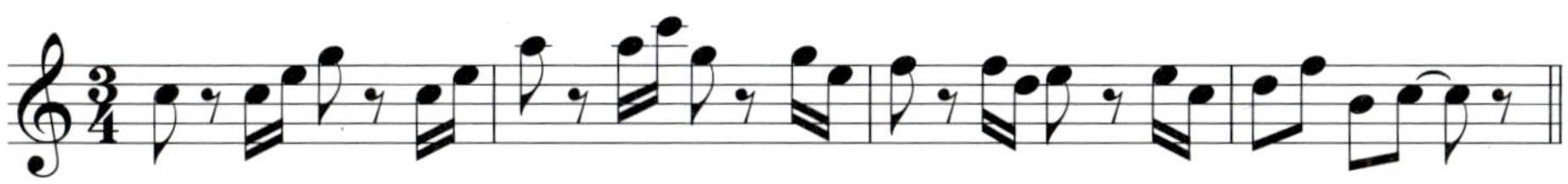

변주 1) 박자변주

변주 2) 가락변주

변주 3) 빠르기 변주

④ 소나타 형식 : 기악곡 중에서 가장 규모가 크고 발달한 형식이다. 제시부exposition, 발전부development, 재현부recapitulation 세 부분으로 나뉜다. 제시부에서는 곡의 중심이 되는 제1주제와 대조되는 제2주제가 소개된다. 발전부에서는 제시부의 주제들을 다양하게 변화시키고, 재현부는 제시부가 거의 그대로 연주된다.

A	B	A′
제시부(음악의 주제 소개)	발전부(주제가 다양하게 변화됨)	재현부(주제가 다시 반복됨)

하이든은 소나타를 약 300곡 작곡했고, 모차르트는 90곡, 베토벤은 55곡을 작곡했다.

5. 음악적 표현

음악적 표현이란 음악적으로 나타내고자 하는 것을 의미하며 다양한 기호들로 음악에서 곡의 일부분이나 특정한 음에 표기되어 변화를 지시한다. 소리의 크고 작은 정도, 음의 셈과 여림(강약)을 나타내는 셈여림 기호, 곡의 순차, 반복을 나타내는 기호 등 다양한 기호들은 다음과 같다.

1) 셈여림 기호 : 강약을 나타내는 기호

ff	***f***	***mf***	***mp***	***p***	***pp***
포르테시모	포르테	메조포르테	메조피아노	피아노	피아니시모
매우세게	세게	조금세게	조금여리게	여리게	매우여리게

다음은 여린 순서대로입니다.

pp	***p***	***mp***	***mf***	***f***	***ff***
피아니시모	피아노	메조피아노	메조포르테	포르테	포르테시모
매우여리게	여리게	조금여리게	조금세게	세게	매우세게

2) 점차적인 변화를 나타내는 기호

cresc. (hairpin opening to the right)	크레센도 (cresendo)	점점 세게
decresc. (hairpin closing to the right)	데크레센도 (decresendo)	점점 여리게
dim.	디미누엔도 (diminuendo)	점점 여리게

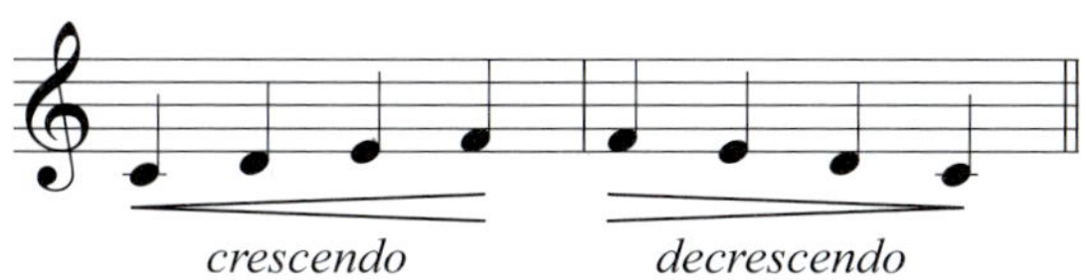

3) 특정한 음에 작용되는 기호

① > (악센트accent) : 그 음을 특히 세게

② 늘임표/페르마타fermata : 음표, 쉼표의 실제 길이보다 2~3배 늘인다.

③ 스타카토staccato : 실제 길이의 1/2정도로 음을 짧게 끊어서 부른다.

4) 순차/반복기호

① 도돌이표 : 돌아가서 한 번 더 반복한다.

② 다 카포(D.C.Da Capo) : 처음으로 돌아간다.

③ 달 세뇨(D.SDal Segno) : 세뇨(𝄋) 표시가 있는 부분으로 돌아간다.

④ Fine : 끝마침

♬하얀 나라

D.C.(다카포)에서 처음으로 돌아가 Fine에서 마친다.

♬우리 동네

D.S.(달세뇨) 표시된 곳에서 세뇨가 있는 부분으로 돌아가 Fine에서 마친다.

6. 악기의 분류 및 편성

연주하는 방법에 따라 현악기, 관악기, 건반악기, 타악기로 분류된다.

1) 악기의 분류

건반악기 (건반 눌러서 연주)	  	피아노 챔발로 오르간
타악기 (두드리기, 흔들기, 긁어서 연주)	유율 타악기(음높이 있음)  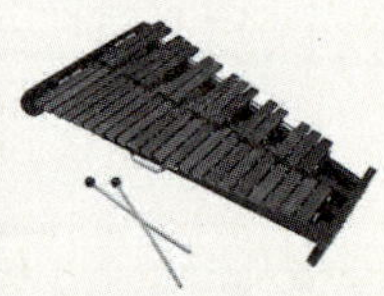 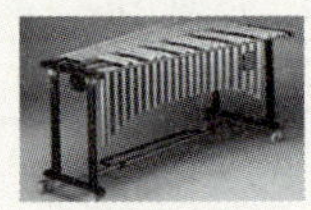 무율 타악기(음높이 없음)   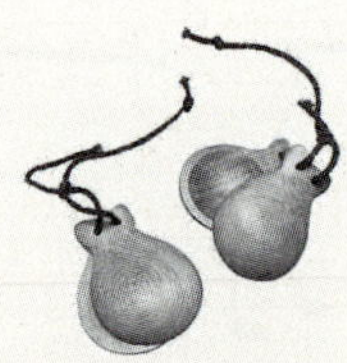   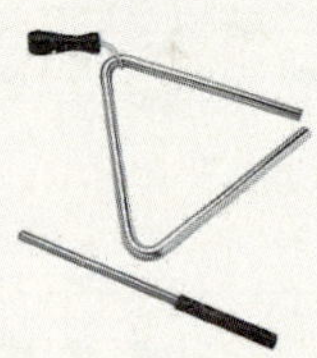	• 유율 타악기 : 팀파니 실로폰 마림바 • 무율 타악기 : 큰북 작은북 캐스터네츠 심벌즈 탬버린 트라이앵글

<table>
<tr><td rowspan="2">관악기
(입으로 불어서
연주)</td><td>목관악기
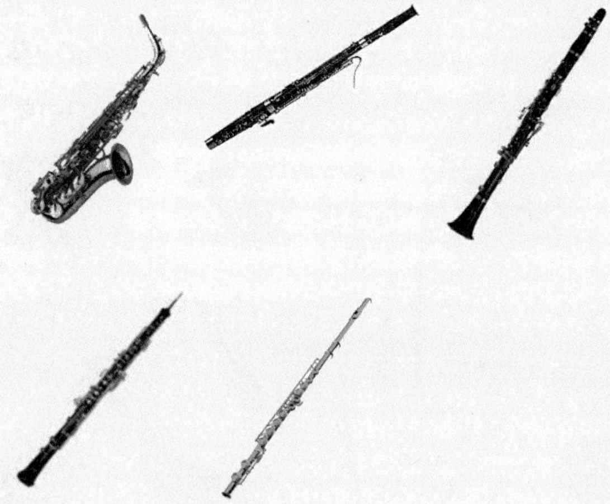</td><td>• 목관악기 :
색소폰
바순
클라리넷
오보에
플루트</td></tr>
<tr><td>금관악기
</td><td>• 금관악기 :
튜바
호른
트럼펫
트럼본</td></tr>
<tr><td>현악기
(활 사용, 뜯거나
튕겨서 연주)</td><td></td><td>하프
콘트라베이스
첼로
비올라
바이올린</td></tr>
</table>

2) 오케스트라 악기 편성 및 배치

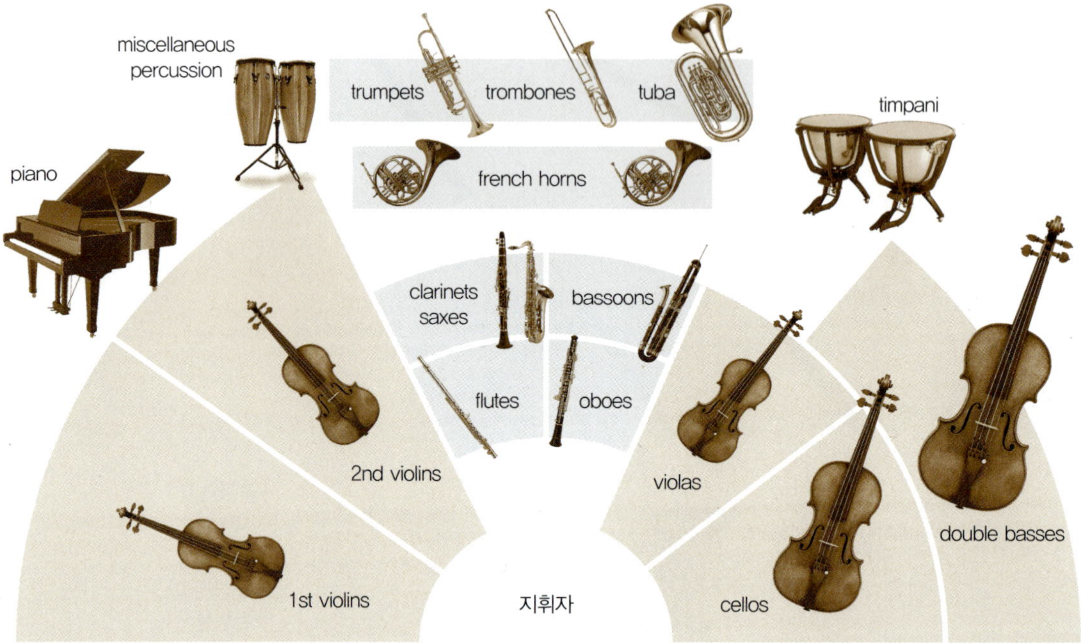

3) 실내악(chamber music) 악기 편성

2~10명의 적은 인원수로 연주되는 기악 합주곡이다. 몇 대의 악기를 사용하느냐에 따라 2중주, 3중주와 같은 이름으로 분류된다.

① duo / duet – 듀오, 듀엣(2중주)

같은 종류의 두 악기나 (2개의 바이올린) 다른 종류의 두 악기(피아노+플룻)로 구성된다.

② trio – 트리오(3중주)

- 피아노 트리오 : 피아노 + 바이올린 + 첼로
- 현악 3중주 : 바이올린 + 비올라 + 첼로

③ quartet – 콰르텟(4중주)

- 현악 4중주 : 바이올린 + 바이올린 + 비올라 + 첼로가 정석이다.
  가끔 2대의 비올라나 첼로를 사용하기도 한다.
- 피아노 4중주 : 피아노 + 바이올린 + 비올라 + 첼로

④ quintet – 퀸텟(5중주)

현악 5중주, 목관 5중주, 금관 5중주, 피아노 5중주 등이 대표적이다.

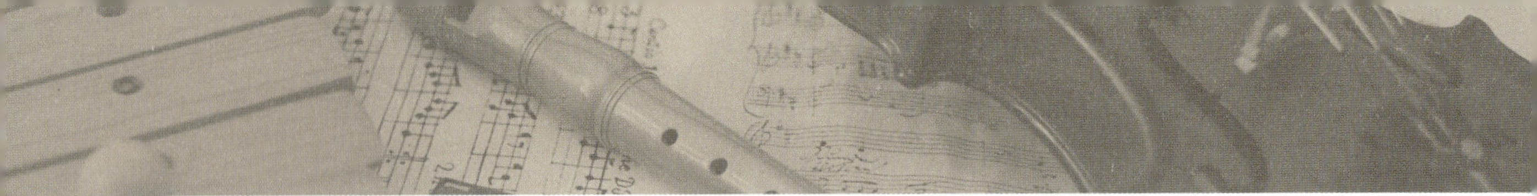

제4장

영유아 음악교육의 영역

영유아 음악교육의 영역에 대해 3~5세 누리과정 예술경험 영역에서는 노래 부르기(간단한 노래를 듣고 따라부른다, 노래로 자신의 생각과 느낌을 표현한다, 전래동요를 즐겨 부른다), 악기 연주하기(리듬악기로 간단한 리듬을 표현해 본다, 리듬악기를 연주해 본다) 등으로 나누어 제시하고 있다. 일반적인 영유아 음악교육에서는 노래 부르기, 악기 다루기, 동작으로 표현하기, 음악 듣기, 음악 만들기, 소리 탐색 및 소리 만들기, 악기 만들기, 음악감상하기, 음악극하기, 음악적 창의력 등 학자마다 조금씩 의견을 달리하고 있다(임혜정, 2008; 안경숙, 임소향, 나은숙, 2012; 심성경, 이희자, 이선경, 김경의, 이효숙, 박주희, 2003).

본 장에서는 유아교육기관의 일반적인 교육내용과 환경, 교사의 역할 등을 고려하여 음악감상, 노래 부르기, 악기 다루기, 음악적 창의력으로 구분하여 알아보도록 하겠다.

1. 음악감상

인간의 듣기 활동은 태내에서 엄마, 아빠의 목소리를 들을 때부터 시작된다. 태어난 지 얼마 안 된 신생아들도 엄마의 목소리를 구별하며 심지어 모국어를 다른 언어로부터 구별해 내기도 한다. 이러한 인간의 듣기능력은 표현의 전제조건으로 작용한다. 인간발달의 특성을 비추어볼 때 유아에게 있어 음악감상은 음악활동의 기초가 된다고 볼 수 있다. 음악을 주의 깊게 듣고 음악 속에 내재된 다양한 음악개념들을 온몸으로 체득할 때 비로소 창의적인 표현이 발현될 수 있는 것이다. 음악감상의 범위는 주변에서 들리는 소리로부터 시작하여 작곡가들의 음악에 이르기까지 매우 다양하다고 볼 수 있겠다.

감상을 어원적으로 살펴보자면 라틴어의 'appretio'에서 찾아볼 수 있다. 이 말은 '평가하다' 또는 '감상하다'라는 뜻으로 예술을 음미하고 그 미적 내용을 즐기며 이해하는 경험을 의미한다. 이러한 경험에 대해 듀이(Dewey)는 예술교육에 있어서 직접 경험이 가장 중요하며 아무런 매개 없이 경험될 수 있는 것을 '감상'이라고 하였다. 다시 말해, 음악감상은 음악의 미적 특성의 의미를 이해하고 즐기는 행위로써, 이는 음악을 형성하고 있는 음악 구성요소들 즉 리듬, 가락, 화성과 같은 모든 표현적 요소에 대한 특징과 생성원리의 구체적인 의미를 지각하고 반응하는 것을 뜻한다(안재신, 1996).

1) 음악감상의 내용

(1) 소리 듣기

우리 주변에서 다양하게 들을 수 있는 온갖 소리들은 유아가 주변을 탐색하고 주의 깊게 들을 수 있게 해주는 중요한 자료가 된다. 주변에서 들리는 소리들에 관심을 가지고 들어보고, 각각의 소리들을 분별해 보는 활동을 통해 유아들은 소리가 고유의 색(음색)을 가졌음을 인식하게 되고 이들을 변별해 볼 수 있게 된다. 소리 듣기 활동 시 활용할 수 있는 소리 목록은 다음과 같다.

- 자연의 소리 : 물소리, 새소리, 나뭇잎이 바람에 스치는 소리, 바람소리, 빗소리, 천둥소리, 동물의 소리 등
- 생활도구의 소리 : 의자 끄는 소리, 믹서기 소리, 청소기 소리, 문 닫는 소리, 책 넘기는 소리, 도마 소리, 컴퓨터 끄고 켜는 소리 등
- 교통기관의 소리 : 자동차 경적 소리, 지하철 소리, 자전거 벨 소리, 비행기 소리, 뱃고동 소리 등

• 신체의 소리 : 박수 소리, 혀 차는 소리, 이 부딪히는 소리, 볼 바람 빼는 소리, 손가락 부딪히는 소리, 발자국 소리 등

함께 해보세요!

주변 소리 구별하기

1. 잠시 바깥으로 나가서 2분 동안 주변 소리들을 녹음해 보세요.
2. 강의실로 돌아와 친구와 함께 서로 들어보고 어떤 소리들이 녹음되어 있는지 분별해 보세요.
3. 녹음된 소리들로 어떤 음악활동을 할 수 있을지 생각을 모아 보세요.

(2) 음악감상

음악감상은 간접감상과 직접감상으로 나누어 볼 수 있다. 간접감상이란 광고의 배경음악과 같이 의도하지 않게 우리에게 들리는 음악을 듣는 것을 의미한다. 유아교육기관에서의 간접감상은 자유선택활동시간, 전이활동시간, 이동시간 등의 시간에 배경음악으로 틀어 놓는 음악을 감상하는 것이라고 볼 수 있다. 반면, 직접감상이란 특정 음악을 감상하기 위해 연주회장을 방문하여 감상하는 것을 의미한다. 유아교육기관에서는 주제에 적합한 음악을 선정하고 교사가 설정한 목표를 위해 일련의 음악감상 교수학습방법에 따라 음악을 감상하는 것을 의미한다. 음악감상을 위해 고려해야 할 점은 다음과 같다.

• 친숙한 음악부터 생소한 음악으로 확대하여 감상하도록 한다.
• 다양한 장르와 문화권의 질 좋은 음악을 제공한다.
• 간접감상과 직접감상을 적절히 배치한다.
• 양질의 음악을 감상하도록 한다. 즉, 가장 최상의 질로 연주된 우수한 음악을 감상하도록 한다.
• 유아의 기분과 일치되는 음악경험을 제공하려고 노력한다.
• 음색이나 빠르기, 분위기 등 음악적 요소와 관련지어 서로 비교할 수 있는 음악을 함께 제공한다.

• 감상할 작품에 대한 이해를 돕는 그림자료, 비디오와 같은 교수자료를 제공한다.

2) 음악감상의 교수학습방법

효과적인 음악감상을 위해 교사는 수업의 계획–실행–평가단계에서 고려할 점이 있다.

(1) 계획단계

• 교사는 감상할 곡을 충분히 이해하고 있어야 한다. 이를 위해 여러 번 반복해서 들어본다.
• 교육현장의 생활주제와 여러 영역 간의 활동이 통합되도록 계획한다.
• 감상할 곡은 2~3분 정도가 적합하다. 필요시 편집하도록 한다.
• 감상과 표현을 도울 만한 자료를 제작한다.

음악감상하기에 적절한 곡

1. 이야기가 있는 곡 : 흥미로운 이야기가 배경이 되는 곡, 다양한 악기와 다양한 악곡의 흐름이 있는 곡(길이가 길 경우 반드시 편집하여 사용함)
   • 피터와 늑대 편집본(프로코피예프)
   • 호두까기 인형(차이코프스키)
2. 클래식 : 제목과 악곡의 흐름이 일치하여 상상할 수 있는 곡, 분명하고 단순한 구조로 이루어진 곡
   • 뻐꾹 왈츠(요나손)
   • 증기기관차(프로코피예프)
   • 동물의 사육제(생상스)
   • 놀람 교향곡(하이든)
   • 사계(비발디)
   • 호두까기 인형(차이코프스키)

- 어린이 놀이(비제)
- 페르시아의 시장(케델비)
- 휘파람 부는 사람과 개(프리오르)
- 〈메시아〉 중 할렐루야(헨델)
- 장난감 교향곡(모차르트)
- 숭어(슈베르트)
- 사랑의 인사(엘가)

3. 전통음악 : 익숙한 곡, 정서를 담은 곡
   - 아리랑
   - 강강수월래
   - 도라지타령
   - 뱃노래
4. 만화 주제가 : 정서적으로 풍부하고 아름다운 선율을 가진 곡, 상상할 수 있는 곡
   - 〈아기공룡 둘리〉의 '비눗방울'
   - 〈센과 치히로의 행방불명〉의 '언제나 몇 번이라도'
   - 〈이웃집 토토로〉의 '산책'
   - 〈인어공주〉의 'under the sea'

(2) 실행단계

- 유아의 기분과 상황을 고려하여 음악감상활동을 진행한다.
- 교사가 음악을 즐겁게 감상하는 모습을 보여준다.
- 반복해서 음악을 감상할 경우 다양한 교수학습자료를 사용하도록 하여 지루해지지 않도록 한다.
- 음악감상이 일련의 지도방법을 갖도록 한다.
- 다양한 방법(수수께끼, 부분 소리 듣기 등)으로 음악감상곡을 소개한다.

① 음악감상곡을 들려준다.

② 음악감상의 느낌을 이야기 나눈다.

③ 음악의 제목을 붙여본다.

④ 음악에 대한 정보(제목, 작곡가 등)를 소개한다.

⑤ 다양한 방법으로 다시 한 번 음악을 감상한다.

- 손으로 흐름을 느끼며 감상한다.
- 음악의 개념(높낮이, 크기 등)을 신체로 표현하며 감상한다.
- 발장단을 구른다.

• 음악감상의 느낌을 동작, 그림, 말(편지)로 표현해 본다.

• 음악감상 후 소감을 이야기 나눈다.

(3) 평가단계

• 교사가 계획단계에서 세운 목표가 얼마나 달성되었는지 교사의 평가를 한다.

• 유아들이 음악감상활동에 얼마나 참여하였는지 유아의 발달적 상황에 기초한 평가를 한다.

음악동화를 듣고 있는 유아

함께 해보세요!

나만의 음악모음집

유아교육기관의 생활주제에 적합한 음악들의 제목, 작곡가, 음원의 보유 유무를 표시하여 모은 뒤 주제별 모의수업과 현장에서의 수업을 준비하도록 해보세요.

생활주제	곡명	작곡가	음원보유 유무
유치원/어린이집과 친구			
나와 가족			
우리 동네			
동·식물과 자연			
건강과 안전			
생활도구			
우리나라			
세계 여러 나라			
환경과 생활			
봄·여름·가을·겨울			

2. 노래 부르기

목소리는 선천적으로 가지고 태어나는 악기이다(Pugh, 1998). 유아는 이 악기를 어린시절부터 끊임없이 실험하고 탐색하면서 자신의 목소리를 경험한다. 목소리로 여러 가지 소리를 낼 수 있고 자신의 감정을 표현할 수 있으며, 언제든지 장소에 구애받지 않고 노래부를 수 있다. 교육적으로 볼 때 노래 부르기는 음악을 경험하고 학습하는 가장 직접적인 방법이며(Scott-Kassner, 1993) 모든 유아가 경험해야 할 중요한 음악적 능력으로써 음악교과에서 매우 비중 있게 다루어지고 있다. 대부분의 유아는 노래 부르기를 가장 좋아하며 놀이시간에 혼자서도 노래를 흥얼거리거나 다른 사람의 노래 부르는 것을 즐겨 들으며 따라 부르기도 한다. 유아는 목소리를 내는 훈련으로부터 시작해서 다양한 억양의 발성을 시도하고 음과 음의 흐름을 기억하고 이것을 자신의 목소리와 연결시키는 것을 배운다(안재신, 2004).

노래 부르기 활동을 위해서는 우선 유아에게 적합한 음역대를 알아 그에 따른 알맞은 노래를 선정할 필요가 있다. 유아의 음역대에 대해서는 학자마다 다양한 의견이 있으며, 또한 유아들의 개인차에 영향을 받는다. 3~5세 유아의 평균적인 음역대 중 유아가 편안하게 노래를 부를 수 있는 음역대는 '도'에서 '솔'까지로 제시하고 있다.

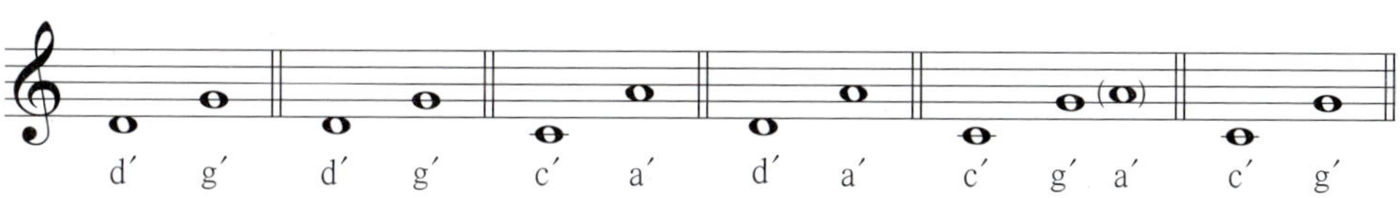

*1. swanson(1964), 2. shelly(1969), 3. McDonald(1978), 4. Greenberg(1979), 5. Brewer(1995), 6. Taylor(1995)

1) 노래 부르기의 내용

(1) 유아에게 적합한 노래

유아에게 적합한 노래의 내용은 유아의 생활과 밀접한 내용으로써 노랫말이 문학적 가치가 있는 노래이면 더욱 좋다. 또한 유아교육기관에서 지금 다루고 있는 주제와 밀접한 노래면 유아의 흥미를 더욱 북돋을 수 있다. 조성에 있어서는 밝고 건강한 느낌을 주는 장조의 노래를 쉽게 부를 수 있으며 연령이 높아질수록 조금 더 다양한 조성을 부를 수 있다. 유아가 부르기 적합한 형식은 8마디(한도막 형식)에서 12마디(작은 세도막 형식)이 적합하나 개인차와 연령에 따라 다르다.

- 분명한 리듬을 가진 노래
- 단순한 형식의 노래
  - 영아~3세의 경우 4마디의 짧은 형식
  - 4~5세의 경우 8~12마디의 노래
- 이야기가 있는 노래
- 유아 자신과 관련된 노래 : 자신의 이름을 넣어서 부를 수 있는 노래
  예) ○○이 어디 있어~
- 친근한 일상의 경험을 다루고 있는 노래
  예) 윗니 아랫니 양치 노래
- 유아가 흥미 있어 하는 주제의 노래 : 가족, 친구, 유아교육기관, 동물, 생일, 색깔, 모양 등
- 극화할 수 있는 노래 : 여러 명이 역할을 나누어 맡아서 부르거나 손유희할 수 있는 노래
- 감정을 표현하는 노래
- 반복적인 노래 : 의성어, 의태어가 반복되는 노래. 예) 도토리
  리듬패턴이 반복되는 노래. 예) 가을바람

함께 해보세요!

오늘의 노래

1. 오늘 여러분의 기분이나 느낌을 바탕으로 시를 쓰듯이 가사를 써 보세요. 혹은 한 가지 주제를 정해서 가사를 써 보세요.
2. 어떤 분위기의 노래를 만들고 싶은가요?
3. 멜로디를 흥얼거리며 좋은 멜로디를 찾아 보세요.
4. 노래를 완성해 보세요(노래 만들기가 어려울 경우 노래를 개사해도 좋아요).
5. 각 조가 만든 노래를 발표해 보세요. 율동과 함께라면 더욱 좋죠.

2) 노래 부르기의 교수학습방법

효과적인 노래 부르기를 위해 교사는 수업의 계획–실행–평가 단계에서 고려할 점이 있다.

(1) 계획단계

- 유아의 연령, 흥미, 발달수준, 생활주제, 다른 영역으로의 통합가능 여부를 고려하여 노래를 선정한다.
- 노래가 먼저 노래를 다 불러본다.
  – 음역대가 높으면 조옮김을 한다.
  – 가사, 리듬, 멜로디를 점검하여 적합하지 않을 경우 적합하게 변경한다.
- 노래 부르기의 목표를 선정한다.
  – 즐겁게 부를 것인지, 음악개념을 익힐 것인지 등을 결정하여 계획에 반영한다.
- 노래 가사판을 제작한다.
  – 어린 연령의 경우 그림가사판이나 글씨 없는 가사판을 준비한다.
  – 고연령의 경우 노래의 분위기에 적합하게 꾸며준다.

(2) 실행단계

- 교사가 준비한 교수학습자료를 적절히 사용하도록 한다.
- 교사가 노래를 정확하고 즐겁게 부르는 모습을 보여준다.
- 노래 부르기가 일련의 지도방법을 갖도록 한다.
  ① 다양한 교수학습자료를 사용하여 노래를 소개한다.
    – 노래 가사판을 보며 어떤 노래 내용일지 유추해 본다.
    – 손인형이 나와 노래를 소개한다.
  ② 교사가 정확한 음정으로 노래를 불러준다.
  ③ 노래의 느낌을 이야기 나눈다.
  ④ 다양한 방법으로 노래 부른다.
    – 유아들과 함께 정한 한소리로 노래 부른다.

- 큰 소리와 작은 소리로 불러본다.
- 팀을 나누어 불러본다.
- 빠르기에 변화를 주어 불러본다.

⑤ 노랫말을 개사하거나 율동을 만들어본다.

(3) 평가단계

- 교사가 계획단계에서 세운 목표가 얼마나 달성되었는지 교사의 평가를 한다.
- 유아들이 노래 부르기 활동에 얼마나 참여하였는지 유아의 발달적 상황에 기초한 평가를 한다.

감정표현을 담아 노래 부르는 유아

노래 부르기 활동 시 다룰 수 있는 노래를 유형별로 분류해 보면 손유희가 있는 노래, 감정을 표현하는 노래, 개념학습을 위한 노래 등으로 나누어 볼 수 있다.

손유희가 있는 노래 : 간단한 율동이나 손유희가 가능한 노래

① 아기 돼지 손인형으로 간단한 인사를 한다.
"안녕 나는 막내 돼지야. 돼지 삼형제 이야기는 잘 알고 있지? 나와 함께 튼튼하게 집을 지어보자."

② 교사가 노래를 부르며 손유희한다.

③ 함께 손유희하며 노래 부른다.

아기 돼지 삼형제

작사/작곡 미상
이화정 편곡

감정을 표현하는 노래 : 다양한 감정을 표현하는 노래

① 사랑을 표현하는 방법은 무엇이 있을지 이야기 나눈다.

② 음악의 분위기에 맞게 몸을 움직이며 노래 부른다.

③ 다른 사랑 표현은 무엇이 있을지 이야기 나눈 후 가사를 바꾸어서 불러본다.

사랑해요

장은희 작사/작곡

학습을 위한 노래 : 다양한 개념 학습(언어-의성어, 의태어/ 수학, 과학, 생활정보 등)을 위한 노래

① 손인형이 나와 숫자 세기를 어려워하는 친구의 이야기를 들려준다.

② 숫자를 잘 셀 수 있는 방법이 무엇이 있을지 이야기 나눈다.

③ **♫열(10)의 노래**를 불러본다.

④ 10을 셀 수 있는 다양한 방법으로 세면서 노래를 불러 본다.

열(10)의 노래

강신욱 작사
이수인 작곡

3. 악기 다루기

영유아는 주변의 모든 소리에 관심이 있으며, 소리를 만들고 싶어 하는 욕구를 가지고 있다(김명정, 조형숙, 2011). 악기 다루기에 해당하는 일련의 활동, 즉 소리 만들기, 악기 연주하기, 악기 만들기 활동은 이러한 유아들의 욕구를 충족시키는 좋은 활동이 된다. 악기는 유아들이 직접적으로 경험할 수 있는 실물자원으로써 유아들에게 시각적이고 촉각적인 감각을 즉각적으로 제공한다는 차원에서 매우 중요한 수단이 된다. 악기를 사용하는 것은 유아들의 상상력과 표현력을 길러주고 창의적인 자기표현력의 기회를 제공한다(임혜정, 2008).

최근 예술과 다른 교과와의 통합이 강조되는 교육적 흐름(김남연, 김명정, 2013)을 고려할 때 악기가 가진 통합적인 특성은 최근 강조되는 통합교육에 적합하다고 보여진다. 악기는 소리의 장단, 강약, 고저, 음색 등의 음악적 개념과 더불어 소리의 발생, 전달, 수신 등의 과학적 개념과 관찰하기, 분류하기, 예측하기 등의 과학과정기술을 습득할 수 있도록 돕는다. 또한 악기는 음악과 과학뿐만 아니라 미술, 무용, 연극 등 예술에 걸쳐 유아의 발달과 학습에 풍부한 경험을 제공할 수 있다(안경숙, 김소향, 나은숙, 2012). 무엇보다 중요한 것은 유아들은 일상생활로부터 발현되는 다양한 소리 활동과 악기활동을 통해 음악을 더 가깝고 편안한 것으로 인식할 뿐 아니라 스스로 음악을 만들어내는 데서 기쁨과 성취감을 얻는다. 또한 친구와의 합주 경험은 협동심, 단결력 등의 사회성을 향상시키는 좋은 기회가 되며 악기의 소리 자체가 주는 아름다움을 경험하게 된다. 이와 같이 영유아 음악교육에 있어서 악기 다루기는 매우 중요한 교육영역이라고 볼 수 있겠다.

1) 악기 다루기의 내용

(1) 소리 만들기

소리를 만들어 보기 위해서는 활발한 소리 탐색을 통해 다양한 소리를 들어보는 작업이 선행되어야 할 것이다. 이는 앞서 다루어진 음악감상의 소리 듣기 부분과 연계하여 활용할 수 있다. 소리 만들기는 쉽게 구할 수 있는 물체를 가지고 생활 속에서 충분히 경험할 수 있는 기본적인 활동이다.

함께 해보세요!

소리동화 만들기 1

1. 아래에 제시된 소리들을 만들어 녹음해 보세요.
   - 발자국 소리, 나뭇잎 흔들리는 소리, 바람 소리, 첨벙첨벙 물소리, 문 여닫는 소리
   (그 외 필요한 소리들을 정하여 녹음해 보세요.)
2. 각각의 소리들이 등장하는 이야기를 구성한 뒤 소리동화를 만들어 보세요.
3. 조별로 소리동화를 발표해 보세요.

소리동화 만들기 2

1. 《곰사냥을 떠나자》(마이클 로센 저, 시공주니어, 1994) 동화를 감상한 뒤 동화에서 들릴 법한 소리를 나열해 보세요.
2, 주변 모든 물건과 자연을 활용해서 효과음을 만들어 보세요.
3. 한 사람은 동화를 구연하고 나머지는 완성된 효과음을 들려 주세요.

(2) 악기 다루기

유아는 소근육발달이 자유롭지 않기 때문에 간단한 리듬악기부터 경험하도록 하는 것이 적합하다. 또한 유아는 다양한 듣기 경험이 많아야 하므로 다양한 종류의 악기에 노출되도록 하는 것이 필요하다(Andrss & Walker, 1992). 유아기에 다루기 적합한 악기의 종류는 **표 4-1**과 같다.

표 4-1 유아기에 다룰 수 있는 악기들

구분	종류
리듬악기류	마라카스, 탬버린, 캐스터네츠, 귀로, 리듬막대, 돌림실로폰, 손목방울, 톤블럭, 우드블럭, 트라이앵글, 큰북, 작은북, 레인스틱 등
멜로디악기류	실로폰, 멜로디언, 핸드벨, 피아노 등
우리나라 전통악기류	소고, 북, 징, 꽹과리, 장구 등
생활악기 및 폐품악기	주걱, 냄비, 젓가락, 유리잔, 페트병, PVC 등

악기 다루기 활동을 위해 교사가 고려해야 할 점은 다음과 같다.

- 음악영역에 소리의 크기가 다양한 악기들을 비치한다.
- 악기를 소중히 다룰 줄 아는 태도를 가지도록 지도한다.
- 자유롭게 다양한 악기를 탐색할 수 있는 분위기를 형성한다.
- 교사가 악기연주법을 정확하게 알고 있도록 한다.
- 악기 보관 시 위생과 청결에 주의한다.
- 악기 구조의 과학적 원리를 탐색할 수 있는 기회를 제공한다.
  예) 피아노 뚜껑 열어보기, 낡은 장구 해체하기

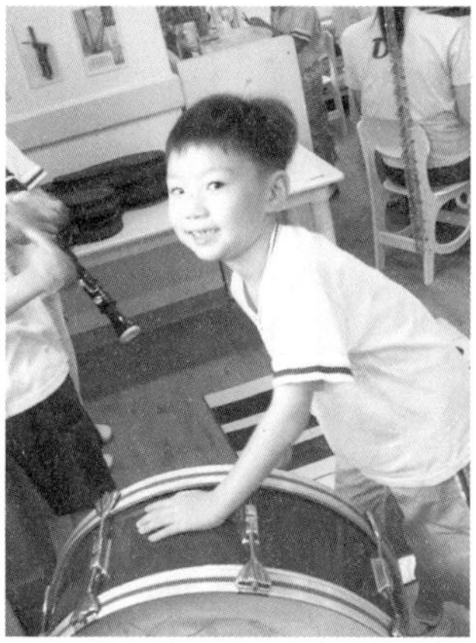

큰 소리 악기를 연주하는 유아

전통악기를 연주하는 유아

2) 악기 다루기의 교수-학습방법

효과적인 악기 다루기를 위해 교사는 수업의 계획-실행-평가 단계에서 고려할 점이 있다. 악기 연주는 노래의 리듬에 맞게 연주하는 활동, 악기 자체를 탐색하고 소리 내어보는 활동, 새로운 도구로 소리를 내어보는 활동 등 그 형태가 매우 다양하다. 다음 내용은 악기를 탐색하고 소리를 내어보는 단계의 활동의 경우이다. 이 활동은 어린 연령에 적합하다.

(1) 계획하기

• 악기 연주방법을 정확히 숙지한다.
• 악기를 탐색하는 다양한 방법을 고안해 본다.

(2) 실행하기

• 교사가 악기를 정확하게 연주하는 모습과 소중히 다루는 모습을 보여준다.
• 악기 다루기가 일련의 지도방법을 갖도록 한다.

① 악기를 가진 채 악기의 소리를 들려주며 호기심을 유발한다.
  – 무슨 소리인지, 비슷한 소리를 들어본 경험이 있는지 이야기 나눈다.

② 악기를 탐색한다.
  – 악기의 모양, 재질, 각 부분의 촉감, 소리 등을 탐색한다.
  – 연주방법을 유추해 본다.

③ 다양한 방법으로 악기의 소리를 내어본다.
  – 위, 아래, 옆으로 흔들어 보기
  – 다양한 채로 두드려 보기
  – 다양한 바닥에 마찰시켜 소리내 보기
  – 두 개를 비벼서 소리 내기

④ 악기를 소개한다.
  – 악기의 정확한 이름과 연주방법을 소개한다.

⑤ 악기 보관방법을 소개하며 악기 연주 약속을 정한다.

(3) 평가단계

• 교사가 계획단계에서 세운 목표가 얼마나 달성되었는지 교사의 평가를 한다.
• 유아들이 악기 다루기 활동에 얼마나 참여하였는지 유아의 발달적 상황에 기초한 평가를 한다.

4. 음악적 창의력

음악적 창의력에는 신체표현하기와 음악을 연주하고 만들어내기 활동이 포함된다. 유아들은 노래를 부르며 리듬에 따라 손과 손을 마주쳐 박수를 치거나 발로 장단을 맞추고 리듬에 따라 고개를 끄덕이는 등 다양한 신체동작의 가능성을 보인다(Andress, 1995). 또한 음악의 창작과정은 모든 음악적 표현의 요소, 즉 듣기, 신체표현, 노래하기, 악기 연주하기 등이 포함되며, 이는 유아의 음악 성장과 발달을 위해 주요한 경험이 된다. 유아의 음악 성장을 촉진하기 위해서는 청각적인 부분에 대한 감각과 표현능력을 발달시키는 것이 중요한 요소가 된다(민경훈, 2006).

1) 신체 표현하기

창의적 음악교육은 일반적으로 다루어지고 있는 음악활동인 노래 부르기, 음악감상과 더불어 신체적 표현이 통합된 개념이다. 즉 유아는 음악의 선율을 탐색하고 이해하는 동시에 음악에 있는 가사와 상황에 맞추어 신체로 표현하는 것이다. 그렇기 때문에 교사는 창의적 음악교육 이전에 유아가 충분히 음악을 탐색하고 경험하여 유아가 자신의 생각과 느낌을 표현할 수 있도록 해야 한다. 유아들의 상상력을 자극하기 위해서 다양한 매체(영상, 그림, 사진 등)를 활용하는 것이 좋고, 유아의 흥미를 높이기 위한 매력적인 교재·교구의 제시가 중요하다.

음악적 창의력 중 신체표현하기의 교육적 가치는 다음과 같다.

- 유아로 하여금 음악에 대한 학습의 효율을 높이며 리듬에 대한 개념을 발달시키기 위한 방법이 된다.
- 공간 속에서의 관계를 자연스럽게 이해하고 습득하고, 또래와의 협동을 통해 조화를 이루는 등 사회성 발달을 돕는다.
- 자신의 신체 표현의 다양함을 인식하게 됨으로써 자신감이 형성된다.
- 자신의 신체를 적절히 통제할 수 있고, 음악에 동작을 더해지면서 들리는 것을 인식하게 되며, 상상하는 것을 몸으로 표현할 수 있게 전환시켜준다.

- 다양한 음악적 경험은 새로운 동작을 유발할 수 있는 동기부여가 되고, 탐구심 및 새로운 아이디어를 창의적으로 표현하도록 도와준다.

신체표현하기의 지도방법은 크게 두 가지로 나눌 수 있다. 먼저, 교사가 직접적인 모델링을 제시하고 구체적인 질문을 통해 유아들이 주로 교사를 모방하며 표현하는 방법이다. 예를 들어, 교사가 음악에 맞게 신체를 움직이는 동작활동을 보여준 뒤 유아들이 신체 각 부분의 움직임과 모양을 알아본 후 다함께 동작활동을 하는 것이다. 이때 유아들이 원하는 방법으로 동작의 일부분을 바꾸어 볼 수 있다. 두 번째로는 여러 가지 매체(동화, 그림, 영상 등)나 교구를 통하여 유아들이 상상력을 자극하고 이를 바탕으로 유아가 자유롭게 음악을 들으면서 신체로 표현해 보는 방법이 있다. 예를 들어, 바람이 불어 나무가 흔들리는 영상을 감상하고 유아들과 함께 다양한 세기의 바람이 되어 보거나 혹은 바람에 흔들리는 나무가 되어보는 활동으로 전개할 수 있다. 신체 표현하기를 위한 교사의 역할은 다음과 같다.

- 창의력을 기르기 위해 교사는 창의적인 사고와 행위를 가치 있게 하며 사물이나 관념, 사태에 변화를 시도해야 한다.
- 유아들의 자신감을 북돋아 주며, 상반되는 상황을 많이 제시해야 한다.
- 새로운 아이디어를 창안해 낼 수 있는 원천을 제공하는 것이 좋다(이홍수, 1990). 즉 교사는 새로운 생각과 현상에 대해 항상 열린 마음으로 받아들이는 융통성이 필요하며 긍정적이고 수용적인 태도를 지니고 있어야 한다.
- 새로운 아이디어도 무심코 지나가지 말고 수용하며 유아의 새로운 생각을 격려해야 한다.

함께 해보세요!

바람이 되어 보세요

1. 동영상을 활용하여 바람 부는 날을 감상하세요. 바람의 세기가 각각 다르겠죠?
2. 여러분이 원하는 바람이 되어보세요.
   - 산들바람, 거센 바람, 폭풍 등

- 손가락으로만 움직여 보세요.
- 발로만 움직여 보세요.
- 머리카락으로만 움직여 보세요.
- 표정으로만 움직일 수도 있나요?
- 일어나서 온몸으로 움직여 보세요.

2) 음악을 연주하고 만들어내기 : 즉흥연주

창의적 음악교육의 목표는 음악적 경험을 풍부하게 하고, 상상력을 자극하여 모방성을 지도하고, 즉흥적 표현능력을 기르는 데 있다. 유아가 음악을 만드는 능력과 음악에 맞추어 창의적으로 반응하는 능력은 격려와 비형식성, 자유로움, 자극이 있는 분위기 그리고 다양한 경험 속에서 길러질 수 있다. 창의적 음악교육은 음의 탐색, 음을 통한 신체표현, 상상·느낌들을 선율적 표현을 통하여 유아 자신의 생각을 구체적으로 표현하는 능력을 의미한다(곽봉애, 2010). 음악을 연주하고 만들어내기의 내용으로는 유아들과 리듬·노랫말·멜로디 바꾸기, 여러 가지 음악 만들기 등이 있다. 음악을 연주하고 만들어내는 즉흥연주의 교육적 가치는 다음과 같다.

- 유아들은 자신이 경험했던 일을 이미 알고 있는 노래에 맞추어 노랫말을 바꾸어 부르는 개사능력이 발달한다.
- 다양한 소리가 어디에서, 어떻게 나는지 알아보기 위해 다양한 재료로 여러 가지 소리들을 탐색하며 만들기를 즐긴다.
- 음악이나 음에 맞추어 동작 만들기를 즐긴다.
- 리듬과 노래를 즉흥적으로 만들어 볼 수 있다.

즉흥연주의 지도방법은 다양하다. 유아들과 리듬·노랫말·멜로디 바꾸기, 여러 가지 음악 만들기 등이다. 리듬 바꾸기는 원곡을 다양한 리듬으로 바꾸어 불러보는 것이다. 4분음표를 16분음표로 바꾸어 부르는 것, 혹은 부점을 넣어서 리드미컬하게 불러보는 방법 등이다. 멜로디 바꾸기는 원곡의 멜로디를 부분적으로 바꾸어서 곡의 분위기를 새롭게 구성해 보는 것이다. 장조를 단조로 바꾸어 본다든지, 위에서 내려오는 음을 아래에서 올라가는 음으로 바꾸어 부르는 방법 등이다. 노랫말 바꾸기는 원곡의 노랫말을 전체적 혹은 부분적으로 바꾸어 부르는 것이다. 노랫말 대신에 친구의 이름을 넣어부르는 방법 등이다. 또 음악 만들기는 다양한 장면을 음악이나 신체 소리 등으로 구성한 뒤 간단한 극으로 운영해 보는 것이다. 창의적인 음악교육을 위한 교사의 역할은 다음과 같다.

- 교사는 자유로운 음악활동으로 유아들이 심리적으로 편안함과 즐거움을 가지도록 해야 한다.
- 다양한 음악적 환경을 제공하여 유아들이 창의력을 기를 수 있도록 한다. 교사의 지나친 통제는 유아의 창의력 발달을 저해할 수 있다.

3) 즉흥연주 평가항목

즉흥연주 평가항목을제시하면 **표 4-2**와 같다.

표 4-2 즉흥연주 평가항목

항목	내용
주어진 노랫말에 새로운 멜로디 만들기	지시: '안녕하세요'에 가락을 붙여 보세요. 자료: 교사의 시범
여러 가지 악기로 리듬 유형을 다양하게 만들어 보기	지시: 다음에 제시된 악기로 여러 가지 리듬을 만들어 보세요. 자료: 교사 리듬 패턴 제시
같은 악기로 특수한 음악적 소리 만들어 보기	지시: 탬버린, 큰북으로 다양한 소리를 만들어 보세요. 자료: 탬버린, 큰북 등 리듬악기
생활 주변에서 악기 내용을 찾아 강한 소리와 약한 소리 만들어 보기	지시: 주변에 있는 물건들을 가지고 강한 소리와 약한 소리를 만들어 보세요. 재료: 없음
신체로 소리 및 사물을 만들어 보기	지시: 나뭇잎이 어떻게 떨어질까? 물고기는 어떻게 다닐까? 재료: 없음

출처: 권오선(2011)

PART II

영유아 음악교육의 실제

제5장 음악감상

제6장 노래 부르기

제7장 악기 다루기

제8장 음악적 창의력

제5장

음악감상

고든(Gordon)은 유아들의 언어처럼 음악에도 문화이입이 된다고 하였다. 말을 많이 들으면 들을수록 유아들은 말을 하고 그것을 이해하는 방법을 더욱 빨리 배우듯이 음악을 들으면 들을수록 그들의 집중력은 더욱 높아지고 음악을 이해하고 연주하는 능역이 발달된다. 유아들이 길고 지루하다고 생각되는 클래식이나 춤곡 등을 잘 듣고 마음으로 느끼게 할 수 있는 방법이 무엇일까?

음악감상 실제편에서는 15종류의 클래식, 춤곡에 대한 해설과 함께 각 곡에 적합한 (이야기 만들기, 동작활동, 포크댄스 등) 창의적이고 체계적인 음악감상법을 제시하였다.

이를 통해 유아들이 감상한 음악을 내면화시킴으로써 음악적 감수성을 키우고 노래 부르기, 악기 다루기, 음악적 창의력을 표현해 낼 수 있는 기초가 되는 음악감상의 다양한 접근을 시도해 보고자 한다.

바로크 시대
- 파헬벨의 〈캐논〉
- 비발디의 〈사계〉 중 '가을' 1악장
- 바흐의 〈안나 막달레나를 위한 노트북〉 중 '미뉴엣'
- 헨델의 〈메시아〉 중 '할렐루야'
- 레오폴드 모차르트의 〈장난감 교향곡〉

고전파 시대
- 하이든의 〈놀람 교향곡〉 2악장
- 모차르트의 〈터키 행진곡〉
- 베토벤의 〈엘리제를 위하여〉

낭만파 시대
- 슈베르트의 〈송어〉
- 브람스의 〈헝가리 무곡〉
- 생상스의 〈동물의 사육제〉 중 '백조'
- 오펜바흐의 오페레타 〈지옥의 오르페우스〉 중 '캉캉'
- 드보르작의 〈유모레스크〉

현대
- 엘가의 〈사랑의 인사〉
- 모리꼬네의 〈가브리엘의 오보에〉

바로크 시대 : 파헬벨의 〈캐논〉

생활주제 세계 여러 나라

활동목표
- 교육목표 : 음악을 감상하는 집중력을 기른다.
- 음악목표 : 주제음인 8개 음 "레라시파# 솔레솔라"를 안다.
  돌림노래의 의미를 안다.

누리과정 관련요소
- 의사소통: 듣기-바른 태도로 듣기-끝까지 주의 깊게 듣는다.
- 예술경험: 아름다움 찾아보기-음악적 요소 탐색하기-소리 등을 탐색한다.
- 자연탐구: 수학적 탐구하기-수와 연산의 기초개념 알아보기-수량 알아본다.

활동자료 작곡가 사진, 음악제목 관련 그림 또는 영상, CD, CD플레이어

작곡가
요한 파헬벨(1653~1706, 독일)

곡해설

조: 라장조(D Major), 박자: 4분의 4박자

악기: 피아노

요한 파헬벨의 작품 중 가장 많이 알려진 곡이다. 캐논은 바로크 시대에 가장 많이 쓰였던 모방 기법 중의 하나이다. 가장 단순한 형식으로 돌림노래를 연상하면 된다. 원래 현악 4중주를 위해 쓰여진 곡이지만 여러 다른 악기들로 편곡되었다. 우리나라에선 캐논 변주곡으로 많이 불린다. 변주곡은 하나의 주제를 소재로 점점 변하면서 음악이 발전하는 것이다. 8개의 음으로 된 주제를 듣고 그 주제가 점점 변형되어 지고 복잡해지는 것을 감상해 본다.

활동방법

1) 도입 ① 숫자 '8'을 보여 주며 함께 읽는다. 8개의 음에 대해 알아볼 것을 이야기한다.

② '레라시파# 솔 레 솔 라' 음이 몇 개 인지 세어본다.

2) 전개 ① '레라시파# 솔 레 솔 라' 음에 따라 소리를 내어본다.

레	라	시	파#	솔	레	솔	라

*파# : 반음 올림

② 파헬벨의 〈캐논〉은 8개의 음으로 된 주제곡임을 이야기 나눈다.

③ 교사가 피아노로 8개의 음을 치며 들려준다.

④ 파헬벨의 〈캐논〉을 감상한다.

- 음악에 집중하며 감상하는 태도에 대해 이야기 나눈다.
- 〈캐논〉을 감상한다.

3) 마무리 ① 〈캐논〉의 8개 음을 듣고 느낌을 이야기 나눈다.

② 8개의 음이 점점 바뀌면서 변해 가는 것을 알려준 후 다시 음악을 감상한다.

확장활동

① 〈캐논〉의 주제음인 8개 음을 실로폰으로 쳐 본다.

- 실로폰의 색을 보며 같은 색깔의 음을 차례대로 한박자의 개념으로 쳐 본다 (#이 없는 실로폰인 경우, 다장조로 전조해서 연주한다. - "도솔라미파도레").

도	솔	라	미	파	도	레	:‖

② 8개의 음을 실로폰을 쳐 본 후 도돌이표(:‖) 표시에서는 처음으로 다시 돌아가 연주하는 것임을 알도록 한다.

③ 〈캐논〉을 감상했을 때와 실로폰으로 쳐봤을 때의 느낌을 이야기 나눈다.

바로크 시대 : 비발디의 〈사계〉 중 '가을' 1악장

생활주제 계절

활동목표
- 교육목표 : 사계절 중 가을의 특징을 안다.
- 음악목표 : 현악기의 음색을 느낀다.
  독주와 협주의 의미를 안다.
  (독주: 바이올린, 협주:바이올린2, 비올라, 첼로, 더블베이스)
  바이올린 협주곡의 의미를 안다.

누리과정 관련요소
- 신체운동 · 건강 : 신체활동에 참여하기-자발적으로 신체 활동에 참여하기-신체활동에 자발적이고 지속적으로 참여한다.
- 사회관계 : 사회에 관심 갖기-세계와 여러문화에 관심 가지기-다양한 문화를 알아보고 존중한다.
- 예술경험 : 아름다움 찾아보기-춤 요소 탐색하기-춤의 흐름 등을 탐색한다.
- 자연탐구 : 과학적 탐구하기-자연현상 알아보기-날씨에 관심을 갖는다.

활동자료 비발디 사진, 음악제목 관련 그림 또는 영상, CD, CD 플레이어

작곡가
안토니오 비발디(1678~1741, 이탈리아)

1악장 : 추수의 기쁨을 음식으로 준비하고 춤을 추는 장면

곡해설

조: 바장조 (F Major), 박자: 4분의 4박자

악기: 바이올린, 비올라, 첼로, 콘트라베이스

사계는 이탈리아의 작곡가 안토니오 비발디가 1723년에 작곡한 바이올린 협주곡으로 가장 유명한 곡이고 가장 사랑받는 바로크 음악 중 하나이기도 하다. 비발디는 '봄', '여름', '가을', '겨울'이라는 부제목을 붙이고 사계절의 자연의 변화와 그 속에서 살아가는 사람들의 삶을 음악으로 잘 묘사하고 있다. 특히 바이올린 연주가 중심이 되어 부드럽고 감미롭게 들린다. 봄, 여름, 가을, 겨울 4곡 모두 빠름-느림-빠름의 3악장으로 이뤄져있다. 감상하는 곡은 가을의 1악장이다. 제1악장은 가장 경쾌한 곡으로 풍성한 수확의 기쁨을 나누며 농부들이 술과 춤 잔치를 벌이는 것을 표현했다(제2악장은 노래와 춤이 끝난 뒤 서늘한 가을밤이 찾아들어 마을사람들이 느긋한 마음으로 잠자리에 드는 것을 표현했다. 제3악장은 사냥꾼들이 엽총과 뿔피리를 들고 개를 거느리고 사냥을 떠나 짐승을 뒤쫓는 것을 표현했다).

활동방법

1) 도입
① 비발디 사진을 보여주며 작곡가의 이름과 곡의 제목을 알려준다.
② '가을' 의 1악장에 대한 의미를 이야기 나눈다.
- 마을 사람들이 수확의 기쁨으로 춤추고 노래하며 가을축제를 벌인다.

2) 전개
① '가을' 의 1악장 중 추수를 의미하는 부분을 그림으로 보여주며 이야기를 들려준다.
② 협주곡의 특징을 설명한다(독주+협주를 구별하여 들려준다).
③ 곡에 표현된 셈여림 강(forte), 약(piano) 부분을 설명하고 들려준다.
④ 비발디의 〈사계〉 중 '가을' 을 듣는다.
- 1악장: 추수의 기쁨을 음식을 나누며 흥겨운 춤으로 축제를 벌이는 그림

3) 마무리
① 음악을 들은 후 느낌을 이야기 한다.
② 추수의 기쁨을 우리의 몸으로 표현해 보도록 한다.

확장활동 [조형활동] 비발디의 '가을' 1악장을 그림으로 그려요

① 비발디 '가을'을 들으며 1악장이 의미하는 뜻을 생각하여 그림으로 그린다.

날짜: 이름:

그림 그린 내용:

② 비발디 '가을'을 들으며 빠른 부분, 느린 부분이 나올 때 몸으로 움직여 본다.

바로크 시대 바흐의 〈안나 막달레나를 위한 노트북〉 중 '미뉴엣'

생활주제 가족

활동목표
- 교육목표 : 음악의 선율에 따라 춤을 추면서 신체의 유연성을 기른다.
- 음악목표 : 미뉴엣이 3/4박자의 우아한 춤곡임을 안다.
  3/4박자 강약약의 개념을 안다.

누리과정 관련요소
- 신체운동 · 건강 : 신체조절과 기본 운동하기-신체조절하기-움직임 요소를 활용하여 움직인다.
- 사회관계 : 다른 사람과 더불어 생활하기-친구와 사이좋게 지내기-친구와 함께 놀이한다.
- 예술경험 : 아름다움 찾아보기-음악적 요소 탐색하기-음악의 셈여림, 리듬 등을 탐색한다.
- 자연탐구 : 수학적 탐구하기-수와 연산의 기초개념 알아보기-부분과 전체 관계를 알아본다.

활동자료 작곡가 사진, 음악제목 관련 그림 또는 영상, 무도회 춤곡 그림자료, CD, CD 플레이어 또는 빔 프로젝터

작곡가
요한 세바스찬 바흐(1678~1750, 독일)

활동방법

1) 도입
① 무도회 춤곡과 관련된 그림자료나 동영상을 보여준다.
② 바흐의 '미뉴엣' 에 대해 이야기 나눈다.

곡해설

조: 사장조(G Major), 박자: 4분의 3박자

악기: 피아노

바흐는 첫 번째 부인과 사별하고 소프라노 가수였던 안나 막달레나를 두 번째 부인으로 맞는다. 바흐는 안나를 위해 즉흥적으로 음악을 작곡하고 그 곡들을 모아 "안나 막달레나를 위한 노트북"을 만들었다. 그 곡들 중에 하나인 미뉴엣은 바흐의 아내를 향한 사랑의 마음이 담겨있는 곡이다. "미뉴엣"라는 말은 프랑스어로 "작다"라는 뜻의 Menu에서 유래된 것으로 스텝이 작은 춤이란 뜻이다. 미뉴엣은 17~18세기에 프랑스에서 유행한 궁정 무도곡으로 3/4박자의 춤곡이다. 약간 느린 템포의 우아하고 아름다운 춤곡이다.

2) 전개 ① '미뉴엣' 이 춤곡이라는 생각을 하며 감상한다.

• 이 곡은 춤을 위한 곡이란다. 이 곡을 들으며 어떠한 춤을 추고 싶어지는지 알아보도록 하자.

② '강약약' 의 개념을 알게 하기 위해 강박에 스텝을 밟으며 춤동작을 해본다.

③ 미뉴엣은 4분의 3박자의 우아한 춤곡임을 이야기한다.

④ 음악을 들으며 유아들이 자유롭게 춤을 추도록 한다.

⑤ '미뉴엣' 을 들려주며 두 명씩 짝을 지어 음악의 흐름에 따라 춤을 춘다.

3) 마무리 ① 춤을 춘 후 느낌에 대해 이야기 나눈다.

② 혼자서 춤을 출 때와 둘이서 춤을 출 때의 느낌을 이야기 나눈다.

확장활동 [미술활동] 무도회 가면 만들기

① 무도회에서 춤을 출 때 사용할 가면 만들기를 한다.

② 가면 만들기 모양본에 스팡클 등 다양한 재료를 사용하여 꾸민다.

③ 가면을 얼굴에 착용할 수 있도록 헝겊 고무줄을 달아준다.

④ 가면을 쓰고 '미뉴엣' 음악에 맞추어 춤을 춘다.

가면 모양본

바로크 시대 : 헨델의 〈메시아〉 중 '할렐루야'

생활주제 특별한 날(성탄절)

활동목표
- 교육목표 : 성탄절의 의미를 안다.
  감동의 마음을 표현하는 방법을 안다.
- 음악목표 : 오라토리오(oratorio)의 뜻을 안다.
  반복되는 '할렐루야' 주요리듬을 익힌다.

누리과정 관련요소
- 신체운동 · 건강 : 신체조절과 기본 운동하기-신체조절하기-신체 각 부분을 활용하여 움직임을 조절한다.
- 예술경험 : 아름다움 찾아보기-음악적 요소 탐색하기-음악의 빠르기, 리듬 등을 탐색한다.
  예술감상하기- 다양한 예술 감상하기- 음악 등을 듣거나 보고 즐긴다.

활동자료 작곡가 사진, 할렐루야 합창 그림 또는 영상, CD, CD플레이어 또는 빔 프로젝터, 리듬막대

작곡가
게오르그 프리드리히 헨델(1685~1759, 독일)

활동방법

1) 도입 ① 〈메시야〉의 뜻을 알게 한다(구세주인 예수그리스도).

- 〈메시야〉 중 '할렐루야'는 구세주 '예수님의 십자가 수난과 승리'를 다룬 음악임을 알려준다. 그리고 예수님이 탄생하신 성탄절에 많이 연주되는 곡임을 이야기한다.

곡해설

조: 라장조(D Major), 박자: 4분의 4박자

악기: 관현악, 합창

메시아는 1741년 작곡되었고 헨델의 작품 중 가장 많이 알려진 곡으로 예수 그리스도의 삶을 담은 교회 음악 작품이다. 메시아는 총 3부로 구성되어있다. 1부는 예언과 탄생, 2부는 수난과 승리, 3부는 부활과 영생의 내용을 담고 있다. 할렐루야는 2부의 마지막 곡이다. 1742년 메시아의 영국 첫 공연 당시 국왕 조지 2세가 장엄한 '할렐루야'의 합창을 듣고 놀라 벌떡 일어났다는 일화가 유명하다. 그래서 오늘날까지 '할렐루야'가 연주될 때 청중 모두 기립하는 것이 전통으로 남아 있다.

② 〈메시야〉 작곡을 한 헨델의 사진을 보여 주며 작곡가의 이름을 소개한다(작곡가: 헨델)

2) 전개 ① 오라토리오 〈메시야〉 중 2부가 '할렐루야' 임을 알려준다.

- 오라토리오(동작이 없이 합창, 중창, 독창으로 이루어진 이야기가 있는 극, 즉 노래는 있지만 연기는 없음)의 뜻을 설명한다.
- 오페라: 연기와 노래가 함께 있다. 무대장치에 비용이 많이 든다.

② 헨델의 〈메시야〉 중 '할렐루야' 를 감상한다.

③ '할렐루야' 노래 소리의 음에 맞춰 박수를 치도록 한다.

④ '할렐루야' 노래 부분이 나올 때 함께 부르며 박수를 친다.

⑤ 박자에 맞추어 익숙해지면, 리듬막대를 치며 '할렐루야' 부분만 노래를 부른다.

3) 마무리 ① 〈메시야〉 중 '할렐루야' 를 들었을 때의 느낌을 이야기 나눈다.

② 멋진 곡을 작곡한 헨델이 작곡한 또 다른 곡에 대해서도 알아본다.

- 헨델의 곡: 왕궁의 불꽃놀이 음악, 수상의 음악, 뻐꾸기와 나이팅게일

확장활동 감동한 음악에 대해 표현하기 '브라보, 기립박수' 등 표현하기

① 음악을 들은 후 음악이 좋다는 표현을 어떻게 하면 좋을지 이야기 나눈다.

- '브라보'라고 말한다. '브라보'는 '멋지다'라는 뜻이란다.
- 일어난다.
- '앵콜'이라고 말한다. '앵콜'은 다시 듣고 싶다는 뜻이란다.

② 할렐루야를 듣고 감동한 왕의 이야기를 들려준다.

- 헨델의 메시아는 1742년 영국에서 첫 공연을 하였단다. 그때 국왕 조지 2세도 참석하여 음악 감상을 하였단다. 국왕 조지 2세는 음악을 듣던 중 장엄한 '할렐루야'의 합창을 듣고 놀라 벌떡 일어났단다. 이야기는 아주 유명한 이야기가 되어서 오늘날까지 '할렐루야'가 연주될 때 청중들은 모두 일어나는 것이 전통이 되었단다.

③ 할렐루야 음악 감상한 후 우리의 느낌을 표현해 보도록 한다.

- 가장 감동으로 느껴지는 부분에서 일어나서 듣는다.

바로크 시대 : 레오폴드 모차르트의 〈장난감 교향곡〉

생활주제 나/생활 도구

활동목표
- 교육목표 : 음악에 대한 친근감을 가진다.
- 음악목표 : 관현악 합주에 장난감 악기들을 사용한 곡임을 안다.
  무선율 악기(타악기, 장난감 악기)와 선율악기(현악기, 관악기)를 구별할 수 있다.

누리과정 관련요소
- 신체운동 · 건강 : 신체인식하기-감각능력 기르고 활용하기-감각으로 사물의 특성과 차이를 구분한다.
- 의사소통 : 말하기-낱말과 문장으로 말하기-정확한 발음으로 말한다.
- 예술경험 : 예술적으로 표현하기-음악으로 표현하기-리듬악기를 연주해 본다.

활동자료 작곡자 사진, 음악제목 관련 그림 또는 영상, 실물 장난감 악기, CD, CD 플레이어

작곡가
레오폴드 모차르트(1719~1787, 독일)

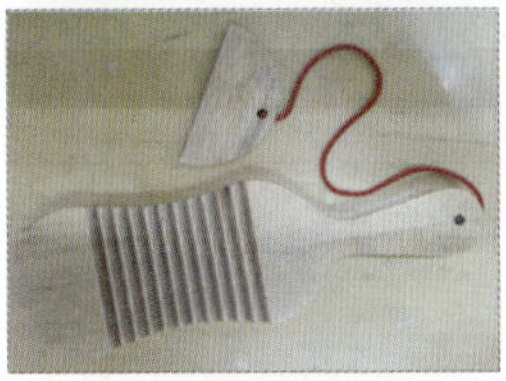

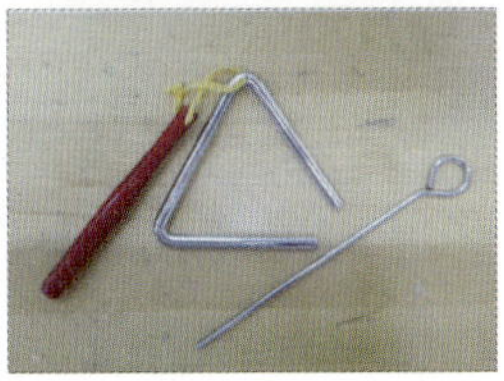

실물 장난감 악기

곡해설

조: 다장조(C Major), 박자: 4분의 4박자
악기: 관현악 합주, 장난감 악기

아마데우스 모차르트의 아버지인 레오폴드 모차르트가 작곡했다. 다른 교향곡들과 달리 무겁지 않고 경쾌한 작품이다. 가벼운 현악 합주에 장난감 악기들을 사용해 '장난감 교향곡'이란 이름이 붙여졌고 오락음악의 성격을 가진 즐겁고 명랑한 작품이다. 피리로 표현한 새소리(뻐꾸기, 나이팅게일, 메추라기 등)와 장난감 악기(나팔, 트라이앵글, 딸랑이 등) 소리를 찾아보며 감상해 본다.

활동방법

1) 도입 ① 피리, 나팔, 트라이앵글, 딸랑이, 귀로, 마라카스를 유아들에게 보여준다.

② 위의 악기로 만든 음악이 있음을 알려준다.

• 〈장난감 교향곡〉

2) 전개 ① 〈장난감 교향곡〉 연주 동영상을 보면서 작곡가 사진과 작곡가의 이름을 소개한다(작곡가: 레오폴드 모차르트).

• 아마데우스 모차르트의 아버지란다.

② 〈장난감 교향곡〉을 보고 들으면서 어떤 장난감 악기가 나오는지 이야기 나눈다.

• 피리, 나팔, 트라이앵글, 딸랑이, 귀로, 마라카스 등

③ 음높이가 있는 선율악기와 무선율 타악기를 구별해서 설명하고 들려준다.

④ 〈장난감 교향곡〉을 감상한다.

3) 마무리 ① 교향곡에 나오는 악기 중 가장 좋아하는 악기 무엇인지 이야기 나눈다.

② 〈장난감 교향곡〉에 나오는 악기 외에 내가 좋아하는 악기를 대체해 본다.

확장활동 [악기 연주] 동영상을 보며 악기 연주하기

① 〈장난감 교향곡〉에 나오는 악기를 준비한다.

② 악기를 정한다.

③ 악기를 소리 내어 본다.

④ 〈장난감 교향곡〉 동영상을 보며 어느 부분에서 악기가 나오는지 본다.

- 음악 감상할 수 있는 사이트 주소: http://blog.naver.com/PostView.nhn?blogId=xyzkxx&jumpingVid=1EC0F4E16E6E1757F87E994D9E29BBA102C3&logNo=10158222861

⑤ 자신이 정한 악기가 나오면 따라 연주를 한다.

- 장난감 악기(나팔, 트라이앵글, 딸랑이, 귀로, 마라카스 등)

⑥ 자기가 좋아하는 악기로 바꾸어 연주해 본다.

고전파 시대 : 하이든의 〈놀람 교향곡〉 2악장

생활주제 건강한 몸과 마음

활동목표
- 교육목표 : 〈놀람 교향곡〉이란 이름이 붙은 작곡가의 의도를 안다.
- 음악목 표: 박자에 맞게 큰북을 연주한다.
  음악적 표현인 포르테(forte)의 개념을 안다.

누리과정 관련요소
- 의사소통 : 듣기-이야기 듣고 이해하기-다른 사람의 이야기를 듣고 이해한다.
- 사회관계 : 다른사람과 더불어 생활하기-사회적가치를 알고 지키기-다른 사람을 배려하여 행동한다.
- 예술경험 : 아름다움 찾아보기-음악적 요소탐색하기-음악의 셈여림 등을 탐색한다.

활동자료 작곡가 사진, 음악제목 관련 그림 또는 영상, 큰북, 졸고 있는 그림, CD, CD 플레이어

작곡가
프란츠 하이든(1732~1809, 오스트리아)

곡해설

조: 다장조(C Major), 박자: 4분의 2박자
악기: 관현악

하이든의 〈놀람 교향곡〉 1791년 영국에서 작곡된 곡으로 총 4악장으로 구성되어 있다. 그 중 가장 유명한 제2악장을 감상해 본다. 영국 런던에서 첫 공 연당시 2악장을 듣던 청중들이 큰 소리에 실제로 놀라 벌떡 일어나면서 '놀람' 교향곡이란 별명이 붙게 되었다. 하이든은 음악회에서 조는 사람들을 골탕 먹이려고 이 곡을 만들었다. 단순한 멜로디로 조용하고 느린 연주가 진행되다가 갑자기 큰 북을 동원해 모든 악기가 크게 울려 퍼지며 강하게 연주되어 놀라게 하는 부분을 감상해 본다.

활동방법

1) 도입 ① 유아들을 원으로 모여 앉게 한다.

② 갑자기 큰소리의 음을 들려준다.

- 갑자기 큰소리로 들었을 때의 느낌을 이야기한다.

2) 전개 ① 〈놀람 교향곡〉의 제목을 알려준다.

② 하이든 작곡가가 왜 '놀람' 이라는 말을 교향곡 앞에 붙였을지 예측해 보게 한다.

- 음악을 들을 때 졸고 있는 사람을 잠을 깨우고 놀래기 위해서 만들어진 음악

③ 잠을 깨우고 놀래킬려고 사용한 악기가 무엇인지 이야기 나눈다.

- 큰 북을 통해 모든 악기가 크게 울리며 표현한 forte 부분을 설명하며 들려준다.

④ 음악을 듣는다.

⑤ 작곡가의 의도를 생각하며 음악감상을 한다.

확장활동 [역할극] 깜짝 놀라기

① 〈놀람 교향곡〉의 음악에서 큰 북 소리가 나는 부분을 찾는다.

② 큰 북을 칠 유아를 정한다.

③ 모든 유아가 음악을 들으며 졸리는 시늉을 한다. 큰 북 소리가 날 때 깜짝 놀라 일어나는 연출을 하도록 한다.

큰 북

고전파 시대 : 모차르트의 〈터키행진곡〉

생활주제 세계 여러 나라

활동목표
- 교육목표 : '행진곡'의 뜻을 안다.
  리본춤을 통해 정서적 기쁨과 소근육 발달을 이룬다.
- 음악목표 : 론도 형식을 안다.
  리본 춤을 통해 〈터키행진곡〉의 빠르기를 이해한다.

누리과정 관련요소
- 신체운동 · 건강 : 신체조절과 기본운동하기-신체조절하기-소근육을 조절해 본다.
- 예술경험 : 아름다움 찾아보기-음악적 요소탐색하기-음악의 빠르기 등을 탐색한다.
  움직임과 춤으로 표현하기-다양한 도구를 활용하여 창의적으로 움직인다.

활동자료 작곡가 사진, 음악제목 관련 그림 또는 영상, 리본 테이프, CD, CD 플레이어

작곡가
볼프강 아마데우스 모차르트(1719~1787)

곡해설

조: 가단조(A minor), 박자: 4분의 2박자

악기: 피아노

모차르트의 피아노 소나타 중 가장 유명한 곡이다. 〈터키행진곡〉은 모차르트의 피아노 소나타 11번의 3악장을 일컫는 별명이다. 당시 유럽에서 터키 군악대가 큰북과 여러 타악기를 동원해 연주하는 경쾌한 행진곡이 유행했고 이 곡의 리듬이 터키 군악대 리듬과 같아 붙여진 이름이다. 터키풍의 경쾌한 멜로디의 주제가 반복되어지는 론도 형식이다. 대조적인 단조와 장조의 2개의 주제를 찾아보며 감상해본다.

활동방법

1) 도입 ① 〈터키행진곡〉의 작곡가인 모차르트의 사진과 이름을 소개한다.

② 군악대가 행진하는 그림을 보여 주며 이야기 나눈다.

2) 전개 ① 〈터키행진곡〉을 들어본다.

- 피아노로 연주된 곡임을 이야기 나눈다.

② 〈터키행진곡〉을 감상한다.

- 〈터키행진곡〉이 군악대의 음악처럼 경쾌함에 대해 이야기 나눈다.

③ 처음 주제부가 계속적으로 반복되어 나오는 형식인 '론도'('돈다'라는 뜻)을 설명해 주고 감상하게 한다.

④ 음악을 들으며 자신의 몸으로 빠르기에 따라 움직여 보도록 한다.

- 박수치기, 몸 흔들기, 몸 돌기 등

3) 마무리 ① 〈터키행진곡〉 음악에 따라 신체를 움직여 본 느낌을 이야기 나눈다.

② 신체 중 어떤 부분으로 표현했을 때 좋았는지 느낌을 말한다.

확장활동 [신체활동] 리본춤 추기

① 〈터키행진곡〉에 따라 자신의 몸을 움직인다.

② 다양한 길이의 리본을 가지고 음악에 따라 흔든다.

막대에 붙인 리본

길이가 다양한 리본 들

③ 그림카드를 보며 리본을 흔들어본다.

지그재그

원

스타카토

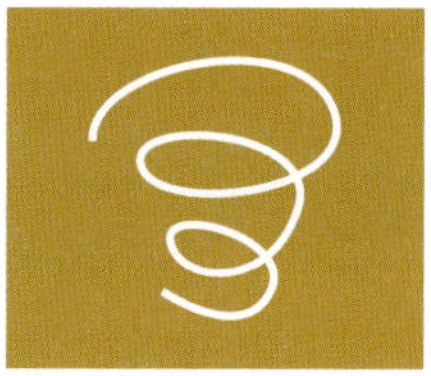

회오리

④ 음악에 맞춰 리본 춤을 춘다.

⑤ 〈터키군대행진곡〉을 들으며, 리본을 가지고 춤을 춘다.

⑥ 리본춤을 춘 후 느낌을 이야기 나눈다.

고전파 시대 : 베토벤의 〈엘리제를 위하여〉

생활주제 친구

활동목표
- 교육목표 : 사랑하는 친구에게 마음을 전하는 방법을 알고 표현한다.
- 음악목표 : ABA형식을 안다.

누리과정 관련요소
- 사회관계 : 다른사람과 더불어 생활하기-친구와 사이좋게 지내기-친구와 함께 놀이한다.
- 예술경험 : 예술적 표현하기-음악으로 표현하기-노래로 자신의 생각과 느낌을 표현한다.

활동자료 작곡가 사진, 편지, 베토벤이 사랑했던 테레제 그림, CD, CD플레이어

작곡가 루트비히 베토벤
(1770~1827, 독일)

테레제 말파티

곡해설

조: 가단조(A minor), 박자: 8분의 3박자
악기: 피아노

전 세계인들에게 이 곡만큼 익숙한 멜로디가 없을 정도로 유명한 이 곡은 1810년 작곡된 피아노 독주곡이다. 베토벤이 사랑하는 여인 테레제에게 마음을 표현하기 위해 작곡한 곡이다. 베토벤은 악필로 유명했다. 테레제를 엘리제로 잘못 읽게 되어 이 제목이 붙여지게 되었다. 사랑하는 여인에게 아름다운 음악을 만들어 바쳤지만 베토벤은 청혼을 거절당한다. 거절당하기 직전 보낸 사랑의 음악 편지였던 달콤하고 부드러운 선율이다. 단순하지만 애틋하고 아름다운 주제가 반복되어 나오는 론도 형식이다. 중간에 대조적이면서 격정적인 하이라이트 부분을 지나 다시 아름다운 선율의 처음 주제가 반복되며 사라지듯 마무리된다.

활동방법

1) 도입 ① 편지를 보여 준다.

② 편지를 받아본 경험에 대해 이야기 나눈다.

2) 전개 ① 베토벤의 〈엘리제를 위하여〉를 감상한다.

- 엘리제를 위하여 음악을 들어본 경험이 있는지 이야기 나눈다.
- 우리에게 아주 익숙한 음악임을 이야기 나눈다.

② 작곡가 사진을 보여주며, 작곡가 이름을 소개한다.

③ 음악을 들으며 제목이 원곡과 다름을 이야기한다.

- 원래의 곡명은 사랑하는 '테레제를 위하여' 편지를 쓴 글이었지만, 베토벤이 글씨를 아주 못써서 인쇄하는 사람이 '테레제'를 '엘리제'라고 잘못 알고 인쇄하는 바람에 '엘리제를 위하여'라고 바뀌게 되었음을 이야기 들려 준다.

④ 음악을 들을 때 사랑하는 친구를 생각하며 감상하도록 한다.

⑤ 처음 주제가 다시 반복되는 ABA형식임을 알려 주고 듣게 한다.

3) 마무리 ① 엘리제를 들으며 생각한 친구에 대해 이야기 나눈다.

② 친구에게 선물을 음악으로도 줄 수 있음을 이야기한다.

③ 음악으로 선물을 받을 때 기분에 대해 이야기 한다.

확장활동 [언어활동] 사랑하는 친구에게 편지 쓰기

① 자기가 좋아하는 친구에게 마음을 표현하는 방법에 대해 이야기 나눈다.

- 그림편지를 쓴다.
- 선물을 한다.
- 음악을 들려 준다.
- 같이 놀이 한다 등

② 베토벤 음악가는 자신이 사랑하는 여자 친구에게 음악을 만들어 선물하였음을 이야기한다. 그러나 글씨를 바르게 쓰지 않아 여자친구의 이름이 바뀌었다는 사실을 알려준다.

③ 〈엘리제를 위하여〉를 들으며 좋아하는 친구에게 그림편지를 만들어 선물한다.

낭만파 시대 : 슈베르트의 〈송어〉

생활주제 동물

활동목표
- 교육목표 : 송어의 모습을 창의적인 동작으로 표현할 수 있다.
- 음악목표 : 변주곡의 의미를 안다.
  피아노 5중주에 대해 안다.
  (피아노, 바이올린, 비올라, 첼로, 콘트라베이스)

누리과정 관련요소
- 신체운동 · 건강: 신체조절과 기본운동하기-신체조절하기-신체 각부분을 협응하여 움직임을 조절한다.
- 예술경험: 예술적 표현하기-움직임과 춤으로 표현하기-신체를 이용하여 주변의 움직임을 다양하게 표현하며 즐긴다.
- 자연탐구: 과학적 탐구하기-생명체와 자연환경 알아보기-관심있는 동물의 특성을 알아본다.

활동자료 작곡가 사진, 송어사진, CD, CD플레이어

작곡가 프란츠 슈베르트
(1797~1828, 오스트리아)

송어

활동방법

1) 도입 ① 송어 그림자료를 보여준다.
- 슈베르트라는 음악가가 물가에서 사는 '송어'가 헤엄치는 모습을 보고 만든 곡이다.

② 송어가 물속에서 이리저리 헤엄치는 장면을 상상해 보도록 한다.

곡해설

조: 가장조(A Major), 박자: 4분의 2박자

악기: 피아노 5중주(피아노, 바이올린, 비올라, 첼로, 콘트라베이스)

슈베르트는 시를 소재로 해서 작곡한 음악인 가곡을 600여곡 만들어 '가곡의 왕'이라 불린다. 1817년 친구들과 여행을 하다가 아름다운 자연에 감동을 받아 슈베르트의 시에 곡을 붙인, 가곡 '송어'를 만들었다. 처음에는 노래를 부르기 위해 만들어진 가곡이었지만, 이 노래를 들은 사람들이 5가지 악기(피아노, 바이올린, 비올라, 첼로, 콘트라베이스)로 연주할 수 있는 음악으로 만들어 달라고 해서 '송어'가 완성되었다. 1819년 작곡된 이 피아노 5중주에 '송어'라는 제목이 붙은 이유는 가곡 '송어'의 멜로디를 사용했기 때문이다. 감상할 4악장은 가곡 '송어'의 주제 멜로디와 6개의 변주곡으로 꾸며져 있다. 맑은 물속에서 이리저리 헤엄치는 송어의 모습을 표현한 쾌활한 분위기를 감상해본다.

2) 전개 ① 작곡자 사진과 작곡자의 이름, 곡명을 소개한다.

- '송어' 를 작곡한 사람이 슈베르트임을 알려준다.

② 슈베르트는 자연의 아름다움을 '시' 로 지어서 음악을 만든 대표적인 음악가임을 이야기한다.

③ '송어' 의 곡은 처음에는 노래로 불리어지는 노래였지만, 나중에 5가지 악기로 연주할 수 있는 음악곡으로 완성된 곡임을 이야기한다.

- 피아노, 바이올린, 비올라, 첼로, 콘트라베이스

③ 주제부와 변주된 부분을 구별하여 들려준다.

- 처음 소개된 주제가 다른 악기들로 꾸며지고 화려해 가는 변주곡의 의미를 설명하고 감상하여 본다.

④ 맑은 물속에서 이리저리 헤엄치는 송어의 모습을 떠올리며 음악을 감상한다.

3) 마무리 ① 송어의 움직임을 손으로 표현해 보며 음악을 느껴 본다.

② 송어 음악을 들은 후 느낌을 이야기 나눈다.

③ 5가지의 악기소리가 들렸는지 이야기 나눈다.

확장활동 [동작활동] 송어처럼 되어 보기

① '송어' 가 물에서 움직이는 동영상을 감상한다.

② 슈베르트의 〈송어〉를 들으며 송어처럼 움직인다.

③ '송어' 가면을 머리에 쓰고 물 속에 있는 송어처럼 창의적으로 표현한다.

④ 송어를 재미있게 표현한 유아를 격려한다.

낭만파 시대 : 브람스의 〈헝가리무곡〉

생활주제 세계 여러 나라

활동목표
- 교육목표 : 무곡의 뜻을 안다.
  친구와 사교적인 춤을 추어 사회성을 발달시킨다.
- 음악목표 : 음의 강함과 약함, 빠름과 느림 조화를 안다.
  ABA형식을 안다.

누리과정 관련요소
- 사회관계: 사회에 관심 갖기-세계와 여러문화에 관심가지기-다양한 인종과 문화에 관심을 갖는다.
- 예술경험: 아름다움 찾아보기-움직임과 춤 요소 탐색하기-움직임과 춤의 모양, 힘, 빠르기, 흐름 등을 탐색한다.

활동자료 작곡자 사진, 헝가리 무곡영상, CD, CD플레이어

작곡가
요하네스 브람스(1833~1897, 독일)

활동방법

1) 도입
① 헝가리 춤 그림을 보여준다.
② 헝가리 전통 춤인 무곡은 차르다쉬를 바탕으로 집시음악의 선율과 리듬을 사용한 곡임을 그림자료나 동영상을 보여주며 이야기 나눈다.

2) 전개
① 브람스의 〈헝가리무곡〉을 들으며, 작곡자 사진과 작곡자의 이름과 곡명을 소개한다.
- 무곡의 의미를 이야기한다(춤곡).

② 강함과 약함, 빠름과 느림이 교체되는 부분을 구별하여 들려준다.
③ 처음 주제가 다시 반복되는 ABA형식임을 설명한다.
④ 〈헝가리무곡〉을 감상한다.

곡해설

조: 올림 바단조(F# minor), 박자: 4분의 2박자

악기: 피아노(piano for four hands, 연탄곡)

브람스는 청년 시절 헝가리의 바이올리니스트 레메니의 반주자가 되어 헝가리를 여행하게 되며 헝가리 음악에 관심을 갖게 되고 헝가리 무곡을 작곡하게 된다. 총21곡의 헝가리 무곡중 5번이 가장 인기 있어 많이 연주된다. 헝가리의 대표적인 전통 춤곡인 차르다쉬를 바탕으로 헝가리 집시음악의 선율, 리듬 등을 사용하였다. 민속 선율을 바탕으로 한 곡이기에 표절 논란이 있었지만 브람스가 이 작품을 편곡이라고 표시하여 출판하여 무사할 수 있었다. 처음에 이 곡은 연탄곡(피아노 4손용-피아노 한대에 2명이 연주)으로 쓰여졌으나 관현악곡으로 편곡되어 많이 연주된다. 경쾌하고 격렬한 리듬과 아름다운 멜로디를 통해 집시들의 자유분방함과 열정적인 모습을 느껴본다. 강함과 약함, 빠름과 느림이 교체되며 조화를 이루는 연주를 감상해 본다.

3) 마무리 ① 〈헝가리무곡〉을 감상한 후 다른 음악곡과 무엇이 다른지 느낌을 이야기 나눈다.

② 〈헝가리무곡〉을 들으며 어떤 동작을 하고 싶은지 이야기 나눈다.

확장활동 [신체활동] 동작으로 표현하기

① 〈헝가리무곡〉을 들으며 자유롭게 몸을 움직여 본다.

② 두 사람(남아, 여아)이 짝을 정한다.

③ 음악이 나오면 두 사람이 손을 잡고 음악에 맞추어 자유롭게 춤을 춘다.

④ 짝을 바꾸어 가며 창의적으로 춤을 춘다.

낭만파 시대 : 생상스의 〈동물의 사육제〉 중 '백조'

생활주제 동물

활동목표
- 교육목표 : 발레동작으로 신체 조절능력과 균형감각을 기른다.
- 음악목표 : 첼로의 음색을 안다.

누리과정 관련요소
- 신체운동 · 건강 : 신체조절과 기본운동하기-신체조절하기-다양한 자세와 움직임에서 신체균형을 유지한다.
- 의사소통 : 말하기-느낌, 생각, 경험 말하기-자신의 느낌, 생각, 경험을 말한다.
- 예술경험 : 예술감상하기-다양한 예술 감상하기-다양한 음악, 춤 등을 듣거나 보고 즐긴다.
  예술적 표현하기-움직임과 춤으로 표현하기-신체를 이용하여 주변의 움직임을 자유롭게 표현한다.

활동자료 작곡자 사진, 백조 사진, CD, CD 플레이어

작곡가
카미유 생상스(1835~1921, 프랑스)

활동방법

1) 도입
① 백조의 그림을 보여주며 무슨 새인지 이야기한다.
② '백조' 의 움직임을 살펴본다.

곡해설

조: 사장조(G Major), 박자: 4분의6박자

악기: 첼로, 두 대의 피아노

'동물의 사육제'는 생상스의 가장 유명한 작품이다. 1886년 생상스의 친구가 마련한 사육제에 사용하기 위해 작곡한 음악으로 총 14곡으로 되어 있고, 사자, 거북이, 코끼리 등 갖가지 동물들을 유머러스하게 표현한 곡이다. 예술성보다는 흥미 위주로 만들어진 곡들이다. 제 13곡 백조는 가장 많이 사랑을 받는 곡이고, 생상스 자신도 이 곡이 예술성을 갖추었다고 생각해서 이 곡만 악보를 출판했었다. 첼로의 선율로 백조의 우아한 모습을 나타낸 곡이다. 청순하면서도 하얀 백조가 잔잔한 호수 위를 우아하게 헤엄쳐 가는 모습을 표현했다.

2) 도입 ① '백조'를 들으면서 작곡가 사진을 보여 주며 작곡가의 이름과 곡의 제목을 소개한다.

② '백조' 음악은 생상스의 '동물의 사육제' 중 한 곡임을 이야기 나눈다.

③ 백조의 우아한 모습을 표현한 첼로의 소리를 감상한다.

④ 음악을 들으며 백조처럼 움직여 보도록 한다.

3) 마무리 ① '백조' 음악감상 후 느낌을 이야기 나눈다.

② 백조처럼 움직였을 때 느낌을 이야기 나눈다.

확장활동 [신체활동] 발레리나 되어 보기

① 발레리나가 '백조'의 음악을 들으며 발레관련 동영상을 본다.

② 백조를 표현한 발레리나의 춤에 대해 이야기 나눈다.

③ 발레리나의 백조를 표현하기 위해 손, 발, 몸의 동작에 대해 이야기 나눈다.

④ 백조 음악을 들으며 발레동작 창의적으로 표현한다.

⑤ 발레 동작을 표현한 후 좋았던(어려웠던) 점에 대해 이야기 나눈다.

낭만파 시대 : 오펜바흐의 오페레타 〈지옥의 오르페우스〉 중 '캉캉'

생활주제 세계 여러 나라

활동목표
- 교육목표 : 지휘를 함으로써 음악에 대한 자신감과 친밀감을 기른다.
- 음악목표 : 4분의 2박자의 개념을 안다.
  지휘법에 대해 알고 지휘할 수 있다.

누리과정 관련요소
- 예술경험: 예술감상하기-다양한 예술 감상하기-다양한 음악, 춤 등을 듣거나 보고 즐긴다.
  아름다움 찾아보기-음악적 요소-빠르기, 리듬 등을 탐색한다.
- 자연탐구: 수학적 탐구하기-규칙성 이해하기-반복되는 규칙성을 인식하고 모방한다.

활동자료 작곡가 사진, 음악제목 관련 그림 또는 영상, 지휘봉, CD, CD플레이어

작곡가
자크 오펜바흐(1819~1880, 프랑스)

활동방법

1) 도입
① 음악감상의 태도에 대해 이야기를 한 후 음악감상을 한다.
- 음악을 들을 때는 옆 친구와 이야기하지 않는다.
- 음악을 들을 때는 자기 자리에 앉아서 듣는다.

② 캉캉을 들려준다.
③ 캉캉음악을 들어 본 경험이 있는지 이야기 나눈다.

2) 전개
① 오펜바흐의 캉캉 음악을 들으며, 작곡자 사진과 작곡자의 이름과 곡명을 소개 한다.
② 동영상이나 그림자료를 보며 곡에 대한 이해를 높이도록 한다.

곡해설

조: 라장조(D Major), 박자: 4분의 2박자

악기: 관현악

프랑스 작곡가 오펜바흐는 당시 상류층 사람들이 먹고 마시고 놀기만 하는 점을 그리스 신화 속 신들과 비유하여 이 작품을 만들었다. 그리스 신화와 글루크의 명장 '오르페우스와 에우리디체'의 줄거리를 바탕으로 '지옥의 오르페우스'(우리나라에선 '천국과 지옥'이란 이름으로 더 잘 알려져 있다) 오페레타를 만들어 명성을 얻게 되었다. 오페레타는 유머러스한 작은 오페라를 말한다. 「캉캉」은 지옥에서 온 신들이 파티를 열면서 법석을 떨며 춤을 출 때 연주되는 곡이다. 「캉캉」은 당시 파리의 무도회장에서 유행하던 다리를 들어 올리는 춤의 이름이다. 긴 주름 치마를 입은 여성들이 빠른 템포의 음악에 맞춰 치마깃을 들어 올리고 다리를 높이 차올리며 추던 춤이다. 영화 '물랑루즈'에서 오펜바흐의 음악에 맞춰 춤을 추는 장면이 나와 더욱 유명해졌다. 2박자의 화려하고 경쾌한 멜로디를 감상해 본다.

- 「캉캉」은 당시 파리의 무도회장에서 유행하던 다리를 들어 올리는 춤의 이름이다. 긴 주름치마를 입은 여성들이 빠른 템포의 음악에 맞춰 치마깃을들어 올리고 다리를 높이 차올리며 추던 춤이다.

③ 캉캉음악을 감상한다.

④ 캉캉음악을 들은 후 동영상에서 본 것을 기억하여 동작활동을 해 본다.

3) 마무리 ① 캉캉음악에 대한 느낌을 이야기 나눈다.

② 캉캉음악을 들으며 춤을 춘 활동에 대한 느낌을 이야기 나눈다.

확장활동 나도 지휘자

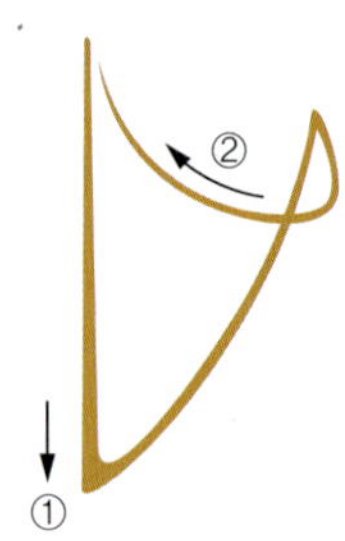

① 캉캉 곡을 듣는다.

② 4분의 2박자에 맞게 손뼉을 친다.

③ 4분의 2박자를 지휘한다.

④ 캉캉 음악을 들으며 지휘를 한다.

⑤ 지휘봉(나무젓가락으로 만든 것)을 가지고 음악에 맞추어 지휘한다.

⑥ 음악을 들으며 지휘한 경험에 대해 이야기 나눈다.

낭만파 시대 : 드보르작의 〈유모레스크(Humoresque)〉

생활주제 계절

활동목표
- 교육목표 : 유모레스크의 뜻을 안다.
- 음악목표 : ABA형식을 안다.

누리과정 관련요소
- 의사소통 : 듣기-낱말과 문장 듣고 이해하기-다양한 낱말과 문장을 듣고 뜻을 이해한다.
- 예술경험 : 예술감상하기-다양한 예술 감상하기-음악 등을 듣거나 보고 즐긴다.
- 자연탐구 : 수학적 탐구하기-규칙성 이해하기-반복되는 규칙성을 알고 다음에 올 것을 예측 해본다.

활동자료 드보르작 사진, 음악제목 관련 그림 또는 영상, 나비가면(가면), 메뚜기가면(가면), CD, CD 플레이어

드보르작 박물관

드보르작(A. Dvorak, 1841~1904)

작곡가 해설

드보르작은 체코프라하 근교 넬라호제베스에서 출생하였다. 체코 국민음악을 수립한 국민주의의 음악의 선구자이다. 그의 음악은 소박한 고전적 구성을 통한 민족적인 멜로디가 특징이다.

곡해설

조: 사장조(G Major), 박자: 4분의 2박자

악기: 피아노

유모레스크는 19세기에 널리 쓰여진 유머러스하고 변덕스런 성격을 가진 기악곡이다. 드보르작의 '유모레스크'는 1894년에 작곡한 8곡으로 꾸며진 피아노 소품집이다. 그 중 7번이 가장 사랑받고 있다. 가볍게 뛰는 듯한 리듬의 밝은 선율로 시작되어 갑자기 우아하면서도 슬픈 선율로 바뀐다. 드보르작은 미국 뉴욕 국민음악원 원장이 되어 미국에 머무르는 동안 그의 조국 보헤미아(체코)를 늘 그리워했다. 고향을 향한 향수의 감성이 드러나 있다. 하지만 음악은 다시 껑충껑충 뛰는 듯한 신나는 선율이 반복되면서 끝을 맺는다. 원곡은 피아노 연주용으로 작곡했으나, 후에 바이올린 연주용으로 편곡되었다. 오늘날에는 오히려 바이올린 반주용이 원곡처럼 여겨지고 있다.

활동방법

1) 도입

① 유모레스크라는 뜻에 대해 이야기 나눈다.

- 유모레스크는 음악형식을 말한다.
- 유모레스크 : 비음악적 개념의 모호한 분위기를 표현하는 피아노곡 이상한 뿔피리를 가진아이

② '유모레스크'의 작곡가 사진을 보여주며 작곡가의 이름과 곡의 제목을 소개한다.

2) 전개

① 편안한 자세로 '유모레스크'를 들어본다.

② ABA형식으로 된 구성된 '유모레스크' 곡을 들으며 A부분과 B부분을 구별하여 들어본다.

③ 끊어지는 느낌의 A부분과 이어지는 느낌의 B부분을 설명하고 감상한다.

3) 마무리

① '유모레스크'의 느낌을 이야기 나눈다.

② 다른 감상곡과 다른 부분이 무엇이었는지 이야기 나눈다.

확장활동 동작으로 표현하기: ABA형식을 곤충 표현하기

① ABA형식 패턴을 보여준다.

• 메뚜기-나비-메뚜기형식(ABA 형식)을 보여주면서 나비 다음에 무엇이 올지 예측해 보게한다.

• 이러한 형식을 ABA형식임을 알려준다.

(A형식) (B형식) (A형식)

② '유모레스크' A형식부분을 들려준다.

• A형식을 들려 줄 때는 메뚜기를 붙여준다.

③ '유모레스크' B형식부분을 들려준다.

• B형식을 들려 줄 때는 나비를 붙여준다.

④ 유아들이 '유모레스크' 곡에 익숙해지면,

• A형식부분에서는 메뚜기()처럼 표현해보도록 한다.

• B형식부분에서는 나비()처럼 표현해보도록 한다.

⑤ 유아들을 메뚜기, 나비 두 그룹으로 나눈다.

• 메뚜기 그룹이 된 유아들에게 메뚜기 가면을 씌워준다.

• 나비 그룹이 된 유아들에게 나비 가면을 씌워준다.

⑥ 음악을 들으면서 A형식부분이 나오면 메뚜기 역할을 맡은 유아들이 춤을 춘다.

• 음악을 들으면서 B형식부분이 나오면 나비 역할을 맡은 유아들이 춤을 춘다.

⑦ 역할을 서로 바꾸어 활동을 한다.

⑧ 활동한 후 서로의 역할에 대해 느낀 점을 이야기 나눈다.

현대 엘가의 〈사랑의 인사〉

생활주제 가족

활동목표
- 교육목표 : 가족간의 사랑에 대해 안다.
- 음악목표 : 2/4박자 개념(강약)을 안다.
  레가토(legato) 개념을 안다.

누리과정 관련요소
- 사회관계 : 가족을 소중히 여기기-가족과 화목하게 지내기-가족과 화목하게 지낸다.
- 예술경험 : 예술감상하기-다양한 예술 감상하기-다양한 음악 등을 듣거나 보고 즐긴다.

활동자료 작곡가 사진, 결혼식 사진, CD, CD 플레이어

작곡가
에드워드 엘가(1857~1934, 영국)

곡해설

조: 마장조(E Major), 박자: 4분의 2박자
악기: 피아노

엘가가 그의 아내 앨리스에게 바치는 사랑의 마음이 담긴 곡이다. 엘가가 작곡가로 성공하게 된 것은 아내의 공이 컸다. 아내 앨리스는 엘가가 가진 작곡자로서의 재능을 격려해 주고 일깨워 주었다. 아내에 대한 고마움과 사랑을 표현한 이 음악은 엘가가 결혼을 한 1889년에 피아노곡으로 작곡되었다. 이듬해에 관현악곡으로 편곡하여 널리 알려졌다. 불과 3분 정도의 소품이지만 달콤하고 낭만적인 곡이다. 친숙한 아름다운 멜로디와 함께 곡 전체에 지속되는 당김음 리듬의 반주를 감상해본다.

활동방법

1) 도입 ① '엘가' 작곡가의 사진을 보여주며 이야기를 나눈다.

• 영국사람이며 아름다운 곡을 많이 만든 작곡가이다.

② 엘가가 아내에 대한 고마움과 사랑을 표현하기 위해 만든 곡임을 이야기 나눈다.

• 사랑의 엘가

2) 전개 ① '사랑의 인사' 곡을 감상한다.

② '사랑의 인사'를 들은 느낌에 대해 이야기 나눈다.

③ 누군가 나를 사랑한다는 마음을 가득 담아 인사한다는 생각을 하며 감상한다.

④ 곡을 감상하면서 가장 기분이 좋은 부분을 이야기 나눈다.

3) 마무리 ① 엘가는 안내와 함께 사는 동안 '위풍당당 행진곡', '첼로 협주곡', '수수께끼 변주 곡' 등 많은 곡을 남겼음을 이야기한다.

② 엘가는 아내가 세상을 떠난 후에는 작곡을 하지 않았음을 알려준다.

확장활동 역할극 : 음악감상하며 결혼식 하기

① 결혼식 동영상을 보며 결혼식에 대한 분위기를 이야기한다.

② 결혼식의 분위기와 같은 곡이 '사랑의 인사' 임을 이야기한다.

③ '사랑의 인사' 음악을 들으며 모의 결혼식을 한다.

현대 모리꼬네의 〈가브리엘의 오보에〉

생활주제 세계 여러 나라

활동목표
- 교육목표 : 미션에 대한 의미를 알고 자신의 느낌을 표현한다.
- 음악목표 : 오보에 악기 음색을 안다.

누리과정 관련요소
- 의사소통: 듣기-듣고 이해하기-다양한 방법으로 듣고 이해한다.
- 사회관계: 사회에 관심 갖기-세계와 여러 문화에 관심가지기-다양한 인종과 문화에 관심을 갖는다.
- 예술경험: 아름다움 찾아보기-음악적 요소 탐색하기-다양한 소리, 악기 등을 탐색한다.

활동자료 작곡가 사진, 미션 동영상, CD, CD 플레이어

엔리오 모리꼬네(1928~, 이탈리아)

오보에

곡해설

조: 라장조(D Major), 박자: 4분의4박자

악기: 오보에, 관현악

이 음악은 1986년 영화음악의 거장 엔리오 모리꼬네가 영화 '미션'의 주제곡으로 작곡한 곡이다. 우리에게는 이 곡에 가사를 붙여 불리워진 '넬라 판타지아'로 더 잘 알려진 곡이기도 하다. 이 영화는 실화를 바탕으로 만들어졌으며 원주민 마을에서 목숨을 걸고 선교활동을 한 가브리엘 신부가 원주민들에게 오보에를 연주하며 들려주는 음악이다. 마치 콧소리가 섞인 듯한 감미롭고 독특한 음색을 가진 오보에로 연주되는 아름답고 서정적 멜로디이다.

활동방법

1) 도입　① '미션' 영화 그림장면을 보여 주며 무슨 그림인지 이야기 나눈다.

② 음악에서 나오는 오보에 소리를 들으며 악기를 소개한다.

2) 도입　① 미션의 주제곡인 가브리엘의 오보에를 들으며 작곡가와 곡명을 이야기 한다.

② 영화의 동영상을 보며 가브리엘 오보에를 듣는다(3분 45초).

③ 가브리엘 오보에 음악감상을 듣는다.

3) 마무리　① 오보에 음색의 느낌을 이야기 나눈다.

② 미션에 나오는 동영상을 본 후 오보에 음악을 들 때 원주민들의 마음이 왜 변화하게 되었는지 이야기 나눈다.

확장활동　가브리엘 오보에 영화보고 느낀 점 감상문 쓰기

① 미션내용(그림자료나 동영상)을 들려준다.

- 미션 영화는 실화를 바탕으로 만들어졌으며 원주민 마을에서 목숨을 걸고 선교 활동을 한 가브리엘 신부가 원주민들에게 오보에를 연주하며 들려 주는 음악임을 유아들에게 이야기 들려준다.

② 오보에 그림본을 유아들에게 나누어 주고 미션을 감상한 후 느낀 점을 그림이나 글로 표현한다.

★ 오보에 악기를 보고 따라 그려보세요.

★ 가브리엘 오보에 음악을 듣고 어떤 느낌이 들었나요?

★ 오보에는 어떤 악기와 비슷한 소리가 나나요?

제6장

노래 부르기

유아들은 노래 부르기를 좋아한다. 유아교육기관의 교실과 놀이터, 심지어 화장실에서 손을 씻다가도 노래를 흥얼거리는 유아들의 모습은 매우 쉽게 찾아볼 수 있다. 유아들의 노래 부르기는 혼자 부르기에서 자연스럽게 친구와 함께 노래 부르기 활동으로 이어진다. 이것은 노래가 가진 힘이며 그만큼 유아들의 삶은 노래로 가득 차 있다는 것을 의미한다. 노래 부르기는 유아들의 자발적 시도로 이루어지는 음악활동이라는 점에서 매우 중요하다.

'노래 부르기' 활동편에서는 23곡의 노래를 선정하여 노래를 부르는 과정에서 유아들은 노래가 가진 리듬, 박자 등 음악적 개념을 자연스럽게 습득할 수 있도록 하였다. 뿐만아니라, 유아들은 노래 주제에 담긴 의미를 이해하고 자신의 생각대로 바꾸는 과정에서 다른 영역과의 통합을 경험하게 된다.

- 유치원 원가
- 봄비
- 꽃샘바람
- 즐거운 여름
- 수박 파티
- 도토리
- 구두 발자국
- 닮은 곳이 있대요
- 우리 동네
- 여기는 방송국
- 숲속을 걸어요
- 건너가는 길
- 우리나라 꽃
- 추석 날
- 세계의 아침 인사
- 우린 그렇지 않아
- 내 이름은 망치
- 더 빠른 것 더 느린 것
- 버스 놀이
- 로케트
- 사랑해요
- 그 외 사랑노래

유치원 원가

생활주제 유치원과 친구

활동목표
- 교육목표 : 유치원 원가를 즐겁게 부른다.
  유치원을 사랑하는 마음을 갖는다.
- 음악목표 : 음의 높낮이 변화를 이해한다.

누리과정 관련요소
- 예술경험 : 아름다움 찾아보기-음악적 요소탐색하기-다양한 소리, 음악의 셈여림, 빠르기, 리듬 등에 관심을 갖는다.
- 의사소통 : 듣기-동요, 동시, 동화 듣고 이해하기-동요, 동시, 동화를 다양한 방법으로 듣고 이해한다.

활동자료 노랫말판, 새싹그림, 나비그림, 꽃 그림, 융판

활동방법

1) 도입 유치원을 대표하는 노래가 있음을 소개한다.

- 너희들이 좋아하는 만화영화에도 주제가라는 것이 있지?
  그 주제가를 들을 때면 만화영화 장면이 떠오르지?
- 우리 유치원을 대표하는 노래가 있어. 오늘 선생님이 소개해 줄게.

2) 전개 ① 교사가 들려주는 노래를 감상한다.

- 선생님이 노래를 들려줄텐데 노래가사에 나오는 그림들을 융판에 붙여줄거야. 어떤 가사들이 나오는 지 잘 들어보도록 하자.

② 노래를 들은 느낌을 이야기 나눈다.

- 선생님이 들려준 노래를 잘 들어보았니? 느낌이 어땠어? 무엇이 떠올랐어?

③ 노랫말판을 보여주며 노래 부른다.

- 아까 너희들이 보았던 그림 생각나니?
- 이번에는 그 그림들을 움직이면서 노래를 불러볼거야. 부를 수 있는 친구는 함께 불러보자.

④ 음의 높낮이 변화를 살펴본다.

- 노래를 부를 때 나비와 꽃잎이 어떻게 움직였는지 보았니?
- 그래. 위아래로 움직였었지? 이 노래는 그 부분의 음이 위아래로 왔다갔다 변하고 있단다.

⑤ 음의 높낮이를 손가락으로 표현하면서 노래 불러 본다.

- 이번에 노래를 불러볼때는 너희들의 손가락이 나비와 꽃잎이 되어서 위아래로 움직이면서 불러보기로 하자.

3) 마무리 ① 활동 후 느낌을 회상하며 이야기 나눈다.

② 음의 높낮이의 변화를 표현할 다른 방법은 무엇이 있을지 이야기 나눈다.

유치원 원가

장은희 작사/작곡

사용된 코드

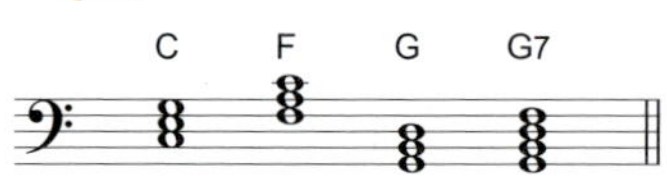

봄비

생활주제 봄

활동목표
- 교육목표 : 봄비내리는 소리를 악기로 표현해 본다.
  봄의 날씨와 특징에 대해 지속적으로 호기심을 갖는다.
- 음악목표 : 다양한 음표(8분음표, 4분음표, 2분음표)의 길이를 안다.

누리과정 관련요소
- 예술경험 : 아름다움 찾아보기-음악적 요소 탐색하기-다양한 소리, 음악의 셈여림, 빠르기, 리듬 등에 관심을 갖는다.
- 자연탐구 : 탐구하는 태도 기르기-호기심을 유지하고 확장하기-주변 사물과 자연세계에 대해 지속적으로 호기심을 갖는다.
- 의사소통 : 듣기-동요, 동시, 동화 듣고 이해하기-동요, 동시, 동화를 다양한 방법으로 듣고 즐긴다.

활동자료 비가 내리는 동영상, 빗방울 떨어지는 소리, 오션드림, 방울, 비브라슬랩

활동방법

1) 도입

① 봄비가 내리는 소리를 들려준 후, 동영상을 보여준다.

- 너희들은 혹시 이런 소리를 들어본 적이 있니?
- 이번에는 비가 내리는 모습을 함께 감상해 보자.

② 빗방울이 하나하나 떨어지는 소리를 들려준다.

- 그럼 이런 소리도 들어본 적이 있니?
- 이 소리를 어디에서 들어보았니?
- 빗방울 소리가 어떻게 들리니?
- 빗방울 모양이 무엇을 닮은 것 같니? 우리 교실에서 빗방울모양을 닮은 물건을 찾는다면 무엇이 있을까?

2) 전개 ① 가사를 익혀본다.

- 선생님이 봄비 노래를 불러볼게.
- 이 노래에서는 봄비라는 말 대신 어떤 가사를 사용하였는지 찾아보자.

② ♬**봄비** 노래를 듣고 느낀 점에 대해 이야기 나눈다.

- 은구슬이 움직일 때 어떤 느낌이 들었니?

③ 음의 길이를 표시한 노랫말판을 보고 함께 노래 불러본다.

- 봄비가 된 은구슬이 어떤 소리를 내면서 굴러갔니?
- 이번에 노래를 부를때 은구슬이 굴러가는 소리가 나면 손뼉 쳐 불러 보자.
- 우리가 사용하는 악기로 굴러가는 소리를 낸다면 어떤 악기를 사용할 수 있을까?
- 은구슬 소리를 낼 수 있도록 여러 가지 악기를 가져 왔어.
- 음의 길이에 따라 악기를 정해서 연주하면서 노래를 불러보자.
  예) 8분음표-오션 드럼, 방울-4분음표, 비브라슬랩-2분음표

3) 마무리 ① 노래를 부른 후, 활동에 대해 평가한다.

② 은구슬의 움직임을 교실에 있는 다른 악기를 이용하여 연주하면서 노래를 불러볼 수 있도록 한다.

봄비

김성균 작사/작곡

사용된 코드

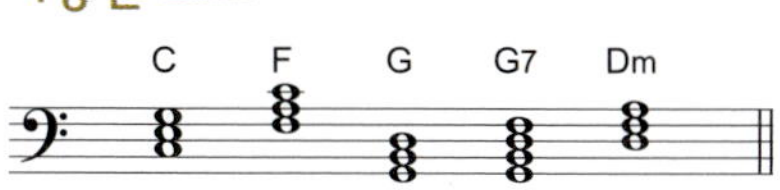

꽃샘바람

생활주제 봄

활동목표
- 교육목표 : 봄의 날씨 변화에 대해 안다.
  봄을 알리는 자연의 모습을 관찰하는 태도를 기른다.
  봄에 볼 수 있는 식물에 관심을 갖는다.
- 음악목표 : 노래가사에 따라 셈여림을 다양하게 조절하여 표현한다.
  대화형식의 노래 부르기에 즐겁게 참여한다.

누리과정 관련요소
- 예술경험 : 음악적 요소 탐색하기-다양한 소기, 음악의 셈여림, 빠르기, 리듬 등에 관심을 갖는다.
- 자연탐구 : 과학적 탐구하기-자연현상 알아보기-날씨와 기후 등 자연현상에 대해 관심을 갖는다.
- 의사소통 : 듣기-동요, 동시, 동화 듣고 이해하기-동요, 동시, 동화를 다양한 방법으로 듣고 즐긴다.

활동자료 노랫말판, 개나리 진달래 목련 꽃 봉우리 그림카드, 개나리꽃, 진달래꽃, 목련꽃 머리띠, 개나리/진달래/목련 꽃 그림자료, 황토색 부직포

활동방법

1) 도입 ① 봄에 볼 수 있는 다양한 꽃에 대해 이야기를 나눈다.

- 유치원 앞에 핀 노란 색깔의 꽃을 본 친구들이 있니? 그 꽃의 이름은 무엇이니?
- 겨울에 자랐던 개나리꽃 모습을 그림카드로 본다.
- 이 꽃은 무슨 꽃일까? 이 꽃도 유치원 앞에 핀 개나리 꽃인데 어떻게 이렇게 활짝 필 수 있었을까?
- 봄이 왔다는 것을 알려주는 꽃에는 또 어떤 꽃이 있을까? 노래를 듣고 한번 찾아보자.

2) 전개 ① 교사가 불러주는 노래를 감상한다.

- 노래를 듣고 노래에서 나온 봄의 꽃을 찾아 이야기해 본다.
- 봄에 피는 꽃에는 어떤 꽃이 있었는지 찾았니? 그래, 목련, 개나리, 진달래가 있었지. 그런데 그 꽃들이 어떻게 피게 되었을까?
- 이번에는 노래를 듣고 어떻게 피게 되었는지 찾아보자.

② 노랫말판을 보고 다양한 방법으로 노래를 불러본다.

- 이번에는 선생님이 꽃샘바람을 할테니 너희들이 꽃잎이 되어 불러보자.
- 이번에는 다 같이 불러보도록 하자.

③ 유아가 직접 꽃잎과 꽃샘바람이 된 뒤 셈여림을 다양하게 하여 노래를 불러본다.

- 꽃샘바람이 자고 있는 꽃잎들을 깨우고 있는데 어떤 목소리로 노래를 부르면 좋을까? 잠에서 깬 꽃잎들은 어떤 목소리로 노래를 부르면 좋을까?

3) 마무리 ① 노래를 부른 후, 활동에 대해 평가한다.

② 봄에 볼 수 있는 동식물을 다양하게 개사하여 불러본다.

꽃샘바람

김진영 작사/작곡

사용된 코드

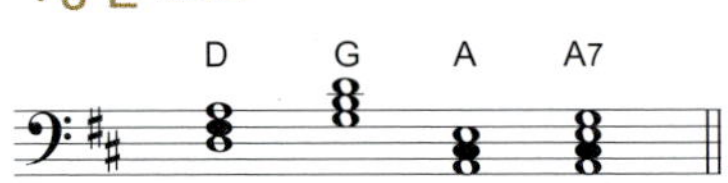

즐거운 여름

생활주제 여름

활동목표
- 교육목표 : 여름에 볼 수 있는 여러 종류의 민물고기에 대해 안다.
  노래의 음높이를 파라슈트를 이용하여 창의적으로 표현한다.
  여름철 날씨의 특징과 자연세계의 변화에 대해 관심을 갖는다.
- 음악목표 : 다양한 음악적 개념(리듬, 박자, 음높이)을 이해한다.

누리과정 관련요소
- 예술경험 : 예술적 표현하기-움직임과 춤으로 표현하기-움직임과 춤으로 자신의 생각과 느낌을 표현한다.
- 의사소통 : 듣기-동요, 동시, 동화 듣고 이해하기-동요, 동시, 동화를 다양한 방법으로 듣고 즐긴다.
- 자연탐구 : 과학적 탐구하기-자연현상 알아보기-돌, 물, 흙 등 자연물에 관심을 갖는다.

활동자료 노랫말판, 미꾸라지, 뱀장어, 송사리, 올챙이 동영상/그림카드, 물고기 머리띠, 파라슈트

활동방법

1) 도입 여름에 냇가에서 볼 수 있는 여러 종류의 물고기 동영상을 보여준다.

- 냇가에서 물고기를 본 적이 있니?
- 어떤 물고기를 보았니? 냇가에는 여러 종류의 민물고기가 살고 있단다. 오늘 새노래를 통해서 어떤 민물고기가 있는지 한번 알아보자.

2) 전개 ① 교사가 들려주는 노래를 감상한다.

- 선생님이 노래를 들려줄텐데 노래가사에 나오는 민물고기 이름을 잘 듣고 대답해 보자.
- 어떤 물고기가 나왔니? 송사리 떼는 무엇을 의미하는 걸까?
- 노래 중에 반복적으로 나오는 가사는 무엇이었니?

② 노래를 들은 느낌을 이야기 나눈다.

- 노래를 들으면서 어떤 느낌이 들었니?
- 너희들이 물고기가 된다면 어떻게 움직이고 싶니?

③ 노랫말판을 보여주며 노래 부른다.

- 손뼉 치기를 하면서 음의 높고 낮음을 표현해 볼까?
- 가장 높은 음이 나올 때 머리 위에서 치거나, 낮은 음이 나올 때 손을 아래로 하여서 쳐 볼 수도 있을 것 같아.

④ 박자를 다양한 방법으로 표현하며 노래부른다.

- 이 노래를 4박자 곡으로 한 마디에 4번의 박수를 치면서 노래를 부르는 것이란다.
- 무릎 한번 치고 박수 세 번 치면서 노래를 불러보도록 하자.
- 4박자를 큰 북과 작은 북으로 치면서 노래를 불러보도록 하자.

⑤ 파라슈트를 이용하여 음높이를 표현한다.

- 우리가 이번에는 노래를 부르면서 물고기를 잡아볼거야. 파라슈트가 물고기를 잡는 그물망이 되어 음악에 맞추어 파라슈트를 흔들어 볼거야.

파라슈트 이용 시 tip!

1. 음의 높낮이에 따라 파라슈트의 높이를 다양하게 표현하여 노래를 부르면서 음의 높낮이를 자연스럽게 이해할 수 있도록 한다.
2. 유아들이 파라슈트를 중심으로 자리에서 일어나 파라슈트를 위 아래로 다양하게 움직이도록 한다.
   - 유아들이 파라슈트를 잡은 후에 파라슈트 아래로 미꾸라지, 뱀장어, 송사리떼, 올챙이 역할을 맡은 유아가 머리띠를 착용하여 자리에 앉는다.
   - '미꾸라지 뱀장어 송사리떼 올챙이'에서 음의 높이가 올라갈 때 파라슈트도 함께 올라가면서 음의 높이를 이해할 수 있도록 한다.
   - '앗차 하면 달아납니다'에서 '도'와 '높은 도'일 때에도 파라슈트의 높이를 다르게 하여 불러본다.
   - 노래의 마지막 부분 '앗차하면 달아납니다'에서 파라슈트가 위로 향했을 때 물고기가 도망가도록 한다.

3) 마무리 ① 노래 부르기를 하면서 가장 즐거웠던 점에 대해 이야기 나눈다.

② 음의 높낮이 변화를 다른 방법으로 할 수 있는 것을 찾아본다.

즐거운 여름

김성균 작사/작곡

사용된 코드

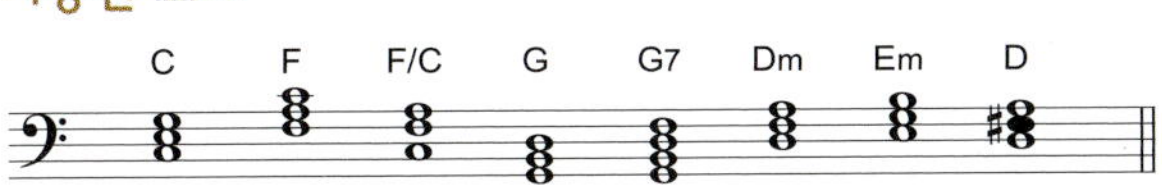

수박 파티

생활주제 여름

활동목표
- 교육목표 : 노래를 부르며 여름과일인 수박의 특성을 안다.
  친구와 함께 즐겁게 노래를 부른다.
- 음악목표 : 노래를 부르면서 도돌이표의 의미를 이해한다.

누리과정 관련요소
- 예술경험 : 예술적 표현하기-음악으로 표현하기-노래로 자신의 생각과 느낌을 표현한다.
- 자연탐구 : 과학적 탐구하기-생명체와 자연환경 알아보기-관심있는 동식물의 특징을 알아본다.
- 의사소통 : 듣기-동요, 동시, 동화 듣고 이해하기-동요, 동시, 동화를 다양한 방법으로 듣고 즐긴다.

활동자료 노랫말판(수박의 겉과 속을 직접 살펴볼 수 있도록 만들어진 가사판), 수박그림이 가득있는 그림카드, 수박

활동방법

1) 도입 수박을 가져와서 이야기를 나눈다.

- 수박을 먹어본 적이 있니? 커다란 수박을 어떻게 해서 먹었니?
- (수박그림이 가득 있는 그림카드를 보면서)여기에 많은 수박이 있는데 맛있는 수박을 찾을 수 있는 방법이 있을까? 어떤 것이 맛있는지 알 수 있을까? 오늘 소개할 노래는 수박파티라는 노래란다. 노래를 듣고 어떻게 맛있는 수박을 찾아 먹었는지 노래를 통해 들어보자.

2) 전개 ① 노랫말판을 보고 노래를 불러본다.

- 선생님이 처음부터 끝까지 노래를 불러보았는데 이번에는 노래를 부를 때 수박을 어떻게 해서 맛있게 먹었는지 잘 듣고 대답해 보렴.
- 하모니카를 부르면서 맛있게 먹었네. 하모니카 소리가 어떻게 났니?
- 이번에는 선생님이 노래를 부르고 수박 하모니카 소리는 너희들이 내면서 노래를 불러보자.
- 이번에는 너희들이 직접 노랫말판에 있는 수박을 잘 쪼개서 수박을 들고 하모니카처럼 소리내어 노래를 불러보자.

② 도돌이표를 살펴본다.

- 노래의 끝에 수박 반토막 그림이 있지? 이부분은 다시 돌아가서 한번 더 부르세요 라는 표시란다. 노래부르다가 이 표시가 나오면 수박 반토막이 있는 곳으로 돌아가서 다시 한번 더 불러보자.

3) 마무리 ① 수박파티 노래를 부르고 활동에 대한 평가를 한다.

- 노래를 부르면서 가장 즐거웠던 것은 무엇이었니?

② 도입 때 관찰하였던 수박을 직접 쪼개어 겉과 속을 다양하게 관찰한다.

③ 유아들과 맛을 보거나 수박과 관련한 여러 가지 요리활동으로 확장한다.

수박파티

김영광 작사
오상철 작곡

사용된 코드

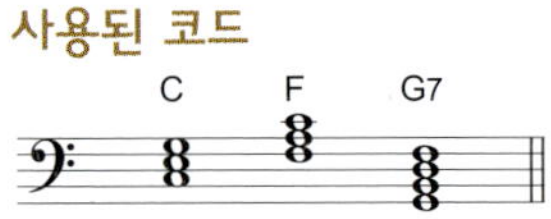

도토리

생활주제 가을

활동목표

- 교육목표 : 가을에 볼 수 있는 도토리의 생김새에 대해 관심을 갖는다.
  도토리의 움직임을 신체로 즐겁게 표현할 수 있다.
  도토리 노래를 즐겁게 불러본다.
- 음악목표 : 노래를 통하여 음악의 규칙적인 흐름이 있음을 안다.

누리과정 관련요소

- 예술경험 : 아름다움 찾아보기-음악적 요소 탐색하기-다양한 소리, 음악의 셈여림, 빠르기, 리듬 등에 관심을 갖는다.
- 의사소통 : 듣기-동요, 동시, 동화 듣고 이해하기-동요, 동시, 동화를 다양한 방법으로 듣고 즐긴다.
- 자연탐구 : 과학적 탐구하기-생명체와 자연환경 알아보기-관심있는 동식물의 특성을 알아본다.

활동자료 노랫말판, 그림카드(도토리, 단풍잎, 종소리, 다람쥐), 검은 상자, 다양한 가을 열매(밤, 도토리, 대추, 잣, 땅콩 등)

활동방법

1) 도입 검은 상자에 여러 가지 가을 열매를 넣어서 도토리를 찾아본다.

- 이것은 가을에 나무에서 자라는 열매이고 이 열매를 이용해 맛있는 묵을 만들어 먹기도 한단다. 이것은 다람쥐가 잘 먹는 가을 열매란다. 이것은 무엇일까?
- 오늘은 너희들이 찾은 도토리와 관련한 노래를 오늘 함께 불러 볼거야.

2) 전개 ① 교사가 들려주는 노래를 감상한다.

② 노랫말판을 보여주며 다양한 방법으로 노래 부른다.

- 노래에서 도토리가 어디에서 왔는지 찾은 친구 있니? 이번에는 도토리가 온 곳을 노랫말판에 붙여줄거야. 어디에서 왔는지 다시 한 번 찾아보자.
- 그럼 이번에는 선생님이 '데굴데굴데굴데굴 도토리가 어디서 왔니'라고 부르면 너희들이 어디에서 왔는지 노래를 불러줄 수 있겠니?

③ 신체동작하며 노래를 불러본다.

- 이번에는 제자리에서 무릎치기(친구 무릎치기)를 하면서 노래를 불러보자.

④ 게임형식으로 노래를 불러본다.

- 이번엔 조금 다른 방법으로 노래를 불러보도록 하자.

게임형식의 노래 부르기 tip!

1. 사전에 전통놀이 '여우야 여우야' 놀이에 대한 경험을 갖도록 한다.
2. 유아들이 활발하게 움직일 수 있도록 넓은 공간에서 노래 부르기를 한다.
   - A형식의 노래를 부를 친구를 정하고, B형식의 노래를 부를 도토리(술래)역할 친구를 정하여 노래를 불러본다.
   - 자신이 노래를 불러야 할 부분에는 리듬에 맞추어 걷고 자신이 맡은 부분의 리듬을 익힐 수 있도록 자신이 노래를 부르지 않을 때에는 멈춘다.
   - '도토리 역할을 한 친구가 리듬에 맞추어 노래를 부르다가 노래가 끝날 때 자신과 가까이 있는 친구를 잡아서 다음 술래를 정하도록 한다. 노래가 끝날 때에는 멈춰있던 A형식을 맡은 친구들도 제자리로 도망간다.

3) 마무리 ① 다양하게 노래를 불러본 경험에 대해 이야기 나눈다.

• 가장 즐겁게 노래를 불렀던 방법은 무엇이었니?

② 가을 열매를 이용한 악기를 만들어 노래를 불러본다.

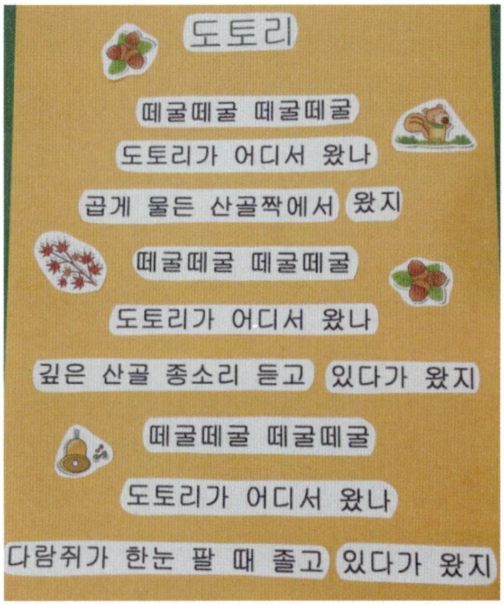

도토리

유성윤 작사
황현익 작곡

사용된 코드

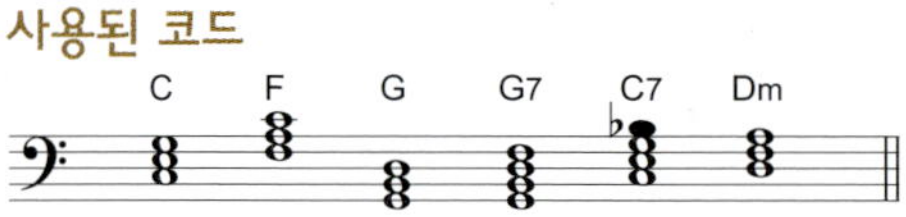

구두 발자국

생활주제 겨울

활동목표
- 교육목표 : 눈의 특성과 겨울의 날씨 변화에 관심을 갖는다.
  리듬에 맞추어 신체를 움직이며 노래를 부를 수 있다.
- 음악목표 : 노래 부르기를 통해 박자의 길이를 이해한다.

누리과정 관련요소
- 예술경험 : 음악적 요소 탐색하기-다양한 소기, 음악의 셈여림, 빠르기, 리듬 등에 관심을 갖는다.
- 신체운동건강 : 신체조절과 기본운동하기-신체를 인식하고 움직이기-신체 각 부분의 특성을 이해하고 활용하여 움직인다.
- 자연탐구 : 과학적 탐구하기-자연현상 알아보기-날씨와 기후변화에 관심을 갖는다.

활동자료 노랫말판, 하얀색 발바닥 그림, 눈이 오는 모습 동영상, 하얀눈이 쌓인 그림카드, 발자국이 있는 눈 그림카드

활동방법

1) 도입

① 눈이 오는 풍경을 동영상으로 감상한다.

- 하늘에서 무엇이 내리고 있니? 이 눈은 어느 계절에 볼 수 있는 것일까?
- 너희들은 이렇게 눈이 오면 무엇을 하고 싶니?

② 눈이 쌓인 그림카드를 보고 이야기 나눈다.

- 이렇게 하얗게 쌓인 눈을 보면 너희들은 무엇을 하고 싶니?
- 오늘 노래에도 눈 위에서 재미난 것을 하였단다. 하얀 눈 위에서 무엇을 했는지 한번 노래를 통해 알아보자.

2) 전개　① 교사가 들려주는 노래를 감상한다.

- 선생님이 노래를 불러줄게. 이 노래에서는 하얀 눈 위에서 무엇을 하였는지 찾아보자.
- 하얀 눈 위에서 무엇을 하였니? 새하얀 눈 위를 걸어보았지. 누구와 함께 걸었니?

② 노랫말판을 보고 노래를 감상한다.

- 노래 제목을 가린 채로 함께 불러보고 노래 제목을 맞추어 보도록 한다.

③ 박자에 맞추어 발을 구르며 노래를 불러본다.

④ 교실 바닥에 하얀 발자국 그림을 리듬에 맞추어 붙여서 발자국을 걸으며 노래를 불러본다.

3) 마무리　① 노래를 부른 후, 활동에 대한 평가를 한다.

② 눈이 오는 날 유아들과 함께 직접 하얀 눈 길을 걸어보면서 노래를 불러본다.

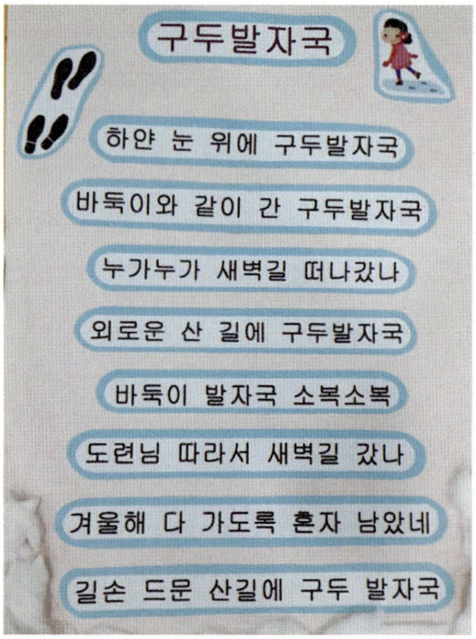

구두 발자국

김영일 작사
나운영 작곡

사용된 코드

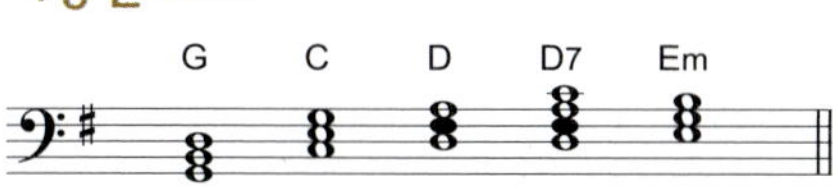

닮은 곳이 있대요

생활주제 나와 가족

활동목표
- 교육목표 : 가족을 소중히 여기는 태도를 기른다.
  가족과 내 얼굴의 특징을 탐색하고 관찰한다.
- 음악목표 : 음의 높낮이 변화를 이해한다.
  악기를 이용하여 음의 높낮이를 다양하게 표현한다.

누리과정 관련요소
- 예술경험 : 아름다움 찾아보기-음악적 요소 탐색하기-다양한 소리, 음악의 셈여림, 빠르기, 리듬 등에 관심을 갖는다.
- 사회관계 : 가족을 소중히 여기기-가족과 화목하게 지내기-가족의 소중함을 안다.
- 자연탐구 : 과학적 탐구하기-생명체와 자연환경 알아보기-나의 출생과 성장에 대해 관심을 갖는다.

활동자료 노랫말판, 얼굴 그림판, 얼굴 부위 그림, 캐스터네츠, 트라이앵글

활동방법

1) 도입

- 융판에 멋진 우리반 친구의 얼굴이 있단다. 그런데 이 얼굴에 눈, 코, 입이 보이지 않네. 우리 같이 얼굴을 완성해 보자.
- 이 얼굴을 만들었는데 너희들도 멋진 눈, 코, 입이 있지? 너희들의 눈은 가족 중에 누구를 닮았니?

2) 전개

① 교사가 들려주는 노래를 감상한다.

- 우리의 얼굴이 누구를 닮았는지 이야기 나누었는데 이번에는 새노래를 불러보면서 닮은 곳을 찾아보도록 할 거야.

② 노래를 들은 느낌을 이야기 나눈다.

- 선생님이 들려준 노래를 잘 들어보았니? 느낌이 어땠어?

③ 노랫말판을 보여주며 노래 부른다.

• 아까 너희들이 만든 우리반 친구의 얼굴을 손으로 찾아보면서 노래를 불러보자.

④ 음의 높낮이를 손가락으로 표현하면서 노래불러본다.

• 이번에 노래를 불러 볼 때는 너희들의 손가락이 나비와 꽃잎이 되어서 위아래로 움직이면서 불러보기로 하자.

⑤ 노래가사에 주고받는 대화형식을 역할을 나누어 불러본다.

• '엄마하고 나하고 닮은 곳이 있대요 엄마하고 나하고 닮은 곳이 있대요 눈 코 입'은 선생님이 부르고, '땡 땡 땡 딩동댕'은 너희들이 불러보자.
• 역할을 바꾸어 불러본다.

⑥ 트라이앵글과 캐스터네츠를 이용하여 노래를 불러본다.

• 이 노래는 4박자 노래란다. 캐스터네츠 4번을 치면서 노래를 불러보자.
• '땡'이 나올때에는 트라이앵글을 한번 치고 '딩동댕'에서 '댕'일때 트라이앵글을 흔들어보자.

3) 마무리 ① 눈과 코, 입 외에 다른 신체 부분으로 노래를 개사하여 불러본다.

② 음률영역에 얼굴 그림판과 다양한 악기를 제시하여 노래를 불러보도록 한다.

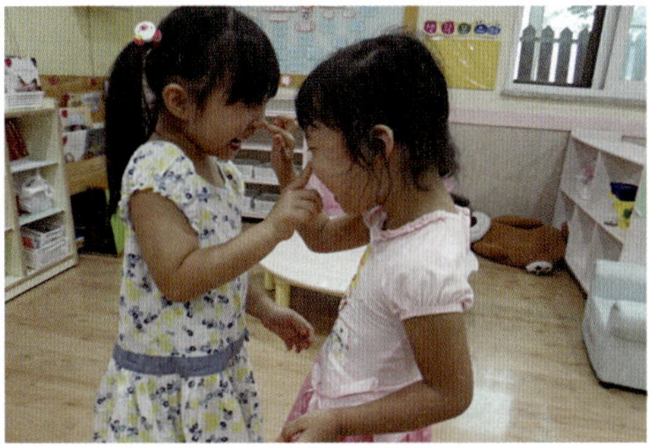

닮은 곳이 있대요

김성균 작사/작곡

사용된 코드

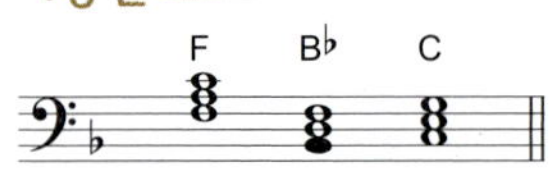

우리 동네

생활주제 우리 동네

활동목표

- 교육목표 : 우리 동네 기관에 대해 관심을 갖는다.
  우리 동네에 있는 기관의 위치와 방향을 안다.
  노래를 통해 우리 동네의 특징을 즐겁게 표현한다.
- 음악목표 : 신체를 움직이며 노래의 리듬을 경험한다.

누리과정 관련요소

- 예술경험 : 아름다움 찾아보기-음악적 요소 탐색하기-다양한 소리, 음악의 셈여림, 빠르기, 리듬 등에 관심을 갖는다.
- 사회관계 : 사회에 관심 갖기-지역 사회에 관심 갖고 이해하기-우리동네에 대해 알아본다.
- 자연탐구 : 수학적 탐구하기-공간과 도형의 기초개념 알아보기-위치와 방향을 여러 가지 방법으로 나타내 본다.

활동자료 노랫말판, 유아들이 만든 우리동네 지도, 동네 가게 간판, 색 테이프, 어린이 그림자료

활동방법

1) 도입 유아들과 사전활동으로 함께 만든 우리 동네 지도를 활용하여 이야기 나눈다.

- 우리 동네 이름은 무엇이니?
- 우리가 만든 동네 지도에서 유치원은 어디에 있을까?
- 우리 동네에는 어떤 가게(기관)가 있는지 찾아보자.

2) 전개 ① 교사가 들려주는 노래를 감상한다.

- 선생님이 노래를 들려 줄 텐데 노래가사에 우리 동네에 어떤 곳이 있는지 생각해보자.

② 노래를 들은 느낌을 이야기 나눈다.

- 노래를 들으면서 어떤 느낌이 들었니? 노래에서 우리 동네에 어디를 지나다녔니?

③ 노랫말판을 보여주며 노래 부른다.

- 우리동네 지도에 친구가 서있는데 이 친구가 노래가사에 따라 어디로 가야할까?
- ○○○동 동네 앞에 있는 친구가 사거리를 지나 어디로 가야 할까?
- 이번에는 이 친구를 움직이면서 노래를 불러 볼거야. 인형가게를 지나 다시 어디로 가야할까?

④ 바닥에 색테이프로 만들어진 우리동네 길을 활용하여 노래를 불러 본다.

- 바닥에 우리 동네 길이 보이니?
- 방금 전에는 우리동네 지도에서 노래에 따라 친구그림이 움직였는데 이번에는 우리가 직접 움직이면서 노래를 불러볼 거야.
- 우리 동네이름이 적혀져 있는 곳에 가서 함께 시작해 볼까?

⑤ 우리동네 길을 걸을 때 리듬에 맞게 신체를 움직여 노래를 불러본다.

- 이번에는 노래 리듬에 맞추어 손뼉 치며(발을 구르면서) 노래를 불러 보자.

3) 마무리 ① 우리 동네 노래에 대해 평가한다.

② 우리 동네에 있는 다양한 가게(기관)이름을 바꾸어 노래를 불러본다.

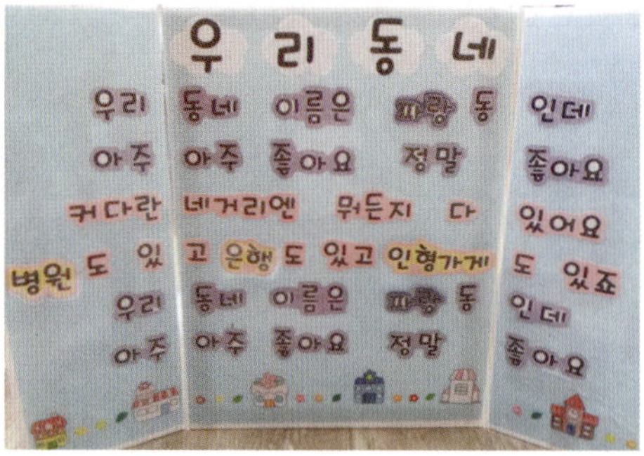

우리 동네

김성균 작사/작곡

사용된 코드

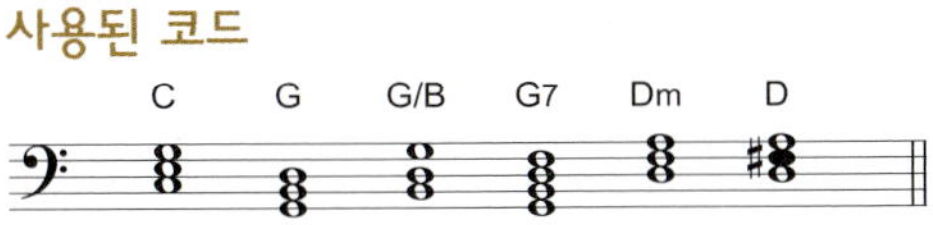

여기는 방송국

생활주제 우리 동네

활동목표
- 교육목표 : 방송국 기상캐스터가 하는 일을 안다.
  방송 프로그램이 전파되는 과정에 대해 관심을 갖는다.
- 음악목표 : 음표(16분음표, 8분음표) 길이의 차이를 알고 부를 수 있다.

누리과정 관련요소
- 예술경험 : 예술적 표현하기-움직임과 춤으로 표현하기-움직임과 춤으로 자신의 생각과 느낌을 표현한다.
- 사회관계 : 사회에 관심 갖기-지역사회에 관심 갖고 이해하기-우리 동네 사람들이 하는 일에 관심을 갖는다.
- 자연탐구 : 과학적 탐구하기-간단한 도구와 기계 활용하기-도구와 기계의 편리함에 관심을 갖는다.

활동자료 노랫말판, 빔프로젝트, 날씨 PPT 배경 그림, 마이크, 라디오

활동방법

1) 도입 라디오에서 나오는 소리를 탐색해 본다.

- 이 소리는 어떻게 나는 걸까? 어디에서 이 소리를 나오게 하는 걸까?
- 라디오 방송국은 어떤 곳일까? TV 방송국과 무엇이 다를까?

2) 전개 ① 교사가 들려주는 노래를 감상해 본다.

- 선생님이 여기는 방송국이라는 노래를 들려줄 거야. 어떤 노래인지 잘 들어보자.
- 방송국은 무엇을 하는 곳일까? 오늘의 날씨는 어떻다고 이야기하였니?

② 노랫말판을 보고 노래를 불러본다.

- 노래에서 날씨를 알려주는 사람이 말을 한다면 어떤 말을 할까?
- '안녕하십니까 여러분부터 눈이 오실거에요'는 너희들이 불러보고 다른 부분은 선생님이 불러볼게.

③ 노래 음표의 길이를 박수를 치며 불러본다.

- 이부분은 좀 짧게 불렀지? 이부분은 아까보다는 좀 길구나.
- 우리가 노래부를 때 박수를 치면서 불러 보도록 하자.

④ TV 방송국으로 개사하여 노래를 불러본다.

- TV에서 날씨를 알려준다면 어떤 모습으로 알려줄까?
- 기상캐스터가 알려주는 모습에 대해 이야기해본다.

⑤ 스크린에 나타나는 일기예보 배경 그림에 서서 기상캐스터가 되어 노래를 불러본다.

3) 마무리 ① 노래에 대해 평가한다.

② 다양한 날씨로 노래를 개사하여 다양한 배경으로 노래를 불러보도록 한다.

여기는 방송국

김성균 작사/작곡

사용된 코드

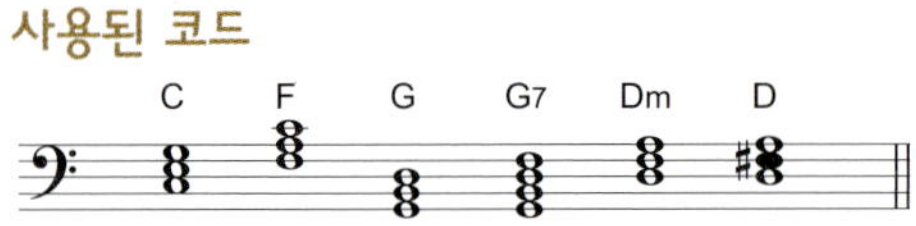

숲속을 걸어요

생활주제 동식물과 자연

활동목표
- 교육목표 : 자연을 소중히 여기고 돌보는 마음을 갖는다.
  노래에서 나타나는 숲속 동식물에 대해 호기심을 갖는다.
- 음악목표 : 발구르기와 손뼉치기를 통해 4/4박자를 느껴본다.

누리과정 관련요소
- 예술경험 : 아름다움 찾아보기-음악적 요소 탐색하기-다양한 소리, 음악의 셈여림, 빠르기, 리듬 등에 관심을 갖는다.
- 자연탐구 : 과학적 탐구하기-생명체와 자연환경 알아보기-생명체가 살기 좋은 환경에 대해 관심을 갖는다.

활동자료 노랫말판, 큰 북, 작은 북, 탬버린, 귀로, 트라이앵글

활동방법

1) 도입 숲속 사진을 보여주면서 숲속에 대한 경험을 이야기 나눈다.

- 지난 주말에 선생님이 다녀온 주말이야. 숲속을 걸어본 경험이 있니? 숲속을 걸으면서 무엇을 보았니? 숲속을 걸어가면 또 어떤 것을 볼 수 있을까? 선생님이 들려주는 노래에는 어떤 길이 나오는지 한번 찾아보자.

2) 전개 ① 교사가 들려주는 노래를 감상한다.

- 선생님이 노래를 들려줄텐데 노래가사에 나오는 숲속 길을 붙여줄거야. 어떤 길이 있는지 잘 들어보렴.

② 노래를 들은 느낌을 이야기 나눈다.

- 선생님이 들려준 노래를 잘 들어보았니?
- 이 노래를 들으면서 어떤 느낌이 들었니?

③ 노랫말판을 보여주며 노래 부른다.

- 역할을 나누어서 불러보자. 선생님이 '숲속을 걸어요'를 부를게. 너희들은 마음 속으로 어떤 길을 부르고 싶은지 생각했다가 너희들이 고른 길의 순서가 되면 불러보도록 하자.

④ 다양한 방법으로 4/4 박자를 표현한다.

- 이 노래는 한 마디에 4번의 박수를 치면서 부르는 것이란다.
- 어떤 방법으로 4번을 두드려볼까? 무릎 한번 치고 박수 세 번 칠수도 있겠구나.
- 4박자를 큰 북과 작은 북으로 치면서 노래를 불러볼까?
- 친구들과 함께 악기를 바꾸어 연주하며 노래를 불러보자.

3) 마무리 ① 악기를 연주하며 노래를 불러본 느낌을 이야기나눈다.

② 4박자를 두드리는 또 다른 방법은 없는지 이야기 나누고 다음번에 다양한 방법으로 연주해 보도록 한다.

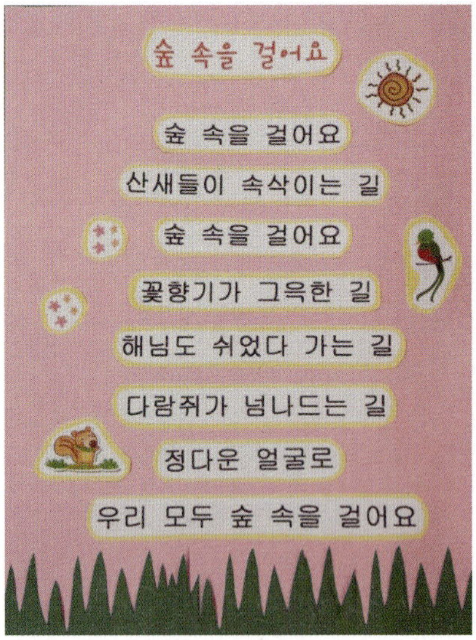

숲속을 걸어요

유종슬 작사
정연택 작곡

사용된 코드

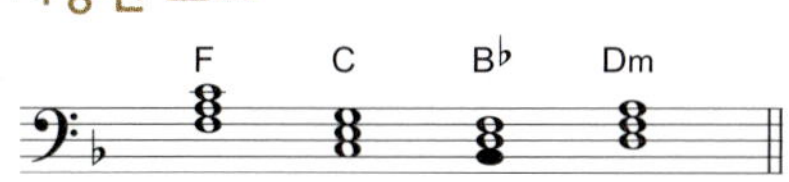

건너가는 길

생활주제 교통기관

활동목표
- 교육목표 : 교통기관을 안전하게 이용하는 방법을 안다.
  길을 건너갈 때 안전하게 건너갈 수 있다.
  노래를 통해 교통표시판의 표시를 이해한다.
- 음악목표 : 셋잇단음표의 길이를 경험한다.

누리과정 관련요소
- 예술경험 : 음악적 요소 탐색하기-다양한 소기, 음악의 셈여림, 빠르기, 리듬 등에 관심을 갖는다.
- 신체운동 · 건강 : 안전하게 생활하기-교통안전 규칙지키기-교통수단을 안전하게 이용한다.
- 의사소통: 듣기-동요, 동시, 동화 듣고 이해하기-동요, 동시, 동화를 다양한 방법으로 듣고 즐긴다.

활동자료 노랫말판, 횡단보도를 위험하게 건너는 모습 그림 카드, 횡단보도 그림 카드, OX 표시판, 바닥에 깔 수 있게 만든 횡단보도 길, 신호등 표시판

활동방법

1) 도입 횡단보도에 대해 이야기를 나눈다.

- 이런 길을 본 적이 있니? 횡단보도는 어디에 자주 있을까?
- (신호를 위반하며 걸어가는 어린이의 모습 사진을 보며) 이 그림에서는 친구가 횡단보도를 어떻게 건너는 걸까? 횡단보도를 안전하게 건너려면 어떻게 해야 할까? 오늘 새노래를 소개할텐데 노래에서는 어떻게 안전하게 건너는지 찾아보도록 하자.

2) 전개 ① 교사가 들려주는 노래를 감상한다.

- 노래 잘 들어보았니? 이번에는 노래에서 여러 색의 불이 나왔는데 어떤 불이 나왔는지 기억해서 이야기해보자. 어떤 불이 나왔니?

② 노랫말판을 보고 노래를 불러본다.

• 이번에는 너희들이 찾은 빨강불, 노랑불, 초록불은 너희들이 부르고 나머지는 선생님이 불러볼게.

③ 다양한 방법으로 노래를 불러본다.

• '안돼요', '초록불이 돼야죠' 할 때 OX 표시판을 유아가 들어보면서 노래를 불러본다.

④ 박자에 맞추어 셋잇단음표가 있는 노래가사를 불러본다.

• '달려도' 부분과 '뛰어도' 부분은 노래가 독특한 것 같아. 이 부분 노래를 들으니 느낌이 어떻니?
• 너희들의 느낌을 노래로 부르려면 어떻게 불러주면 좋을까?

⑤ 길을 직접 건너면서 노래를 부른다.

• 횡단보도 길을 바닥에 놓고 노래를 부르며 길을 건너가보자. 부르다가 '달려도' 부분과 '뛰어도' 부분은 너희들이 말했던 방법으로 움직이면서 건너가보도록 하자.
• 길을 건너는 사람, 신호등을 표시해 주는 사람, OX표시판을 드는 사람을 정하여 역할을 번갈아 가면서 노래를 불러보자.

3) 마무리 ① 활동에 대한 평가를 한다.

② 역할영역에 횡단보도 신호등을 두어 지속적으로 활동이 이루어지도록 한다.

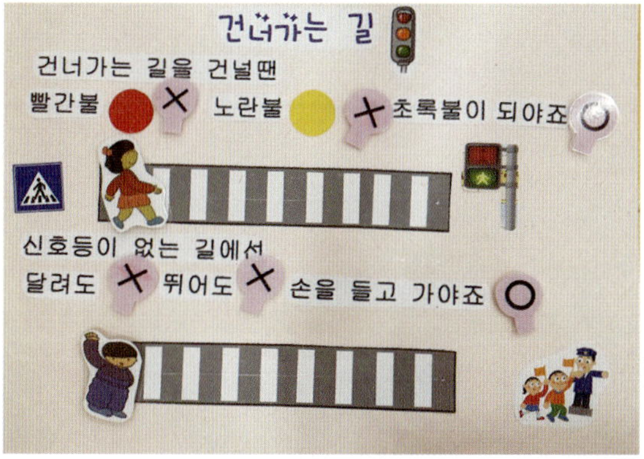

건너가는 길

김성균 작사/작곡

사용된 코드

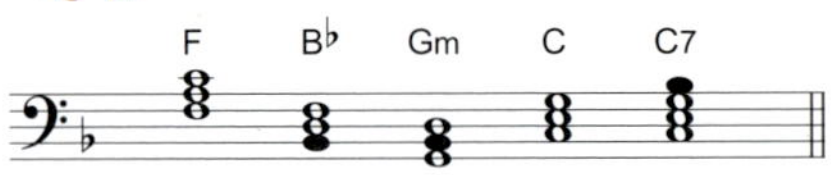

우리나라 꽃

생활주제 우리나라

활동목표

- 교육목표 : 우리나라를 상징하는 꽃이 무궁화 꽃임을 안다.
  우리나라를 소중히 여기고 자부심을 갖는다.
  무궁화 꽃을 아끼고 소중하게 돌보는 마음을 갖는다.
- 음악목표 : 전통 악기를 이용하여 3/4박자 강약의 변화를 표현해 본다.

누리과정 관련요소

- 예술경험 : 음악적 요소 탐색하기-다양한 소기, 음악의 셈여림, 빠르기, 리듬 등에 관심을 갖는다.
- 사회관계 : 사회에 관심 갖기-우리나라에 관심 갖고 이해하기-우리나라를 상징하는 것을 안다.
- 자연탐구 : 과학적 탐구하기-생명체와 자연환경 알아보기-생명체를 소중히 여기는 마음을 갖는다.

활동자료 노랫말판, 무궁화 꽃 그림카드, 소고, 북, 징, 우리나라 지도, 색테이프

활동방법

1) 도입

① 사전 활동으로 여러 종류의 꽃의 이름과 특징에 대한 경험을 갖고 있다.

② 다양한 꽃 그림 카드를 보고 꽃에 대해 이야기를 나눈다.

- 봄이 되면 길 가에 노랗게 피어나는 꽃은 무슨 꽃이니?
- 이 꽃의 이름은 무엇일까? 그림카드 중에 진달래꽃은 어디에 있는지 찾아볼까?
- 여러 종류의 꽃 중에 우리나라를 대표하는 꽃은 어디에 있을까?
- 너희들이 찾은 무궁화는 우리나라를 대표하는 꽃이란다. 오늘 너희들이 찾은 무궁화 노래를 소개해 줄게.

2) 전개 ① 교사가 들려주는 노래를 감상한다.

- 선생님이 노래를 들려 줄 텐데 가장 기억에 남는 가사는 무엇인지 생각해보자.
- 무궁화와 삼천리라는 말이 나왔는데 삼천리라는 것은 무엇을 의미하는 걸까?

② 노랫말판을 보여주며 노래 부른다.

- 이번에는 무궁화 노래를 부를 때 발과 손으로 박자를 만들어 불러보자.
- 한 발을 바닥에 구르고, 손뼉을 두 번 치면서 노래를 불러보자.

③ 악기를 이용하여 노래를 부른다.

- 우리나라 전통 악기인 소고와 북, 징 등을 이용하여 무궁화 노래를 불러보자.
- 처음에만 세게 두드리고 나머지 두 번은 약하게 연주해보도록 하자.

④ 제자리에 앉아 박자를 맞추어 악기를 연주한다.

⑤ 자리에서 일어나 선 따라 우리나라 길을 걸으며 노래를 불러본다.

- 이번에는 우리가 직접 우리나라 삼천리를 걸어가면서 노래를 불러보자.

3) 마무리 ① 박자에 맞추어 전통악기를 연주해 본 경험에 대해 이야기를 나눈다.

② 우리나라 꽃을 다양하게 불러 볼 수 있는 방법을 찾아본다.

예) 부채춤을 만들어 노래 불러보기

우리나라 꽃

박종오 작사
함이영 작곡

사용된 코드

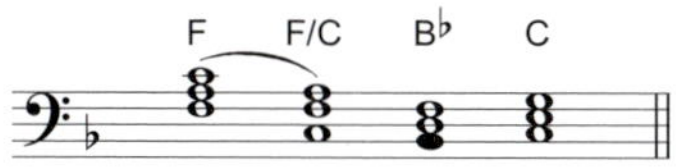

추석날

생활주제 우리나라

활동목표
- 교육목표 : 우리나라의 명절인 추석에 대해 관심을 갖는다.
  추석에 먹을 수 있는 다양한 음식에 대해 안다.
- 음악목표 : 음표의 길이 변화를 다양한 방법으로 표현해본다.

누리과정 관련요소
- 예술경험 : 음악적 요소 탐색하기-다양한 소기, 음악의 셈여림, 빠르기, 리듬 등에 관심을 갖는다.
- 사회관계 : 사회에 관심 갖기-우리나라에 관심 갖고 이해하기-우리나라의 전통놀이와 풍습에 관심을 갖는다.
- 자연탐구 : 과학적 탐구하기-생명체와 자연환경 알아보기-생명체를 소중히 여기는 마음을 갖는다.

활동자료 노랫말판(밤나무, 대추나무, 송편이 가득 담긴 소푸리 그림), 밤, 대추, 송편 그림카드, 유아 얼굴이 그려져 있는 판(입에 구멍이 있어서 음식을 넣어 담을 수 있게 함)

활동방법

1) 도입 ① 우리나라의 대표 명절인 추석에 대해 이야기 나눈다.

- 추석이 어떤 날인지 알고 있니?
- 추석은 가을의 달빛이 가장 밝게 비추는 좋은 날이고 농사지었던 곡식을 모두 거두게 된 것을 기념하는 날이야.

② 추석에 먹는 전통음식에 대해 이야기를 나눈다.

- 추석이 되면 먹을 수 있는 음식도 있단다. 추석날이라는 노래를 들어보면서 어떤 음식을 먹을 수 있는지 알아보자.

2) 전개 ① 교사가 들려주는 노래를 감상한다.

- 노래에서 추석에 먹을 수 있는 음식에 무엇이 있었니?

② 노랫말판을 직접 조작하면서 노래 부른다.

- 선생님이 노래를 부르면서 노랫말판에 음식카드를 붙여볼게. 어떤 음식이 있었는지 다시한번 찾아볼까?
- 친구 얼굴에 음식을 넣어주면서 노래를 불러 볼거야. 부를 수 있는 친구들은 같이 불러보자.
- 이번에는 너희들이 직접 노래가사에 맞추어 음식을 떼어 친구 입에 넣어보면서 노래를 불러보자.

③ 음표의 길이변화를 다양한 악기로 표현한다.

- 선생님이 노래부를 때 '팔월에도 추석날은 즐거운 명절' 부분이 좀 달라졌지?
- 어떻게 달라진 것 같이 느껴졌니?
- 이 부분은 소고로는 어떻게 연주할 수 있을까?

3) 마무리 ① ♬**추석날** 노래 배우기를 한 후 활동에 대해 평가한다.

② 추석에 먹을 수 있는 다양한 음식에 대해 찾아보고 노래에 적용해 본다.

③ 추석의 풍습이나 전통놀이, 음식과 관련하여 2절, 3절로 지어서 노래를 불러본다.

추석날

김성태 작사
강소천 작곡

사용된 코드

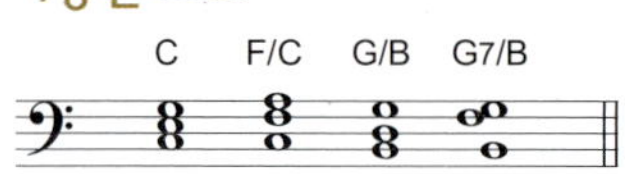

세계의 아침 인사

생활주제 세계 여러 나라

활동목표
- 교육목표 : 세계 여러 나라에서 사용하는 인삿말에 대해 안다.
  세계 여러 나라 사람과 언어에 흥미와 관심을 갖는다.
  노래를 통해 세계 여러 나라의 인사법을 구분한다.
- 음악목표 : 음높이의 변화를 신체로 표현한다.

누리과정 관련요소
- 예술경험 : 음악적 요소 탐색하기-다양한 소리, 음악의 셈여림, 빠르기, 리듬 등에 관심을 갖는다.
- 사회관계 : 사회에 관심 갖기-세계와 여러 문화에 관심가지기-여러 나라에 대해 관심을 갖는다.
- 의사소통 : 말하기-상황에 맞게 바른 태도로 말하기-때와 장소, 대상에 알맞게 말한다.

활동자료 노랫말판, 우리나라 인사하는 모습 그림카드, 세계 여러 나라 사람들이 다양하게 인사하는 모습 그림카드, 유아들이 함께 만든 세계지도

활동방법

1) 도입 ① 세계 여러 나라의 인사법에 대해 이야기 나눈다.

- (그림 카드를 보며) 우리나라의 전통 인사는 어떻게 할까?
- 세계의 여러 나라는 어떻게 인사를 할까? 미국 친구들은 서로 만나면 어떻게 인사하니? 프랑스 친구들은 어떻게 인사할까? 이 나라 사람들은 왜 코를 부딪히는 걸까?

2) 전개 ① 교사가 들려주는 노래를 감상한다.

- 이번에 소개할 노래에도 세계 여러 나라의 친구들의 인사말이 나온단다. 어떤 인사말을 하는지 잘 들어보자.

② 노랫말판을 보고 노래를 불러본다.

- 이번에는 노랫말판에 세계 여러 나라 친구들의 모습이 나올거야. 돌아가는 가사판이 움직일때마다 친구들이 나오면 그 나라의 인사말을 너희들이 불러보자. 나머지는 선생님이 불러볼게.
- 이번에는 다 같이 노랫말판을 보고 노래를 불러보자.

③ 나라마다 다른 인사법을 하면서 노래를 불러본다.

- 이번에는 우리가 알아본 각 나라의 인사법을 하면서 노래를 불러보자.
- 프랑스 사람들은 만나면 어떻게 인사를 하였지? 각 나라마다 인사하는 법을 기억해서 인사해보도록 하자.

④ 음높이의 변화를 신체로 표현해 본다.

- 노래부르다가 중간에 음이 높아졌다가 다시 낮아지는 것을 느꼈니?
- 높은 음에서 낮은음으로 변하는 것도 느꼈니?
- 이런 음의 변화를 인사를 하다가는 어떻게 표현하면 좋을까?
- 악수를 하다가 음이 변하면 맞잡은 손을 위로 들었다가 내려보도록 하자.
- 이번에는 안아주면서 인사하다가 손을 등 뒤로 올렸다가 내려주도록 하자.

⑤ 세계지도 위에 둘러서서 음높이 변화를 반영하여 인사하며 노래 부른다.

3) 마무리 ① ♬**세계의 아침 인사** 노래를 듣고 느낀 점에 대해 이야기 나눈다.

② 가장 즐거웠던 인사법을 서로 이야기 나눈 후, 비교해 본다.

③ 세계 여러 나라의 다양하고 독특한 인사법에 대해 찾아보고 노래에 적용해 본다.

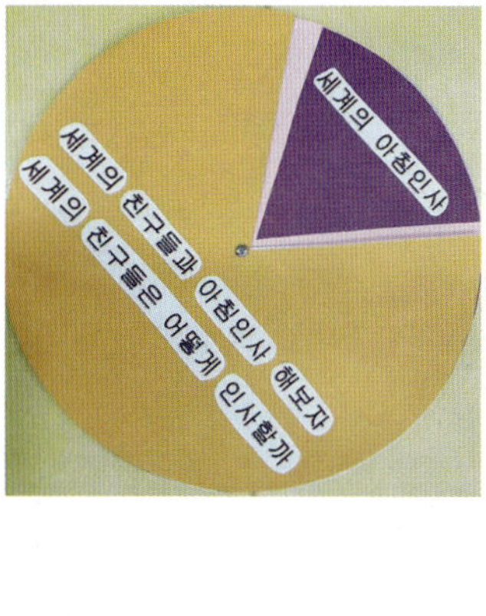

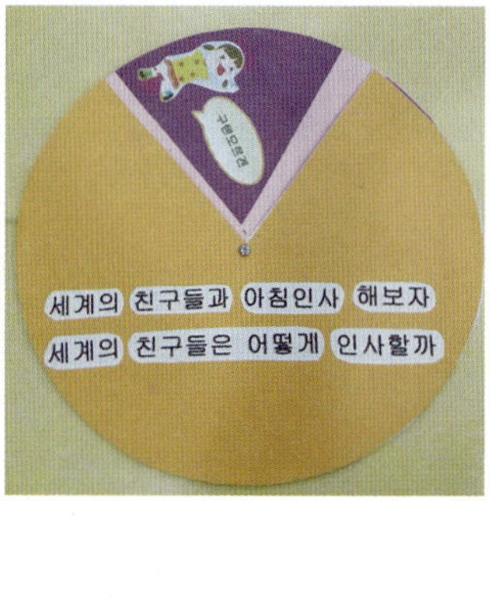

세계의 아침 인사

윤현진 작사/작곡

사용된 코드

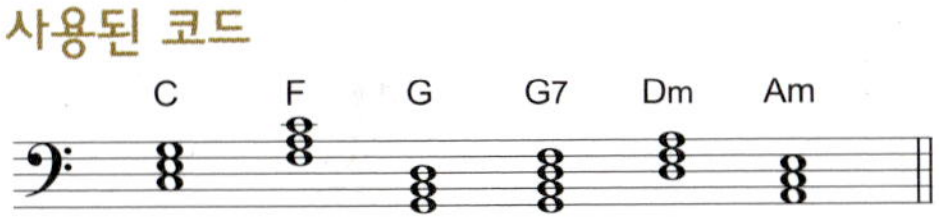

우린 그렇지 않아

생활주제 세계 여러 나라

활동목표
- 교육목표 : 세계 여러 나라의 춤에 대해 호기심을 갖는다.
  우리나라와 다른 사람 춤을 비교해 본다.
  춤은 각 나라의 문화와 정서가 표현되어져 있음을 안다.
- 음악목표 : 4/4박자에서 3/4박자로 변화되는 곡의 흐름과 분위기의 변화를 느껴본다.

누리과정 관련요소
- 예술경험 : 음악적 요소 탐색하기-다양한 소리, 음악의 셈여림, 빠르기, 리듬 등에 관심을 갖는다.
- 사회관계 : 사회에 관심 갖기-세계와 여러 문화에 관심 가지기-세계 여러 나라에 대해 관심을 갖는다.
- 의사소통 : 듣기-동요, 동시, 동화 듣고 이해하기-동요, 동시, 동화를 다양한 방법으로 듣고 즐긴다.

활동자료 노랫말판, 세계 여러 나라 춤 동영상, 우리나라 전통춤 동영상, 장구, 트라이앵글

활동방법

1) 도입 세계 여러 나라의 춤과 우리나라의 전통춤을 동영상으로 감상하며 같은 점과 다른 점에 대해서 이야기 나눈다.

2) 전개 ① 교사가 들려주는 노래를 감상한다.

> • 우리나라와 다른 나라의 춤이 어떻게 다른지 노래를 통해서 찾아보자.
> • 노래가사에서는 외국사람들이 춤을 어떻게 추니? 우리나라 사람들은 어떻게 출까?

② 노랫말판을 보고 노래를 불러본다.

- 너희들이 '아리랑 아리랑 아라리오'를 부르고 나머지는 선생님이 불러 보자.
- 역할을 바꾸어 불러보자.

③ 박자의 변화를 신체로 표현해 본다.

- 제일 마지막 부분에는 노래가 갑자기 어떻게 변하였니?
- 곡의 박자가 달라졌단다. 곡의 분위기는 어떻게 달라졌니?
- 이럴 때 어떤 춤을 추면 어울릴까?

3) 마무리 ① 박자의 변화에 따라 노래를 불러본 느낌에 대해 평가해 본다.

② 우리나라와 다른 나라 노래박자의 차이를 비교해 본다.

우린 그렇지 않아

양한나 작사
김성균 작곡

사용된 코드

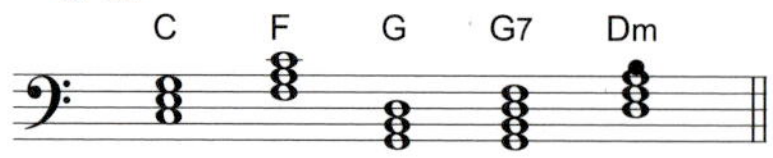

내 이름은 망치

생활주제 생활도구

활동목표
- 교육목표 : 다양한 생활도구의 쓰임새에 관심을 갖는다.
  다양한 도구의 올바른 사용 방법에 대해 안다.
  도구를 두드리는 소리를 다양한 의성어와 의태어로 표현한다.
- 음악목표 : 곡에 표현된 음악패턴이 있음을 안다.

누리과정 관련요소
- 예술경험 : 예술적 표현하기-음악으로 표현하기-노래로 자신의 생각과 느낌을 표현한다.
- 신체운동·건강: 신체조절과 기본운동하기-신체를 인식하고 움직이기-신체 각 부분의 특성을 이해하고 활용하여 움직인다.
- 자연탐구 : 과학적 탐구하기-간단한 도구와 기계 활용하기-생활 속에서 간단한 도구와 기계에 관심을 갖는다.

활동자료 노랫말판, 목공놀이용 망치, 톱, 드릴, 망치소리, 톱 소리, 큰북, 캐스터네츠, 소리목

활동방법

1) 도입 도구에서 나는 소리와 도구를 함께 제시하고 이야기를 나눈다.

- 지금 나는 소리는 책상에 놓여진 도구 중 어떤 도구에서 나는 소리일까?
- 이러한 도구는 무엇을 할 때 사용하는 도구일까?

2) 전개 ① 노랫말판을 보고 노래를 불러본다.

- 망치(톱, 드릴)는 무엇을 할 때 사용하는 걸까? 어떤 소리를 내니?
- 도구 소리가 날 때 손뼉을 치면서 박자에 맞추어 노래를 불러본다.
- 박자를 이해한 후, 생활 도구에 적절한 도구를 정하여 함께 노래를 불러본다.

② 반복되는 음악적 패턴을 찾아 스티커를 붙여본다.

- 이 노래 전체에서 어떤 부분이 서로 같니?
- 반복되어 나타나는 패턴을 찾아보도록 하자.
- 찾은 친구는 스티커를 붙여줄까?

3) 마무리 ① 노래를 부른 후, 활동에 대한 평가를 한다.

② 못, 톱, 드릴 외에 집을 지을 때 필요한 도구를 찾아본다.

③ 조형영역에서 도구를 이용하여 입체적으로 건축물을 만들 기회를 갖는다.

④ 역할영역에서 목공놀이 도구를 제시하여 도구를 사용해 보도록 한다.

내 이름은 망치

박상훈 작사/작곡

사용된 코드

더 빠른 것 더 느린 것

생활주제 교통기관

활동목표
- 교육목표 : 다양한 교통기관의 특징을 이해한다.
  여러 가지 교통기관의 속도를 비교한다.
- 음악목표 : 쉼표의 의미와 길이를 이해한다.

누리과정 관련요소
- 예술경험: 음악적 요소 탐색하기-다양한 소기, 음악의 셈여림, 빠르기, 리듬 등에 관심을 갖는다.
- 신체운동·건강: 안전하게 생활하기-교통안전 규칙지키기-교통수단을 안전하게 이용한다.
- 의사소통: 듣기-동요, 동시, 동화 듣고 이해하기-동요, 동시, 동화를 다양한 방법으로 듣고 즐긴다.

활동자료 노랫말판(자전거, 자동차, 비행기가 움직일 수 있게 만들어져 있는 가사판), 교통기관 그림카드, 교통기관 그림 머리띠

활동방법

1) 도입 교통기관 그림카드를 제시하고 교통기관을 이용해 본 경험에 대해 이야기 나눈다.

- (자전거 그림카드를 보여주면서) 자전거를 타 본 적이 있니? 자동차를 타 본 친구들이 있니? 오늘은 우리가 타는 것들이 노래에 나올거야. 어떤 교통기관이 나오는지 한번 들어보자.

2) 전개 ① 교사가 들려주는 노래를 감상한다.

- 노래에 어떤 교통기관이 나왔니?
- 이번에는 가장 느린 것과 가장 빠른 교통기관을 찾아볼거야. 잘 듣고 함께 찾아보자.

② 노랫말판을 보고 노래를 불러본다.

- 노랫말판에 '자전거, 자동차, 비행기, 로케트'가 나오는 부분을 너희들이 부르고 나머지는 선생님이 부르도록 할게.
- 이번에는 가사판을 보고 다함께 불러보자.

③ 쉼표의 의미와 길이를 다양한 방법으로 표현한다.

- 노래가 중간에 아무것도 안나오는 부분이 있네?
- 이때가 얼마나 긴걸까? 얼마나 쉬어야 하는지 어떻게 알 수 있을까?
- 쉬는 동안 무엇을 하면 좋을까?

3) 마무리 ① 노래의 빠르기를 가사에 맞추어 다양하게 표현하였는지 회상해 본다.

② 악기를 이용하여 작게, 크게 등 다양한 크기로 표현하여 노래를 불러 본다.

더 빠른 것 더 느린 것

김옥련 작사
김숙경 작곡

사용된 코드

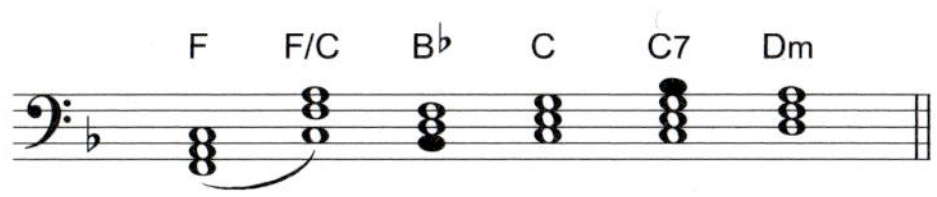

버스 놀이

생활주제 교통기관

활동목표
- 교육목표 : 버스를 안전하게 이용하는 방법을 안다.
  버스를 이용하는 다른 사람들을 배려하는 마음을 갖는다.
- 음악목표 : 음높이의 변화를 느끼고 변화를 다양한 방법으로 표현한다.

누리과정 관련요소
- 예술경험 : 예술적 표현하기-음악으로 표현하기-노래로 자신의 생각과 느낌을 표현한다.
- 신체운동·건강: 안전하게 생활하기-교통안전 규칙지키기-교통수단을 안전하게 이용한다.
- 의사소통 : 듣기-동요, 동시, 동화 듣고 이해하기-동요, 동시, 동화를 듣고 다양한 방법으로 듣고 즐긴다.

활동자료 노랫말판, 운전대, 종이박스로 만든 모형 버스(종이박스에 끈을 달아 유아의 어깨에 끈을 매고 자유롭게 걸어다닐 수 있게 제작), 버스가 다니는 길(시트지나 색테이프로 다양한 길 제작), 버스 정류장 표시판

활동방법

1) 도입 버스를 타 본 경험에 대해 이야기 나눈다.

- 가족과 함께 다른 곳을 이동할 때 버스를 타 본 경험이 있니?
- 어디에서 버스를 탔니?
- 버스 안에서는 어떻게 앉거나 일어서서 있었니?

2) 전개 ① 교사가 들려주는 노래를 감상한다.

- 선생님이 오늘 버스 놀이 노래를 들려줄거야. 어떤 노래인지 잘 듣고 이야기해보자.
- 버스가 오고 가는 것을 알려주는 소리가 있는데 어떤 소리인지 잘 찾아보자.
- 이번에 노래를 들을 때에는 버스를 탈 때 어떤 약속을 지키면서 타야하는지 찾아보고 이야기해주렴.

② 노랫말판을 보고 노래를 불러본다.

• 버스 소리가 나는 부분과 나머지 부분을 선생님과 너희들이 나누어서 불러보자.

③ 음높이의 변화를 느껴본다.

• 노래를 부를 때 어느 부분이 가장 높으니? 가장 낮은 부분은 어딜까?
• 보이지 않는 종이에 손가락으로 음높이의 변화를 그려보도록 하자.

④버스를 타고 움직이면서 노래를 불러본다.

• 선생님이 작은 버스를 준비했어. 우리가 버스에 직접 타보면서 노래를 불러보도록 하자.

3) 마무리 ① 노래를 부른 후, 활동에 대한 평가를 한다.

② 버스를 운전하는 사람, 타는 사람, 버스에 타서 내릴 사람 등을 정하여 버스 길을 이동하면서 노래를 불러본다.

③ 버스 안에서 지켜야 할 예절과 안전약속을 회상해보고 이야기 나눈다.

버스 놀이

강정욱 작사/작곡

사용된 코드

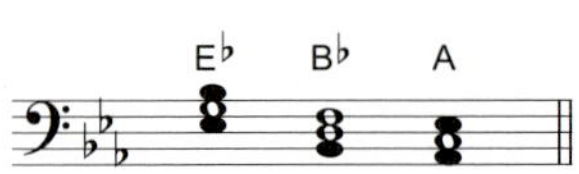

로케트

생활주제 환경과 생활

활동목표
- 교육목표 : 지구에서 바라보는 우주의 모습을 다양하게 상상한다.
  로케트의 빠르기와 특징에 대해 안다.
  노래를 부르면서 우주에 대해 호기심을 갖는다.
- 음악목표 : 음표의 음길이의 다름을 이해한다.

누리과정 관련요소
- 예술경험 : 예술적 표현하기-음악으로 표현하기-노래로 자신의 생각과 느낌을 표현한다.
- 의사소통 : 듣기-동요, 동시, 동화 듣고 이해하기-동요, 동시, 동화를 다양한 방법으로 듣고 즐긴다.
- 자연탐구 : 탐구하는 태도 기르기-호기심을 유지하고 확장하기-주변 사물과 자연 세계에 대해 지속적으로 호기심을 갖는다.

활동자료 OHP 필름 위에 새겨진 노랫말판, OHP 필름 기기, OHP 필름으로 만든 그림자료(옥토끼, 로케트가 날아가는 그림), 블록으로 만든 3층 계단, 로켓트 머리띠

활동방법

1) 도입 OHP 필름에 그려져 있는 달 그림을 보여준다.

- 여기가 어디일까? 달에 비춘 그림자에 무엇이 있는 걸까?
- 지구에서 달나라까지 가려면 무엇을 타고 가면 좋을까?

2) 전개 ① 교사가 들려주는 노래를 감상한다.

- 선생님이 로케트 노래를 들려 줄테니 잘 들어보도록 하자.

② 노랫말판을 보고 노래를 불러본다.

- 이번에는 노랫말판을 보고 노래를 불러볼테니 부를 수 있는 친구들은 함께 불러보도록 하자
- 달나라가 나올 때 달나라 그림을, 로케트가 나올 때 로케트를 움직여 줄게.

③ 음표의 차이를 이해하면서 불러본다.

- 노랫말들이 다닥다닥 붙어져 있지? 그런데 각각 길이가 다른 것 같아.
- 어떻게 부르면 음의 길이를 확실히 차이가 나게 부를 수 있을까?

OHP 활용 tip!

1. 노래 2절에서 '로케트를 타면은 로케트를 타면을 갈 수 있지요'를 부를 때 로케트 머리띠를 하고 스크린 앞에 놓여져 있는 계단을 올라가 점프하면서 달에 도착해보도록 한다.
2. 달이 도착할 때 달을 움직여 유아의 그림자와 마주치게 한다.
3. 우주의 분위기를 느낄 수 있도록 불을 끄고 OHP 필름으로 만든 노래가사를 볼 수 있도록 한다.

3) 마무리 ① 노래를 부른 후, 활동에 대한 평가를 한다.

② 우주의 모습을 유아들이 다양하게 표현하여 배경 그림으로 한 후, 노래를 불러본다.

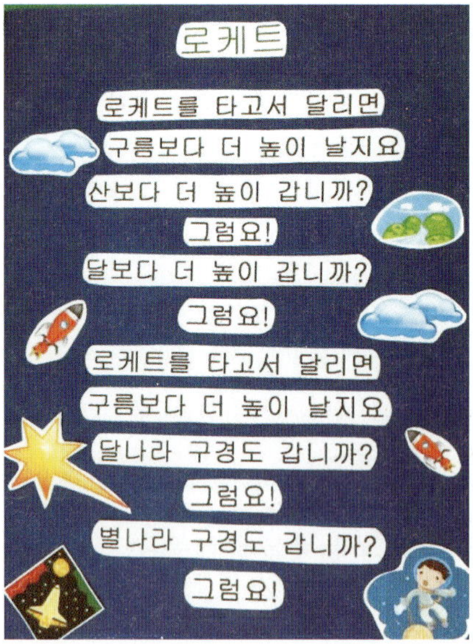

로케트

유경손 작사/작곡

사용된 코드

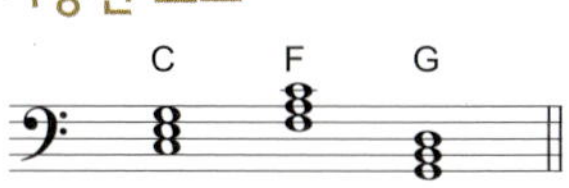

사랑해요

생활주제 나와 가족

활동목표
- 교육목표 : 가족에게 사랑하는 마음을 노래로 표현한다.
  눈,코,입의 위치를 이해한다.
- 음악목표 : 반복되는 음악 패턴을 즐긴다.

누리과정 관련요소
- 예술경험 : 예술적 표현하기-음악으로 표현하기-간단한 노래를 듣고 따라부른다.
- 신체운동·건강 : 신체 인식하기-감각능력 기르고 활용하기-감각기관을 인식하고 활용해 본다.
- 사회관계 : 나와 다른 사람의 감정알고 조절하기-나와 다른 사람의 감정 알고 표현하기-자신에게 여러 가지 감정이 있음을 안다.

활동자료 노랫말판, 거울

활동방법

1) 도입 거울을 보며 눈, 코, 입의 위치를 알아본다.

- 거울 속 예쁜 내얼굴이 보이니? 반짝반짝 눈은 어디있을까?

2) 전개 ① 교사가 들려주는 노래를 감상한다.

- 사랑을 표현하는 방법에 관한 노래를 들려줄거야. 몸을 가볍게 흔들어도 좋고 들려주는 노래를 몸으로 느껴보도록 하자.

② 사랑을 표현하는 방법을 생각해 본다.

- 사랑하는 친구에게(엄마, 아빠 등) 사랑을 어떻게 표현하면 좋을까?
- 안아주거나 뽀뽀해줄 수도 있구나.

③ 반복되는 단어를 찾아보고 표현하는 약속을 정한다.

- '뽀뽀 쪽'이라는 말이 계속 나오네? 이때는 어떻게 사랑을 표현하자고 약속을 정해볼까?

④ 유아들과 정한 약속에 맞게 사랑을 표현하면서 노래부른다.

3) 마무리 ① 사랑을 다양하게 표현해본 소감을 이야기나눈다.

② 사랑의 선물을 전달하면서 노래불러보기로 한다.

사랑해요

장은희 작사/작곡

사용된 코드

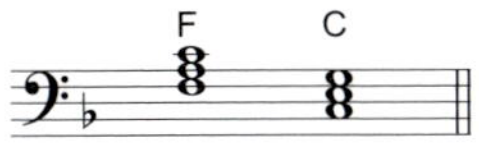

사랑노래 하나

사랑은 꼭 안아주는 것

장은희 작사/작곡

사용된 코드

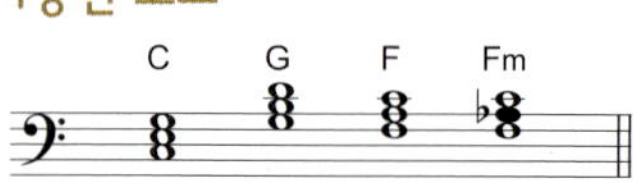

사랑노래 둘

아가야 예쁜 네 눈에

장은희 작사/작곡

사용된 코드

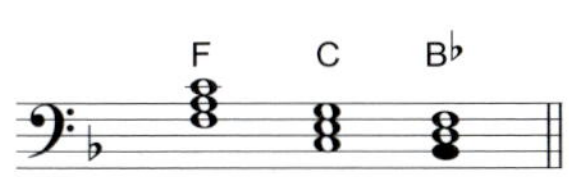

제7장

악기 다루기

영아기에 다양한 사물을 접해 본 유아들은 사물 간 소리의 차이를 식별해 나가며 음의 감각을 일깨워 간다. 특히 호기심이 왕성한 2세 무렵, 주방의 다양한 도구들은 영아들의 첫 악기가 되기도 한다. 이렇듯 유아들은 성장하면서 사물의 소리와 자연의 소리, 리듬악기, 건반악기, 타악기 등을 경험하는데 악기의 연주를 통한 청각적, 촉각적, 시각적 경험을 통해 자신의 생각이나 느낌을 자유롭게 표현할 수 있게 된다. '악기 다루기' 실제편에서는 총 17개의 활동을 체계적으로 선정하여 제시였다.

'악기 다루기' 초기에는 한 가지 또는 두 가지 악기를 연주하게 되며 익숙해지면 함께 연주하기의 형태로 발전시킴으로써 합주의 경험을 통해 심미감 및 협동심, 조절력과 배려심을 향상시킬 수 있다.

- 종이악기로 연주해요
- 캐스터네츠를 연주해요
- 탬버린을 연주해요
- 우드블록(틱탁블록)을 연주해요
- 마라카스로 연주해요
- 리듬합주 단계별 지도법
- 셈여림에 맞추어 악기를 연주해요
- 점점 크게, 점점 작게를 연주해요
- 소고 연주하기
- 장구 연주하기
- 클래식 음악을 통한 리듬활동
  - 엔터테이너
  - 헝가리무곡
  - 아름답고 푸른 도나우 강
  - 라데츠키 행진곡
- 딩뎅동 물실로폰 놀이
- 알록달록 핸드벨을 연주해요
- 두두두 오카리나를 불어요

종이악기로 연주해요

생활주제 기계와 도구

활동목표
- 교육목표 : 종이가 소리를 내는 도구로 사용됨을 알 수 있다.
  다양한 기호를 인식한다.
- 음악목표 : 종이의 사용방법에 따른 음색의 변화를 알 수 있다.
  3/4박자(강,약,약)의 패턴을 안다.

활동자료 여러 가지 종이(신문지, 구김지, 셀로판지 등), 악보, 지시 그림카드

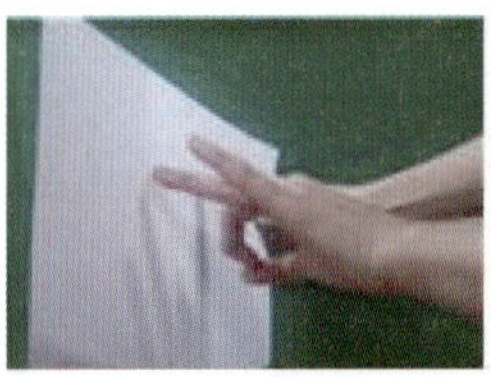
손가락으로 튕기기

손으로 흔들기

종이를 양손 사이에 놓고 치기

종이 찢기

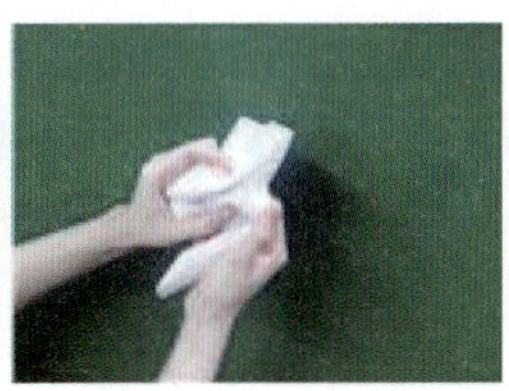
종이를 공처럼 구기기

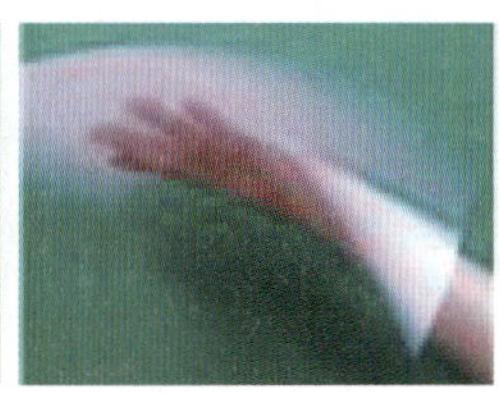
구겨진 종이를 공중으로 던지기

활동방법

1) 도입 ① 여러 종류의 종이를 제시하며 탐색하게 한다.

- 어떤 종이가 있니?

② 어떻게 소리를 낼 수 있니?

- 소리를 들어볼까? 흔들어볼까? 손가락으로 튕겨볼까?

2) 전개 ① 여러 가지 종이의 소리를 듣고 차이점을 이야기한다.

- 종이마다 소리가 어떻게 다르니?
- 같은 종이라도 손가락으로 튕길 때와 흔들 때 소리가 어떻게 다르니?

② 즉흥 연주를 해 보고, 지시카드에 따른 연주방법의 약속을 정한다.

- 이 카드가 나오면 어떻게 할까?

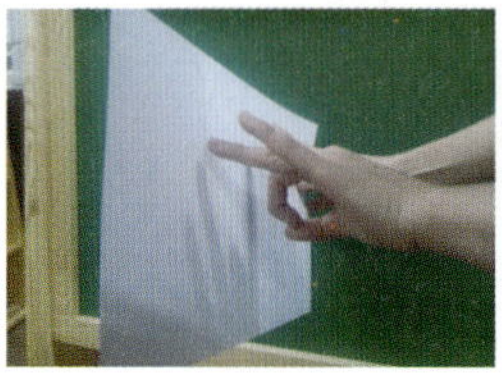
손가락으로 튕기기

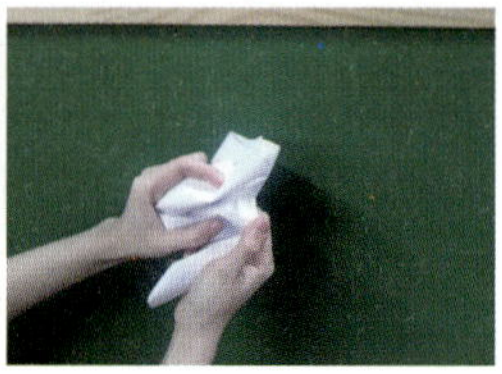
종이를 공처럼 구기기

③ 6종류의 카드를 제시하며 지시 카드를 잘 이해했는지 상호작용한다.

③ ♬**올챙이와 개구리**(4/4곡)에 맞춰 교사는 그림과 같은 지시카드를 제시하고 유아들은 노래를 부르며 종이악기를 연주해 본다. 악보에 표기된 대로 한 마디에 두 번 연주한다(흔: 흔들기, 튕: 튕기기, 양: 양손 사이에 놓고 치기, 찢: 찢기, 구: 구르기, 던: 던지기).

- 노래의 부분마다 어떻게 연주하면 좋을까?

④ 익숙해지면 유아를 선정해서 하거나, 교사가 임의로 카드를 넘겨 연주해 보도록 한다.

3) 마무리 ① 종이 악기를 연주해 본 느낌을 이야기한다.

- 그림에 맞춰 연주해보니 어땠니?

② 연주가 끝나면 악기를 정리하고 자료를 음률영역에 제시한다.

확장활동 ♬**뻐꾹** 노래에 맞춰 종이로 연주-첫박에 튕기기, 노래의 마지막에 종이 구기기

올챙이와 개구리

윤현진 작사
윤현진 작곡

흔: 흔들기, 튕: 튕기기, 양: 양손 사이에 놓고 치기, 찢: 찢기, 구: 구르기, 던: 던지기

캐스터네츠를 연주해요

생활주제 유치원

활동목표
- 교육목표 : 캐스터네츠는 리듬악기라는 것을 안다.
  소리의 변별력을 기른다.
- 음악목표 : 캐스터네츠 연주방법을 알고 적용할 수 있다.

누리과정 관련요소
- 예술경험 : 아름다움 찾아보기-음악적 요소 탐색하기-소리 등을 탐색한다.
  예술적으로 표현하기-음악으로 표현하기-리듬악기를 연주해 본다.
- 신체운동 · 건강 : 신체인식하기-감각능력 기르고 활용하기-감각으로 사물의 특성과 차이를 구분한다.

활동자료 캐스터네츠, 피아노, 리듬악보

활동방법

1) 도입

① 캐스터네츠을 제시한 후 자연스럽게 소리를 탐색해 보도록 한다.

- 여기 무엇이 있니?
- 캐스터네츠는 어떤 소리가 나는 악기일까?

② 캐스터네츠 자연스럽게 두드려 본다.

- 어떤 방법으로 소리를 낼 수 있을까?
- 다른 소리를 만들어 볼 수 있겠니?

손 캐스터네츠

2) 전개

① 캐스터네츠의 모양과 특징을 이야기한다.

- 캐스터네츠는 딱딱이라고도 하며 손캐스터네츠와 막대 캐스터네츠가 있다.

② 캐스터네츠의 올바른 연주법을 소개한다.

자세

• 캐스터네츠를 왼쪽 손바닥 위에 올려 놓는다.
• 악기가 벌어진 쪽이 가슴을 향하도록 한다.
• 막대 캐스터네츠는 수평으로 쥔 다음 악기의 손잡이를 손으로 잡고 악기를 위, 아래로 흔들어 소리를 낸다.

연주하기

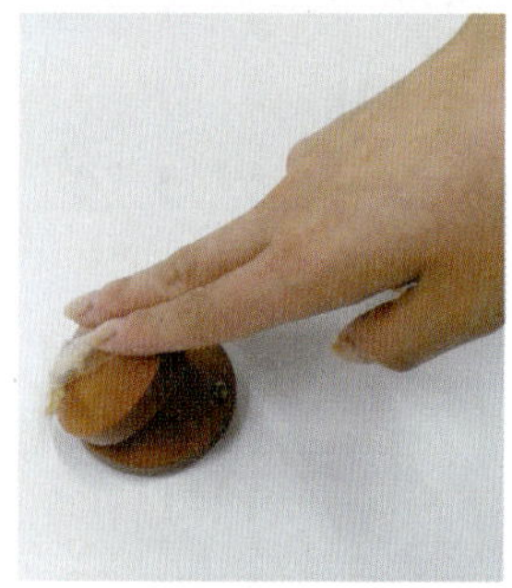

• 오른손은 자연스럽게 펴 둘째, 셋째 손가락 끝으로 악기의 윗부분을 가볍고 탄력 있게 연주한다.

③ 한 명씩 돌아가며 캐스터네츠를 바르게 잡고 소리를 내본다.
• 캐스터네츠 연주방법을 생각하면서 소리를 내보자.

④ 악보에 표시된 대로 연주해본다.
• ♬**나무야** 노래를 부르며 첫 박에 연주해 보자.

3) 마무리 ① 캐스터네츠 연주법을 익힌 후 어떤 느낌이 드는지 이야기한다.

• 캐스터네츠 연주법을 배웠는데 어떤 느낌이 드니?

② 악기소리가 나지 않게 악기 바구니에 정리한다.

나무야

강소천 작사
김공선 작곡

탬버린을 연주해요

생활주제 유치원/어린이집과 친구

활동목표
- 교육목표 : 탬버린은 리듬악기라는 것을 안다..
  소리의 변별력을 기른다.
- 음악목표 : 탬버린 연주방법을 알고 적용할 수 있다.
  탬버린으로 소리를 공명시키는 방법을 알고 소리 내어본다.
  트레몰로 연주법을 알고 연주한다.

누리과정 관련요소
- 예술경험 : 예술적으로 표현하기- 음악으로 표현하기-리듬악기를 연주해 본다.
- 신체운동·건강 : 신체인식하기-감각능력 기르고 활용하기-감각으로 사물의 특성과 차이를 구분한다.

활동자료 탬버린, 피아노, 악보

활동방법

1) 도입

① 탬버린을 제시한 후 자연스럽게 소리를 탐색해 보도록 한다.

- 여기 무엇이 있니?
- 탬버린은 어떤 소리가 나는 악기일까?

② 탬버린을 자연스럽게 두드려 본다.

- 어떤 방법으로 소리를 낼 수 있을까?
- 다른 소리를 만들어 볼 수 있겠니?

2) 전개

① 탬버린의 명칭을 이야기한다.

- 둥근 면은 피면, 측면의 노란색 테에 구멍이 여러 개 있어 징글이 두 개씩 달려 있다.

피면

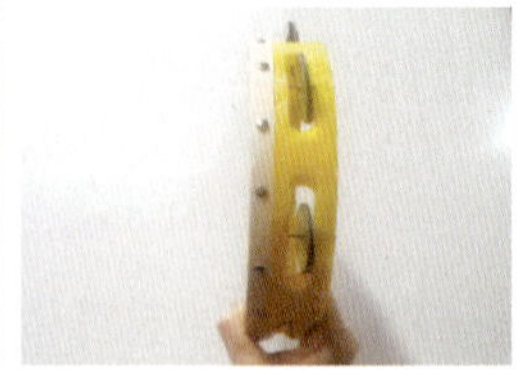

테 / 징글

② 탬버린의 올바른 연주법을 소개한다.

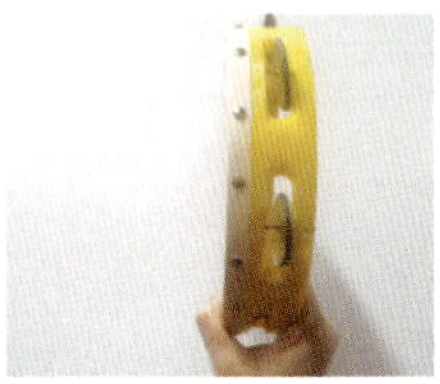

자세

- 왼손의 엄지 손가락으로 테를 든든하게 걸머 쥔다.
- 엄지 손가락은 테의 구멍에 넣지 않는다.
- 악기는 가슴 높이에 둔다.

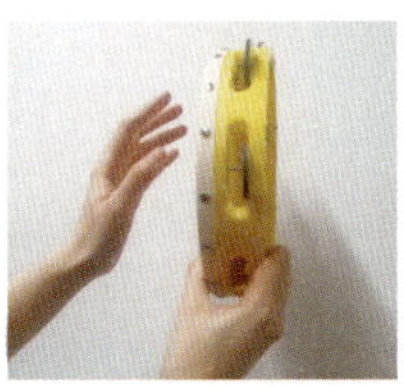

연주하기

- 달걀을 쥔 모양으로 가볍게 하여 손가락 끝을 모아 친다.
- 센 소리는 악기의 가운데를 치고, 여린 소리는 악기의 가장자리를 가볍게 치거나 엄지나 집게 손가락으로 친다.
- 트레몰로 연주는 악기를 어깨보다 좀 높은 위치에서 손목을 잘게 돌려서 진동시킨다.

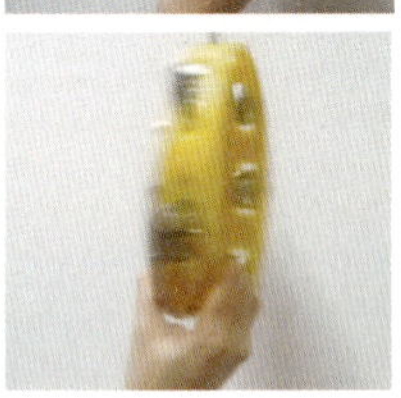

유의할 점

- 탬버린의 특징은 피면(북)소리와 징글(울림쇠) 소리가 함께 나는데 있으므로 약간 경사지게 잡아 이 두 소리가 적절히 혼합되어 울릴 수 있도록 한다.

- 운동이 지나치게 크거나 옆으로 흔들려서 소리가 찰각 찰각 나지 않도록 잘게 흔든다.
- 가볍게 쥔 주먹으로 악기의 테를 칠 때는 왼손이 흔들리지 않게 주의한다.

③ 한 명씩 돌아가며 탬버린을 바르게 잡고 소리를 내본다.

- 탬버린 연주방법을 생각하면서 소리를 내보자.

• ~(트레몰로) 부분에서는 위아래로 흔들어보자.

④ 악보에 표시된 대로 연주해본다.

• ♬**봄비** 노래를 부르며 첫 박에 연주해 보자.

• ~~~ 부분에서는 트레몰로로 연주해 보자.

3) 마무리 ① 탬버린 연주법을 익힌 후 어떤 느낌이 드는지 이야기한다.

• 탬버린 연주법을 배웠는데 어떤 느낌이 드니?

② 악기소리가 나지 않게 악기 바구니에 정리한다.

봄비

김성균 작사
김성균 작곡

트라이앵글을 연주해요

생활주제 유치원/어린이집과 친구

활동목표
- 교육목표 : 트라이앵글은 리듬악기라는 것을 안다.
  소리 변별력을 기른다.
- 음악목표 : 트라이앵글 연주방법을 알고 적용할 수 있다.
  트라이앵글로 소리를 공명시키는 방법을 알고 소리 내어 본다.
  트레몰로 연주법을 알고 연주한다.

누리과정 관련요소
- 예술경험 : 예술적으로 표현하기-음악으로 표현하기-리듬악기를 연주해 본다.
- 신체운동·건강 : 신체인식하기-감각능력 기르고 활용하기-감각으로 사물의 특성과 차이를 구분한다.

활동자료 트라이앵글, 피아노, 악보

활동방법

1) 도입

① 트라이앵글을 제시한 후 자연스럽게 소리를 탐색해보도록 한다.

- 여기 무엇이 있니?
- 트라이앵글은 어떤 소리가 나는 악기일까?

② 트라이앵글을 자연스럽게 소리내본다.

- 어떤 방법으로 소리를 낼 수 있을까?
- 다른 소리를 만들어 볼 수 있겠니?

2) 전개

① 트라이앵글의 명칭을 이야기한다.

- 비터: 트라이앵글과 같은 재료로 제작되는 비터는 트라이앵글의 소리를 결정하는 중요한 요인이 된다.

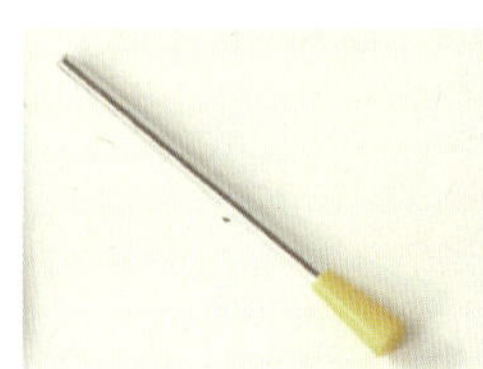

• 트라이앵글 : 트라이앵글의 금속부분을 직접 손으로 잡으면 소리가 울리지 않으므로 트라이앵글을 묶은 끈을 쥐고 연주한다.

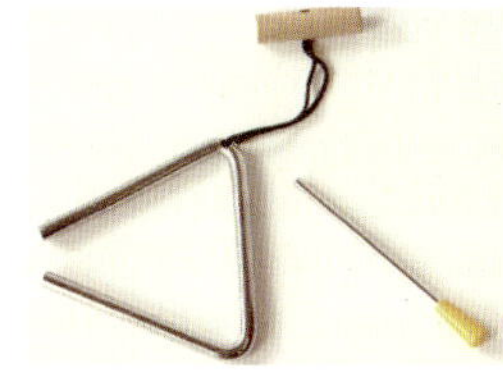

② 트라이앵글의 올바른 연주법을 소개한다.

자세

• 엄지손가락과 둘째 손가락으로 고릿줄을 쥐고 손바닥은 아래로 가도록 한다.
• 오른손의 엄지 손가락과 둘째 손가락으로 채를 가볍게 쥔다.

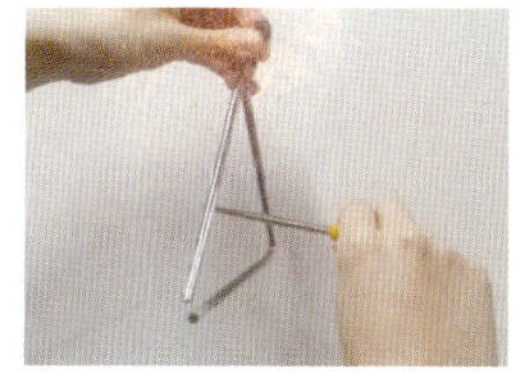

연주하기

• 밑면 2/3지점을 비터로 치되 비터가 밖으로 나가지 않고 꼭지점을 향해 들리도록 하여 소리가 울리게 한다.
• 쉼표가 있어서 멈추고자 할 때는 왼손으로 바디를 잡아 울림을 막아준다.

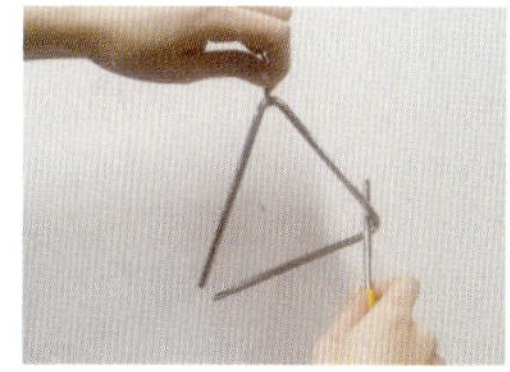

유의할 점

• 트레몰로 연주는 양변을 빠르게 치되 되도록 모서리를 친다.
• 트라이앵글을 칠 때의 각도는 90도를 이루게 하며 제일 많이 치는 곳은 삼각형의 아랫 부분이다.
• 손목의 힘을 빼고 순간적으로 손을 옮겨 쳐야 여운이 오래간다.

③ 한 명씩 돌아가며 트라이앵글을 바르게 잡고 소리를 내본다.

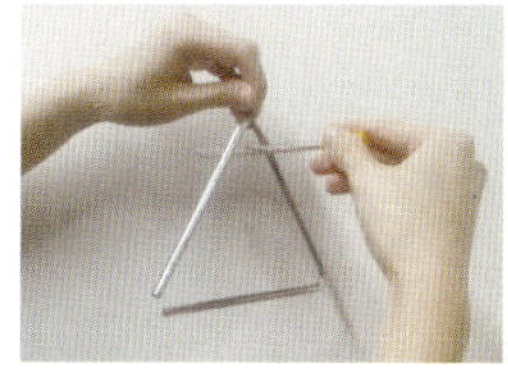

• 트라이앵글 연주방법을 생각하면서 소리를 내보자.

④ ♬**딩뎅동** 노래를 부르며 트라이앵글을 연주한다.

• 첫 박에서 트라이앵글을 연주해 보자.
• '딩뎅동' 부분은 트레몰로 연주로 양변을 빠르게 쳐보자.

3) 마무리 ① 트라이앵글 연주법을 익힌 후 어떤 느낌이 드는지 이야기한다.

• 트라이앵글 연주법을 배웠는데 어떤 느낌이 드니?

② 악기소리가 나지 않게 악기 바구니에 정리한다.

딩뎅동

프랑스 민요

우드블록(틱탁블록)을 연주해요

생활주제 유치원/어린이집과 친구

활동목표
- 교육목표 : 우드블록은 리듬악기라는 것을 안다.
  낮은소리, 높은소리의 변별력을 기른다.
- 음악목표 : 우드블록 연주방법을 알고 적용할 수 있다.
  우드블록으로 소리를 공명시키는 방법을 알고 소리 내어 본다.
  트레몰로 연주법을 알고 연주한다.

누리과정 관련요소
- 예술경험 : 예술적으로 표현하기- 음악으로 표현하기-리듬악기를 연주해 본다.
- 신체운동·건강 : 신체인식하기-감각능력 기르고 활용하기-감각으로 사물의 특성과 차이를 구분한다.

활동자료 우드블록, 피아노, 악보

활동방법

1) 도입 ① 우드블록을 제시한 후 자연스럽게 소리를 탐색해보도록 한다.

- 여기 무엇이 있니?
- 우드블록은 어떤 소리가 나는 악기일까?

② 우드블록은 자연스럽게 소리내본다.

- 어떤 방법으로 소리를 낼 수 있을까?
- 다른 소리를 만들어 볼 수 있겠니?

2) 전개 ① 우드블록의 명칭을 이야기한다.

- 블록: 왼쪽은 낮은 소리, 오른쪽은 높은 소리가 난다.

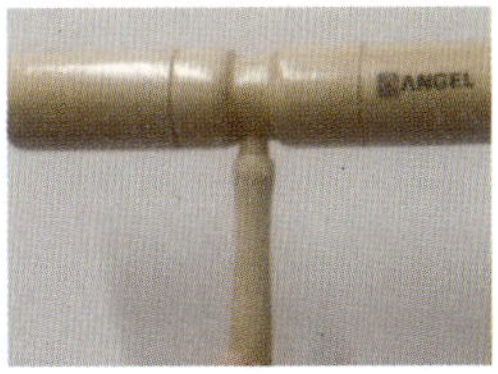

• 채 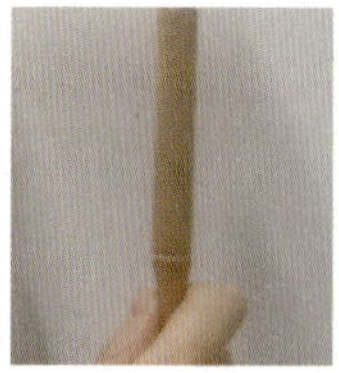

② 우드블록의 올바른 연주법을 소개한다.

자세

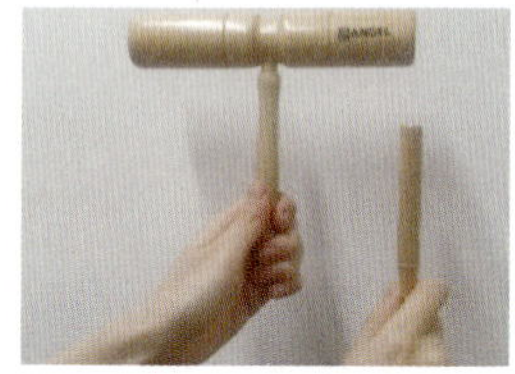

• 왼손으로 스틱을 들고 악기를 세운다.
• 오른손으로 채를 잡는다.

연주하기

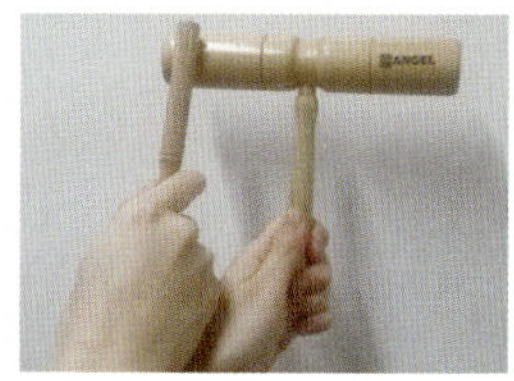

• 왼쪽은 낮은 음, 오른쪽은 높은 음을 낼 수 있다.
• 4/4를 연주할 때 낮은 음, 높은 음을 강, 약, 중강, 약으로 연주한다.

유의할 점

• 트레몰로는 왼쪽과 오른쪽을 빠르게 치면 된다.
• 연주 초기에는 한쪽만 칠 수 있도록 하고 익숙해지면 양쪽을 번갈아 연주할 수 있도록 한다.

③ 한 명씩 돌아가며 우드블록을 바르게 잡고 소리를 내본다.

• 우드블록 연주방법을 생각하면서 소리를 내보자

④ 우드블록을 연주한다.

4/4곡 연주

• ♬**뚝딱뚝딱** 노래를 부르며 '뚝딱뚝딱' 부분에서 그림과 같이 왼쪽 오른쪽 번갈아 가며 우드블록을 연주한다.
• '뚝딱뚝딱' 부분에서 우드블록을 쳐보자
• ~(트레몰로) 부분-깊은 산속에서, 나무찍는 소리, 장단 맞춰 찍고, 해도 벌써 지고, 깊은 산속에, 날은 저물어- 에서는 왼쪽과 오른쪽을 빠르게 쳐보자.

3) 마무리 ① 우드블록 연주법을 익힌 후 어떤 느낌이 드는지 이야기한다.

- 우드블록 연주법을 배웠는데 어떤 느낌이 드니?

② 악기소리가 나지 않게 악기 바구니에 정리한다.

뚝딱 뚝딱

외국곡

마라카스로 연주하기

생활주제 우리가족

활동목표 숫자에 관심을 갖는다.

마라카스 연주방법을 알고 활용할 수 있다.

- 교육목표 : 숫자에 관심을 갖고 수를 인식한다.
  마라카스는 흔들어서 소리내는 리듬악기 라는 것을 안다.
  소리 변별력을 기른다.
- 음악목표 : 마라카스 연주방법을 알고 적용할 수 있다.

누리과정 관련요소

- 예술경험: 예술적으로 표현하기- 음악으로 표현하기-리듬악기를 연주해 본다.
- 신체운동·건강: 신체인식하기-감각능력 기르고 활용하기-감각으로 사물의 특성과 차이를 구분한다.

활동자료 마라카스, 숫자풀이 악보

활동방법

1) 도입

① 숫자풀이 노래를 들려준다.

- 숫자가 들어 있는 노래를 들어볼까?

② '잘잘잘' 노랫말이 나올 때는 리듬에 맞추어 손뼉을 쳐보자.

- '잘잘잘' 부분에서는 손뼉을 쳐볼까?

2) 전개

① 들려 준 노래와 마라카스 악기 소리에 대해 이야기한다.

- 어떤 노래였니?
- 노래의 어느, 부분에서 악기소리를 들을 수 있었니?

② 교사가 노래를 불러주고 유아들이 '잘잘잘' 노랫말 부분에 마라카스를 연주하게 한다.

• '잘잘잘' 부분에서는 마라카스를 연주해 볼까?

③ 유아들이 노래를 부르며 마라카스를 같이 연주하게 한다.

3) 마무리 ① 활동이 익숙해지면 연주 부분을 변형하여 연주한다.

② 노랫말 자료를 음률영역에 제시하고 활동해 보도록 한다.

숫자풀이 노래

전래동요 / 백창우 채보

하나 하면 할머니가 지팡이를 짚는다고 잘잘잘
둘 하면 두부장소 두부를 판다고 잘잘잘
셋 하면 새색시가 거울을 본다고 잘잘잘
넷 하면 냇가에서 빨래를 한다고 잘잘잘
다섯 하면 다람쥐가 도토리를 줍는다고 잘잘잘
여섯 하면 여학생이 공부를 한다고 잘잘잘
일곱 하면 일꾼들이 나무를 벤다고 잘잘잘
여덟 하면 엿장수가 호박 엿을 판다고 잘잘잘
아홉 하면 아버지가 신문을 본다고 잘잘잘
열 하면 열무장수 열무가 왔다고 잘잘잘

리듬합주 단계별 지도법

생활주제 여름

활동목표
- 교육목표 : 소리 변별력과 조절력을 기른다.
  다른 친구의 악기 연주를 잘 들을 수 있다.
- 음악목표 : 리듬악기마다 연주방법이 다름을 알 수 있다.
  4분음표, 8분음표, 4분쉼표를 알고 연주할 수 있다.
  리듬악보에 표기된 대로 각 악기의 특성을 살려 연주할 수 있다.

누리과정 관련요소
- 예술경험 : 예술적으로 표현하기-음악으로 표현하기-리듬악기를 연주해 본다.
- 신체운동·건강 : 신체인식하기-감각능력 기르고 활용하기-감각으로 사물의 특성과 차이를 구분한다.
- 사회관계 : 다른 사람과 더불어 생활하기-사회적 가치를 알고 지키기-다른 사람을 배려하여 행동한다.

활동자료 탬버린, 트라이앵글, 우드블록(틱탁블록)

활동방법

1) 도입 ① 탬버린, 트라이앵글, 우드블록을 제시한 후 자연스럽게 소리를 탐색해보도록 한다.

> • 여기 어떤 악기가 있니?
> • 탬버린, 트라이앵글, 우드블록은 어떤 소리가 나는지 들어볼까?

② 각 악기들을 연주 방법대로 소리내본다.

2) 전개 ① 1단계부터 5단계까지의 방법대로 악기를 연주해 본다.

1단계 몸으로 리듬치기

- ♩ ♩ ♩ ♩ 리듬으로 무릎을 치며 ♬**자기 혼자 컸을까** 노래를 부른다.

- ♩ ♩ 리듬으로 발 구르며 **♬자기 혼자 컸을까** 노래를 부른다.
- ♪ ♪ ♪ ♪ 리듬으로 발 구르며 **♬자기 혼자 컸을까** 노래를 부른다.
- 𝄽(4분쉼표) 부분에서는 쉿! 하면서 입술에 검지를 대는 모양을 한다.

2단계 세 가지 악기 다루기

- 유아들을 세 악기 그룹으로 나누어 리듬악보를 보고 지도한 후 처음부터 끝까지 연주하도록 한다.
- 리듬악보에 표기된 대로 각 악기의 특성을 살려 연주한다.

3) 마무리 ① 함께 연주한 후 느낌을 이야기한다.

- 모든 악기들을 같은 마디에서 같은 음길이로 연주했을 때(A형)와 각 악기별로 다르게 표시된 리듬악보로 연주했을 때(B형) 차이를 느낄 수 있었니?
- 세 가지 악기로 함께 연주했을 때 느낌이 어땠니?

② 악기 연주가 끝나면 악기를 정리한다.

자기 혼자 컸을까

D A D
포 도 밭 에 포 도 가 땡 글 땡 글 땡 글 땡 글 땡 글 땡 글
A7 D A7 D
잘 도 열 렸 네 자 기 혼 자 컸 을 까 아 니 아 니 죠
A7 D G A7 D
정말혼자컸을까 아니아니죠 위에계신하나님이 키워주셨죠

재미있는 박(bit) 놀이

생활주제 유치원/ 어린이집과 친구

활동목표

- 교육목표 : 모양과 길이의 개념을 익힌다.
  친구들과 함께 연주하며 음악을 즐길 수 있다.
- 음악목표 : 박의 개념(음표의 모양에 따른 음의 길이)을 안다.
  4분음표, 2분음표, 점2분음표, 온음표의 명칭과 음의 길이를 알고 연주한다.
  다양한 음표들이 어울려 노래가 됨을 알 수 있다.

누리과정 관련요소

- 예술경험 : 예술적으로 표현하기- 음악으로 표현하기-리듬악기를 연주해 본다.
- 신체운동 · 건강 : 신체인식하기-감각능력 기르고 활용하기-감각으로 사물의 특성과 차이를 구분한다.
- 사회관계 : 다른사람과 더불어 생활하기-친구와 사이좋게 지내기-친구와 함께 놀이한다.

활동자료 박자판, 리듬악보, 탬버린, 우드블록, 트라이앵글

활동방법

1) 도입 ① 음표의 모양에 따라 음의 길이가 달라진다는 것을 이야기한다.

- 어떤 음의 모양이 길까?
- 어떤 음의 모양이 짧을까?

② 4분음표, 2분음표, 점2분음표, 온음표 이름이 쓰여진 카드를 제시하며 이야기 형식으로 들려준다.

- 오늘 음표 친구들은 맛있는 사과를 먹으려고 해요. 친구들마다 먹는 사과의 양이 달라요
  - ♩ 4분음표
    4분음표 친구는 사과를 한 개만 먹는데요.
  - ♩ 2분음표
    2분음표 친구는 사과를 2개를 먹을 수 있답니다.
  - ♩ 점 2분음표
    점 2분음표 2분음표 친구랑 똑같이 생겼어요. 그런데 점이 하나 찍혀있네요? 그래서 총 3개의 사과를 먹는답니다.
  - 0 온음표
    0 온음표 친구는 입 안에 아무것도 없어서 사과를 네 개나 먹을 수 있대요.

2) 전개

① 음표 친구들이 먹은 사과의 개수가 각각의 음표가 갖고 있는 박자임을 이야기한다.

- 노래 안에는 이런 박들이 모여 있는데 4분음표는 한박, 2분음표는 두 박, 점 2분음표는 세 박, 온음표는 네 박으로 연주하거나 노래를 부르는 거란다.

② ♬**뻐꾸기** 리듬악보에 맞춰 트라이앵글, 탬버린, 우드블록으로 연주해 본다.

- 우드블록: 4분음표, 트라이앵글: 2분음표, 탬버린: 점 2분음표

3) 마무리

① 음표의 길이에 따라 박(bit)을 배울 때 어떤 점이 기억에 남는지 이야기한다.

- 어떤 것이 가장 재미있었니?

② 연주가 끝나면 악기를 정리하고 리듬악보를 음률영역에 비치한다.

뻐꾸기

박목월 작사
외국곡

셈여림에 맞추어 악기를 연주해요

생활주제 가을

활동목표
- 교육목표 : 악기 연주로 자신의 생각과 느낌을 표현한다.
  동요를 부르며 우리말의 재미를 느낀다.
- 음악목표 : *f*(포르테)는 '세게' 연주하는 음악기호임을 안다.
  p(피아노)는 '여리게' 연주하는 음악기호임을 안다.
  셈여림의 기호에 맞게 악기를 연주 한다.

누리과정 관련요소
- 예술경험 : 아름다움 찾아보기-음악적 요소탐색하기-음악의 셈여림 등을 탐색한다.
  예술적으로 표현하기-음악으로 표현하기-리듬악기를 연주해 본다.
- 의사소통 : 듣기-낱말과 문장 듣고 이해하기-다양한 낱말과 문장을 듣고 뜻을 이해한다.

활동자료 노랫말판, 피아노, 쌀·콩 마라카스, 탬버린, 우드블록, 셈여림 판, 악보

활동방법

1) 도입

① 유아들이 함께 모여 ♬**허수아비 아저씨** 노래를 부른다.

> • 우리 함께 허수아비 아저씨 노래를 불러볼까?

② 각자 크게 부르고 싶은 부분, 작게 부르고 싶은 부분을 자유롭게 불러본다.

> • 원하는 부분에서 큰소리로(작은소리로) 불러볼까?

2) 전개

① 노랫말판과 셈 여림판을 보며 유아들과 셈여림에 대해 이야기한다.

> • 셈, 여림이 무엇일까?

② f(포르테, 강하게)의 개념을 코끼리를 예를 들어 이야기한다.

- 코끼리를 보면 어떤 느낌이 드니?(뚱뚱해요, 힘이세요, 강해요 등)
- 코끼리는 크고 세지? 이 표시는 '포르테'라고 부르고 '세게'라는 뜻을 갖고 있단다.
- 이 표시가 있으면 노래도 크게 부르고 악기도 세게 쳐야해.
- 코끼리가 두 마리 있으면 어떻게 해야 될까?(아주 세게요, 크게 불러요).

③ p(피아노, 약하게)의 개념을 병아리를 예를 들어 이야기한다.

- 병아리를 보면 느낌이 어떤 느낌이 드니? (작아요, 약해보여요 등)
- 그렇구나, 병아리는 작고 약해보여. 이 표시는 '피아노'라고 부르고 '여리게'라는 뜻을 갖고 있단다. 이 표시가 있으면 노래도 작게 부르고 악기도 작게 쳐야겠지?
- 그럼 병아리가 두 마리 있으면 어떻게 해야 될까?(아주 작게 불러요)

④ 셈여림의 기호에 맞게 악기를 연주한다.

- 그럼 이제 우리 이 표시들에 맞춰서 악기를 연주해볼까?
  코끼리가 있을 때는 강하게 치고 병아리가 있을 때는 약하게 치는 거야.

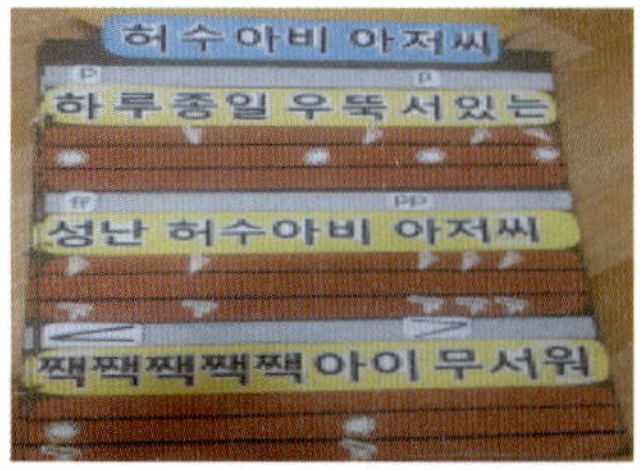

⑤ 셈여림 기호에 맞춰 악기 연주해 본 느낌을 이야기한다.

3) 마무리 ① 셈여림 기호에 맞춰 악기 연주해 본 느낌을 이야기한다.

- 셈여림 기호에 맞춰 악기를 연주해 보니 어땠니?

② 연주가 끝나면 악기를 정리하고 리듬악보를 음률영역에 비치한다.

- 선생님이 이 노랫말판을 음률영역에 놓을께. 친구들이랑 같이 연주해 보자.

허수아비 아저씨

김규환 작사/작곡

점점 크게, 점점 작게 연주해요

생활주제 가을

활동목표
- 교육목표 : 악기 연주로 자신의 생각과 느낌을 표현한다.
  동요를 부르며 우리말의 재미를 느낀다.
- 음악목표 : 크레센도(<)는 점점 크게라는 뜻의 기호임을 안다.
  데크레센도(>)는 점점 작게라는 뜻의 기호임을 안다.
  크레센도와 데크레센도에 주의하며 악기를 연주할 수 있다.

누리과정 관련요소
- 예술경험 : 아름다움 찾아보기-음악적 요소 탐색하기-음악의 셈여림, 리듬을 탐색한다.
  예술적으로 표현하기-음악으로 표현하기-리듬악기를 연주해 본다.
- 의사소통 : 듣기-낱말과 문장 듣고 이해하기-다양한 낱말과 문장을 듣고 뜻을 이해한다.

활동자료 노랫말판, 피아노, 쌀·콩 마라카스, 탬버린, 우드블록, 점점크게, 점점 여리게 표시판, 악보

활동방법

1) 도입 ① 유아들이 함께 모여 ♬**바다는 음악가** 노래를 부른다.

> • 우리 함께 '바다는 음악가' 노래를 불러볼까?

2) 전개 ① 크레센도, 데크레센도 기호 카드를 보며 이야기한다.

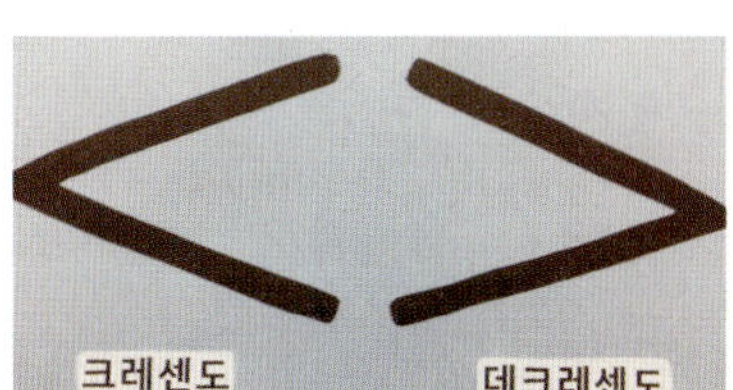

• 이 카드를 보니까 여긴 좁은데 여긴 넓게 되어 있네. 여기선 악기를 어떻게 연주해야할까?

• 이런 기호는 '크레센도'라고 부르고 '점점 크게' 라는 뜻을 가지고 있단다.
• 반대로 이쪽에 넓고 이쪽이 좁은 기호는 '데크레센도'라고 부르고 '점점 작게'라는 뜻을 가지고 있어.

② 기호에 맞게 악기로 연주해 본다.

• 악보에 표시된 기호에 맞춰서 이 부분을 연주해 볼까?
• 기호를 보고 연주한다.

3) 마무리 ① 크레센도, 데크레센도 기호에 맞춰 악기 연주해 본 느낌을 이야기한다.

• 기호에 맞춰 악기를 연주해 보니 어땠니?(재미있어요, 더 멋지게 표현되는 것 같아요)

② 연주가 끝나면 악기를 정리하고 리듬악보를 음률영역에 제시한다.

• 선생님이 이 노랫말판을 음률영역에 놓을께. 친구들이랑 같이 연주해 보자.

바다는 음악가

김성균 작사/작곡

소고 연주하기

생활주제 우리나라

활동목표
- 교육목표 : 소고는 우리나라 전통악기임을 안다.
  소고의 세부 명칭을 안다.
- 음악목표 : 앞 북면 치기, 뒤 북면 치기, 옆 북면 치기로 연주할 수 있다.
  ♬**시루떡** 노래를 부르며 흥겨운 마음으로 소고를 연주해 본다.

누리과정 관련요소
- 예술경험 : 예술감상하기-다양한 예술 감상하기-음악 등을 듣거나 보고 즐긴다.
- 자연탐구 : 수학적탐구하기-규칙성 이해하기-반복되는 규칙성을 알고 다음에 올 것을 예측 해본다.
- 신체운동 · 건강 : 신체조절과 기본 운동하기-신체조절하기-신체 각 부분을 활용하여 움직임을 조절한다.
- 사회관계 : 다른사람과 더불어 생활하기-친구와 사이좋게 지내기-친구와 함께 놀이한다.

활동자료 소고, 악보

활동방법

1) 도입

① 교사의 소고 장단에 맞춰 어린이 아리랑 노래를 함께 부른다.

- 지난 시간에 배웠던 아리랑 노래를 생각하며 같이 불러보자
- 손뼉을 치며 불러보자

② 소고를 보여주며 이야기 나눈다.

- 이 악기의 이름이 무엇인지 아니?
- 어떤 소리가 날까? 두드려보자
- 어떻게 연주할까?

2) 전개 ① 소고의 명칭을 설명한다.

소고 전면

소고 북면

소고 자루

소고 북채

② 소고 치는 법을 알려준다.

- 왼손으로 소고의 자루를 잡는다. 이때 엄지손가락과 집게손가락을 벌려 북면을 받친다.
- 오른손으로 채를 잡고 북면의 가운데를 친다(앞·옆면을 친다).

③ 교사는 소고를 치면서 노래를 부른다.

- 선생님이 소고를 치면서 '시루떡'을 불러 볼 건데 잘 들어보자.

④ 연주방법을 알려준다.

- 앞(뒷, 옆) 북면을 쳐볼까?

앞 북면 치기

옆 북면 치기

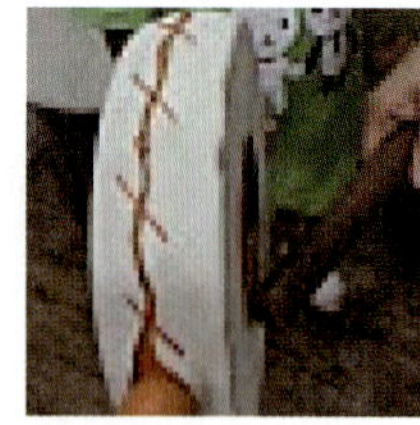

옆 친구 소고 치기

⑤ ♬**시루떡** 악보에 맞춰 소고를 쳐본다.

• 소고를 치면서 '시루떡' 노래를 불러볼까?

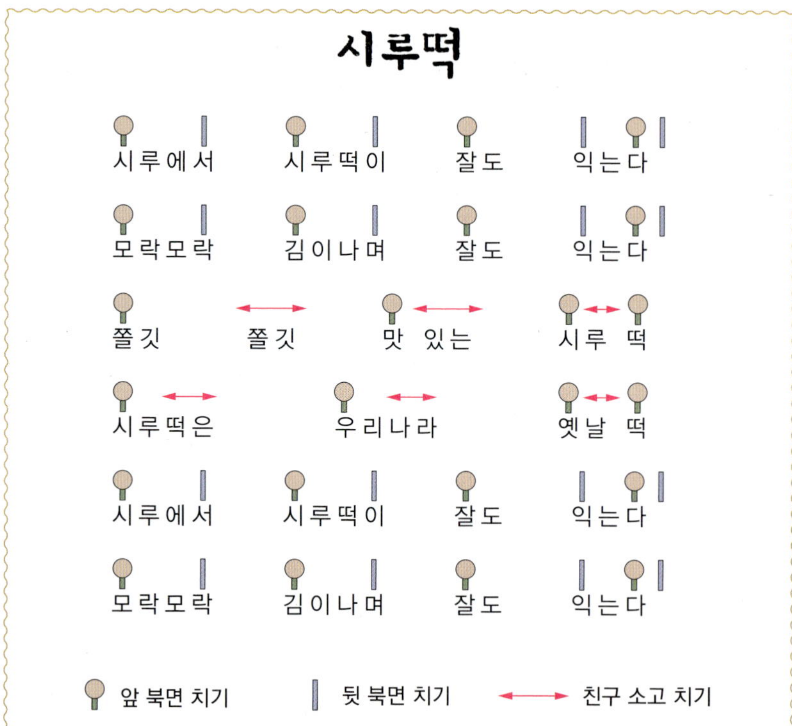

3) 마무리 ① 소고를 치며 국악동요를 불러본 느낌을 이야기한다.

• 그냥 노래 부를 때와 소고를 치면서 부를 때 어떤 점이 달랐니?

② 소고와 자료를 음률영역에 제시한다.

장구 연주하기

생활주제 우리나라

활동목표
- 교육목표 : 장구는 우리나라 전통악기임을 안다.
  장구의 세부 명칭을 안다
- 음악목표 : 아리랑 노래를 부르며 장단에 맞춰 발 구르기를 할 수 있다.
  세마치장단(♩. ♩ ♪ 𝄾 ♩)을 익히고 악기로 연주해 본다.

누리과정 관련요소
- 예술경험 : 예술감상하기-다양한 예술 감상하기-음악 등을 듣거나 보고 즐긴다.
- 사회관계 : 다른사람과 더불어 생활하기-친구와 사이좋게 지내기-친구와 함께 놀이한다.

활동자료

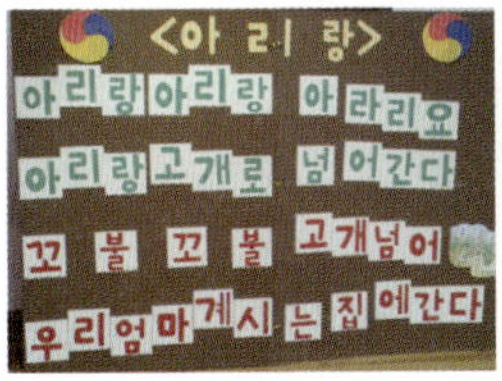

노랫말판

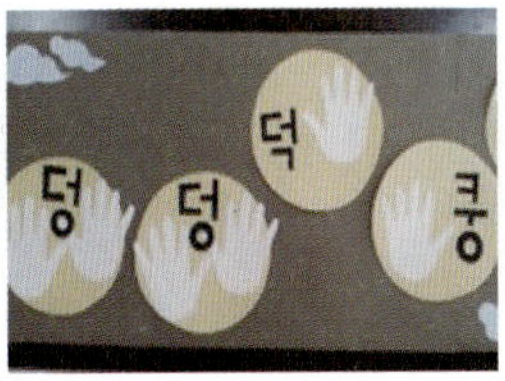

장단악보

장구

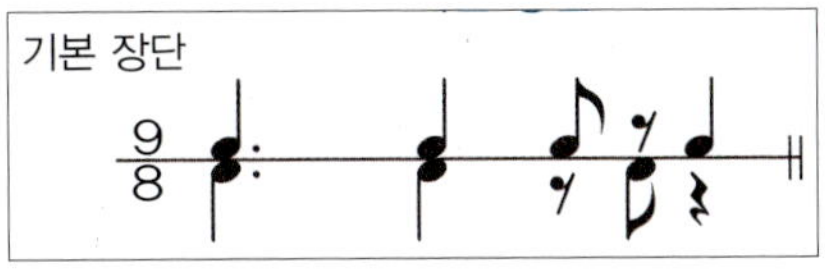

활동방법

1) 도입 ① 교사의 장구 장단에 맞춰 ♬**어린이 아리랑** 노래를 함께 부른다.

- 지난 시간에 배웠던 아리랑 노래를 생각하며 같이 불러보자
- 손뼉을 치며 불러보자.
- 이 악기의 이름이 무엇인지 아니?
- 어떤 소리가 날까? 두드려보자.
- 어떻게 연주할까?

② 장구를 보여주며 이야기 나눈다.

2) 전개

① 장구의 명칭을 설명한다. 장구는 울림통이 2개있고 왼쪽 궁편과 오른쪽 채편으로 되어있다. 채는 궁편은 둥근 구슬이 달린 궁채로 채편은 얇은 열채로 친다.

② 장구 치는 법을 알려준다.

- 장구는 양손을 사용해서 칠 수 있다.
- 왼손은 동그란 구슬이 달린 채(궁채)를 잡고 오른손은 얇은 채(열채) 사용해서 친다.
- 장구의 왼쪽 궁편을 왼손으로 치면 '쿵', 오른쪽 채편을 오른손으로 치면 '덕', 같이 치면 '덩' 이라고 표현한다.

③ 교사는 장구를 치면서 노래를 부른다.

- 선생님이 장구를 치면서 아리랑을 불러 볼 건데 잘 들어보자.

④ 세마치장단에 대해 알려준다.

- 세마치 장단을 입으로 불러볼까? 덩 덩 덕 쿵덕
- 세마치 장단을 손으로 쳐볼까? 덩 덩 덕 쿵덕
- 장구를 가지고 세마치장단을 쳐볼까? 덩 덩 덕 쿵덕

(양손으로 치고 '덩' 한번 더 '덩' 오른손으로 '덕' 왼손 '쿵' 오른손 '덕' 덩덩을 칠 때는 조금 쉬었다가 치고 덕쿵덕을 칠 때는 빠르게 친다)

⑤ 장단에 맞춰 아리랑을 부르게 한다.

- 장구를 치면서 장단에 맞춰 아리랑 노래를 불러볼까?
- 발을 구르며 장단을 표현한다('덩'은 두발로 '덩' '덕'은 오른발로 '덕' '쿵'은 왼발로 '쿵').

3) 마무리 ① 장단에 맞춰 움직여 본 후 느낌을 이야기한다.

- 아리랑 노래를 그냥 불러보기도 하고 장구를 치면서 불러보기도 하고 발을 구르면서 불러보기도 했는데 어땠니?
- 그냥 노래 부를 때와 장구를 치면서 부를 때 어떤 점이 달랐니?

② 장구와 자료를 음률영역에 제시한다.

아리랑

우리나라 민요

ⓘ 덩 ▶ 오른손 | 덕 ▶ 왼손 ○ 쿵 ▶ 양손

클래식 음악을 통한 리듬합주 ① - 엔터테이너

생활주제 겨울

활동목표
- 교육목표 : 영화 〈스팅〉의 음악 중 '엔터테이너'의 특징을 알고 감상할 수 있다.
  리듬합주를 통해 음악적 어울림을 경험할 수 있다.
- 음악목표 : 다양한 음색을 가진 리듬악기 소리를 표현할 수 있다.
  당김음의 특징을 알고 표현할 수 있다.
  빠르기, 박자, 강약의 요소를 생각하며 연주할 수 있다.
  4분음표와 16분음표를 인식하고 연주할 수 있다.

누리과정 관련요소
- 예술경험 : 다양한 예술 감상하기-음악 등을 듣거나 보고 즐긴다.
  아름다움 찾아보기-음악적 요소탐색하기-음악의 셈여림 등을 탐색한다.
  예술적으로 표현하기-음악으로 표현하기-리듬악기를 연주해 본다.
- 사회관계 : 다른 사람과 더불어 생활하기-친구와 사이좋게 지내기-친구와 함께 놀이한다.
- 자연탐구 : 수학적 탐구하기-규칙성 이해하기-반복되는 규칙성을 알고 다음에 올 것을 예측해 본다.

활동자료 리듬악보, 엔터테이너(CD 또는 피아노 곡), 리듬악기(탬버린, 우드블록, 트라이앵글 등)

활동방법

1) 도입 ① ♬**엔터네이너**를 여러 번 들려주어 익숙하게 한다.

- 이 곡은 영화 〈스팅〉에 나오는 '엔터테이너'라는 곡이란다.
- 놀이하면서 음악을 들어보자.

② 곡의 느낌을 이야기한다.

- 곡을 듣고 나니 어떤 느낌이 드니?
- 어떻게 움직이고 싶었니?

2) 전개 ① ♬엔터네이너 리듬악보를 제시한다

- 리듬악보에 무엇이 그려있니?
- 어떤 악기 그림이니?

② 리듬악보 읽는 방법을 이야기한다.

- 리듬악보는 어떻게 읽고 연주하는 걸까?

③ 리듬악보 중 악기별로 표시한 그림에 대해 이야기한다.

- △표시는 어떤 악기를 연주하라는 표시일까?(트라이앵글)
- ¤표시는 어떤 악기를 연주하라는 표시일까?(탬버린)

④ 리듬악보 중 음표에 대해 이야기한다.

- ♩(4분음표)는 어떻게 연주할까?
- ♪♪(16분음표)는 어떻게 연주할까?

⑤ ♬**엔터네이너**에 맞추어 합주해 본다.

- 선생님의 지휘를 보면서 연주해보자
- 선생님이 북으로 기본 박자를 연주해줄게. 잘 들으며 연주해보자.

3) 마무리 ① 친구들과 함께 여러 가지 악기로 연주해 본 느낌을 이야기한다.

- 연주해보니 어땠니?

② 악기는 조용히 제자리에 놓게 한다.

③ ♬**엔터네이너** 리듬악보를 음률영역에 제시한다.

The entertainer from sting

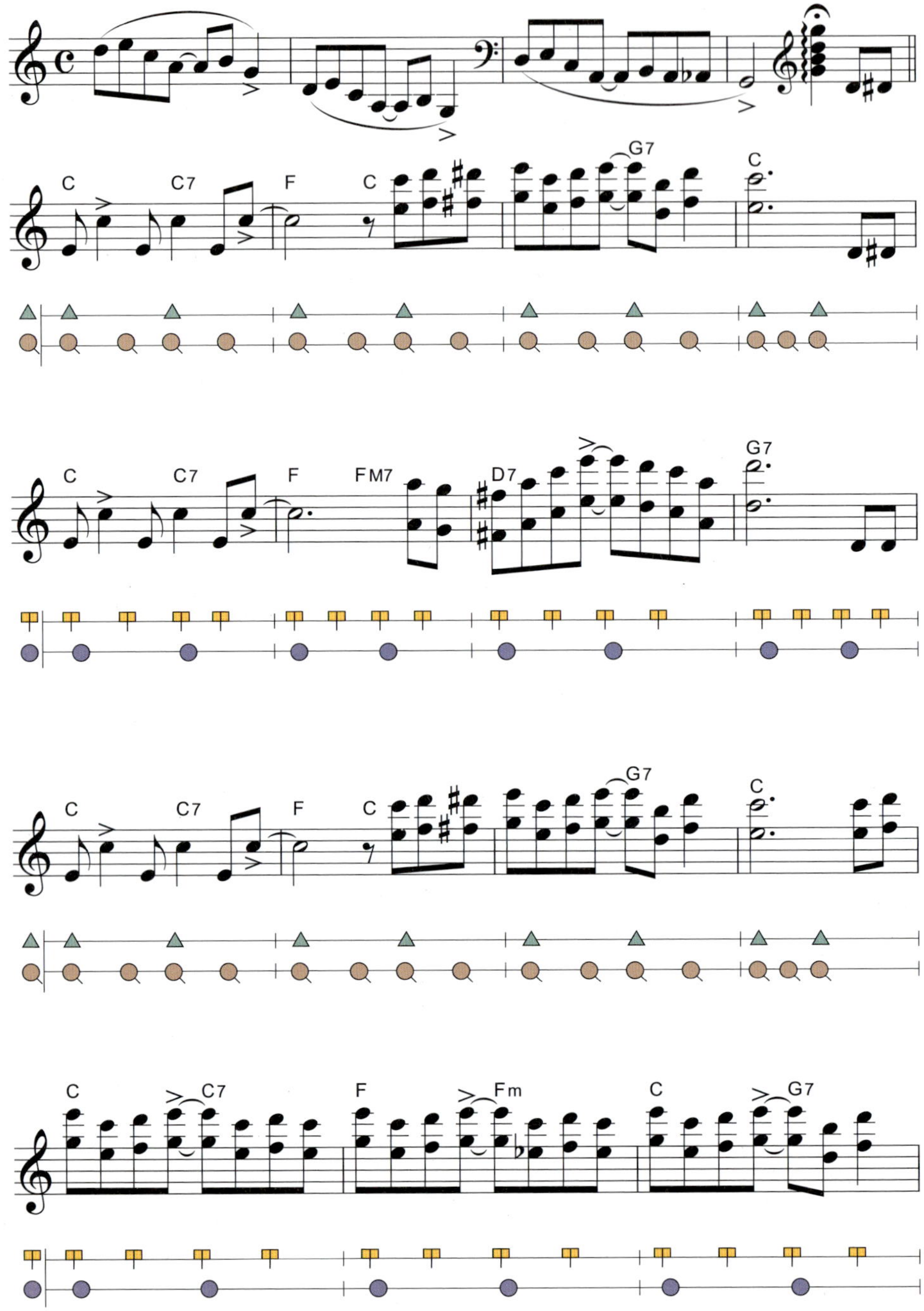

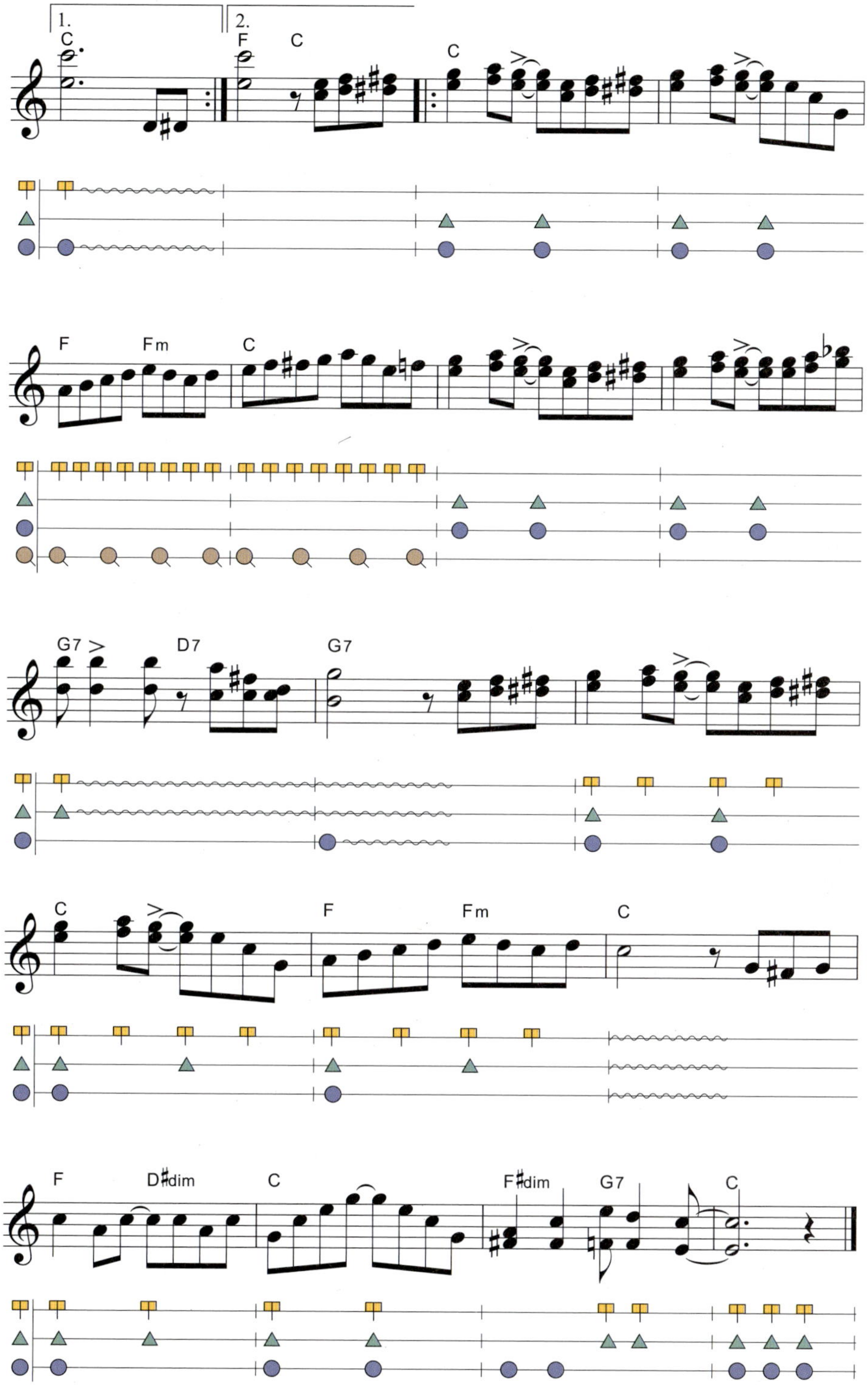
1.
C
2.
F
C
C
F
Fm
C
G7
D7
G7
C
F
Fm
C
F
D♯dim
C
F♯dim
G7
C

클래식 음악을 통한 리듬합주 ② - 헝가리무곡

생활주제 건강과 안전

활동목표
- 교육목표 : ♬**헝가리무곡**은 짝을 이루어 춤을 추는 춤곡임을 알고 감상할 수 있다.
  리듬합주를 통해 음악적 어울림을 경험할 수 있다.
- 음악목표 : 다양한 음색을 가진 리듬악기 소리를 표현할 수 있다.
  음악의 빠르고 느림의 차이를 느끼며 연주할 수 있다.
  빠르기, 박자, 강약의 요소를 생각하며 연주할 수 있다.

누리과정 관련요소
- 예술경험 : 예술감상하기- 다양한 예술 감상하기- 음악 등을 듣거나 보고 즐긴다.
  아름다움 찾아보기-음악적 요소탐색하기-음악의 빠르기 등을 탐색한다.
  움직임과 춤으로 표현하기-신체를 이용하여 주변의 움직임을 다양하게 표현하며 즐긴다.
- 신체운동 · 건강 : 신체조절과 기본운동하기-신체조절하기-신체 각부분을 협응하여 움직임을 조절한다.
- 사회관계 : 다른사람과 더불어 생활하기- 친구와 사이좋게 지내기-친구와 함께 놀이한다.

활동자료 리듬악보, 브람스의 헝가리무곡(CD 또는 피아노 곡), 리듬악기(탬버린, 우드블록, 트라이앵글 등)

활동방법

1) 도입 ① ♬**헝가리무곡**을 여러 번 들려주어 익숙하게 한다.

- 이 곡은 '헝가리무곡'이라는 곡이야.
- 놀이하면서 음악을 들어보자

② 곡의 느낌을 이야기한다.

- 곡을 듣고 나니 어떤 느낌이 드니?
- 어떻게 움직이고 싶었니?

③ ♬**헝가리무곡**에 맞추어 춤을 추고 있는 '집시' 들의 사진을 제시한다.

- 사람들은 '헝가리 무곡'을 들으며 짝을 정해 춤을 추었단다.

2) 전개 ① ♬**헝가리무곡** 리듬악보를 제시한다

- 리듬악보에 무엇이 그려있니?
- 어떤 악기 그림이니?

② 리듬악보 읽는 방법을 이야기한다.

- 리듬악보는 어떻게 읽고 연주하는 걸까?

③ 리듬악보 중 악기별로 표시한 그림에 대해 이야기한다.

- △표시는 어떤 악기를 연주하라는 표시일까?(트라이앵글)
- ☐표시는 어떤 악기를 연주하라는 표시일까?(탬버린)

④ 리듬악보 중 어떤 악기로 강조할 것이지 이야기한다.

- 큰북은 어느 부분에서 연주할까?
- 심벌즈는 어느 부분에서 연주하면 좋을까?

⑤ ♬**헝가리무곡**에 맞추어 합주해 본다.

- 선생님의 지휘를 보면서 연주해보자
- 선생님이 북으로 기본 박자를 연주해줄게. 잘 들으며 연주해보자.

3) 마무리 ① 친구들과 함께 여러 가지 악기로 연주해 본 느낌을 이야기한다.

- 연주해보니 어땠니?

② 악기는 조용히 제자리에 놓게 한다.

③ ♬**헝가리무곡** 리듬악보를 음률영역에 제시한다.

헝가리무곡

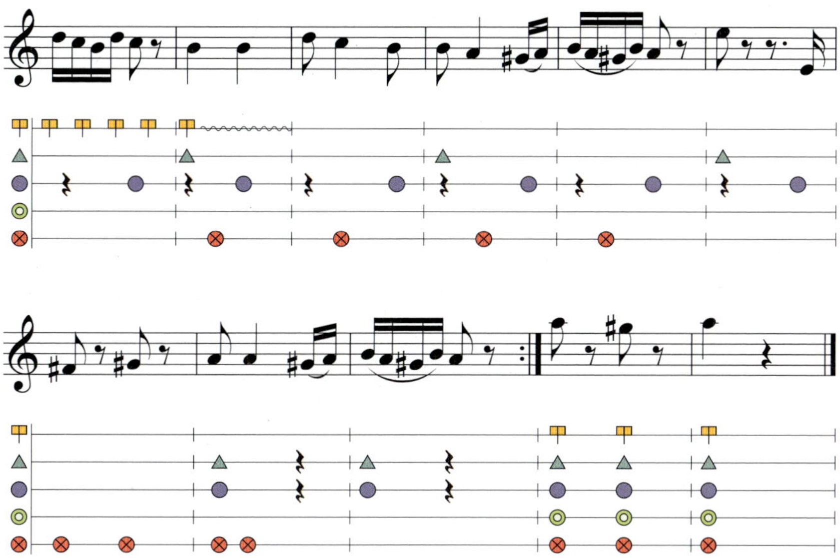

클래식 음악을 통한 리듬합주 ③ – 아름답고 푸른 도나우강

생활주제 겨울

활동목표
- 교육목표 : '왈츠' 곡을 감상할 수 있다.
  리듬합주를 통해 음악적 어울림을 경험할 수 있다.
- 음악목표 : 3/4의 왈츠곡은 첫박자에 악센트가 있음을 알고 연주한다.
  리듬합주를 통해 리듬감과 박자감을 익힌다.

누리과정 관련요소
- 예술경험 : 아름다움 찾아보기-음악적 요소탐색하기-음악의 빠르기 등을 탐색한다.
  움직임과 춤으로 표현하기-신체를 이용하여 주변의 움직임을 다양하게 표현하며 즐긴다.
- 사회관계 : 다른사람과 더불어 생활하기- 친구와 사이좋게 지내기-친구와 함께 놀이한다.

활동자료 리듬악보, 요한 스트라우스의 도나우강(CD 또는 피아노 곡), 리듬악기(탬버린, 우드블럭, 트라이앵글 등)

활동방법

1) 도입

① ♬**아름답고 푸른 도나우강**을 여러 번 들려주어 익숙하게 한다.

- 이 곡은 '아름답고 푸른 도나우강'이라는 곡이야.
- 놀이하면서 음악을 들어보자

② 곡의 느낌을 이야기 한다.

- 곡을 듣고 나니 어떤 느낌이 드니?
- 어떻게 움직이고 싶었니?

2) 전개

① ♬**아름답고 푸른 도나우강** 리듬악보를 제시한다.

- 리듬악보에 무엇이 그려있니?
- 어떤 악기 그림이니?

② 리듬악보 읽는 방법을 이야기 한다.

- 리듬악보는 어떻게 읽고 연주하는 걸까?

③ 리듬악보 중 악기별로 표시한 그림에 대해 이야기한다.

- △표시는 어떤 악기를 연주하라는 표시일까?(트라이앵글)
- ☐표시는 어떤 악기를 연주하라는 표시일까?(탬버린)

④ ♬**아름답고 푸른 도나우강**에 맞추어 합주해 본다.

- 선생님의 지휘를 보면서 연주해 보자.
- 선생님이 북으로 기본 박자를 연주해줄게. 잘 들으며 연주해 보자.

3) 마무리 ① 친구들과 함께 여러 가지 악기로 연주해 본 느낌을 이야기한다.

- 연주해보니 어땠니?

② 악기는 조용히 제자리에 놓게 한다.

③ ♬**아름답고 푸른 도나우강** 리듬악보를 음률영역에 제시한다.

아름답고 푸른 도나우 강

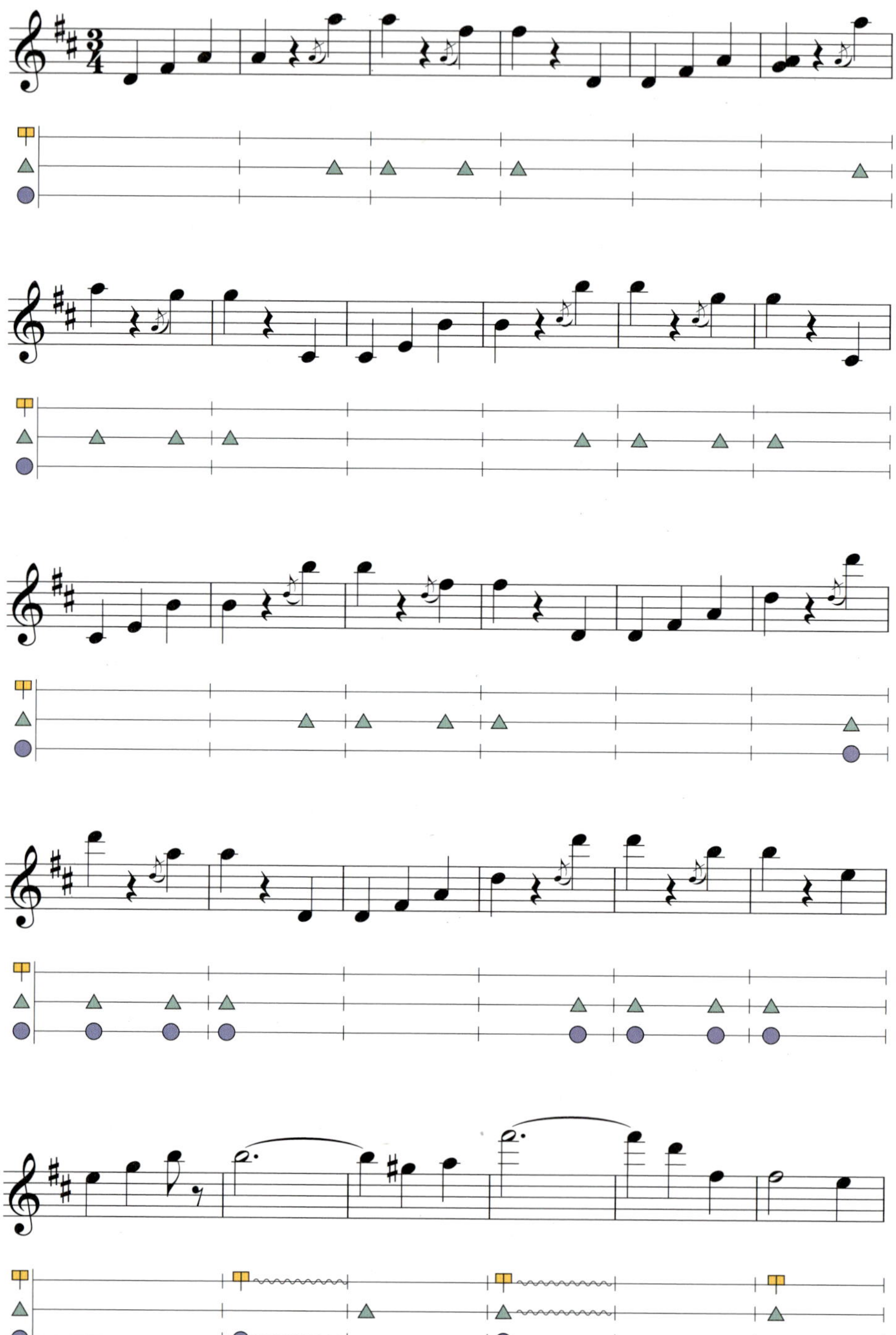

1.
2.

클래식 음악을 통한 리듬합주 ④ - 라데츠키 행진곡

생활주제 세계여러나라

활동목표
- 교육목표 : ♬**라데츠키 행진곡**을 듣고 느낌을 이야기할 수 있다.
  리듬합주를 통해 음악적 어울림을 경험할 수 있다.
- 음악목표 : 리듬합주를 통해 박자감을 익힌다.
  경쾌하고 빠른 행진곡의 느낌을 느껴본다.

누리과정 관련요소
- 예술경험 : 예술 감상하기- 다양한 예술 감상하기- 음악 등을 듣거나 보고 즐긴다.
  아름다움 찾아보기-음악적 요소 탐색하기-음악의 셈여림 등을 탐색한다.
  예술적으로 표현하기- 음악으로 표현하기-리듬악기를 연주해 본다.
- 사회관계 : 다른사람과 더불어 생활하기-친구와 사이좋게 지내기-친구와 함께 놀이한다.
- 자연탐구 : 수학적탐구하기-규칙성 이해하기-반복되는 규칙성을 알고 다음에 올 것을 예측해 본다.
- 신체운동·건강 : 신체조절과 기본운동하기-신체조절하기-움직임 요소를 활용하여 움직인다.

활동자료 리듬악보, 라데츠키 행진곡(CD 또는 피아노 곡), 리듬악기(탬버린, 우드블록, 트라이앵글 등)

활동방법

1) 도입 ① ♬**라데츠키 행진곡**을 여러 번 들려주어 익숙하게 한다.

- 이 곡은 '라데츠키 행진곡'라는 곡이야.
- 놀이하면서 음악을 들어보자

② 곡의 느낌을 이야기한다.

• 곡을 듣고 나니 어떤 느낌이 드니?
• 행진하는 것처럼 걸으면서 음악을 들어볼까?

2) 전개 ① ♬**라데츠키 행진곡** 리듬악보를 제시 한다.

• 리듬악보에 무엇이 그려있니?
• 어떤 악기 그림이니?

② 리듬악보 읽는 방법을 이야기한다.

• 리듬악보는 어떻게 읽고 연주하는 걸까?

③ 리듬악보 중 악기별로 표시한 그림에 대해 이야기한다.

• △표시는 어떤 악기를 연주하라는 표시일까?(트라이앵글)
• ☼표시는 어떤 악기를 연주하라는 표시일까?(탬버린)
• 中표시는 어떤 악기를 연주하라는 표시일까?(우드블록)

④ 리듬악보 중 음표에 대해 이야기한다.

• ♩(4분음표)는 어떻게 연주할까?
• ♪♪(16분 음표)는 어떻게 연주할까?

⑤ ♬**라데츠키 행진곡**에 맞추어 합주해 본다.

• 선생님의 지휘를 보면서 연주해 보자.
• 선생님이 북으로 기본 박자를 연주해 줄게. 잘 들으며 연주해 보자.

3) 마무리 ① 친구들과 함께 여러 가지 악기로 연주해 본 느낌을 이야기한다.

• 연주해 보니 어땠니?

② 악기는 조용히 제자리에 놓게 한다.

③ ♬**라데츠키 행진곡** 리듬악보를 음률영역에 제시한다.

라데츠키 행진곡

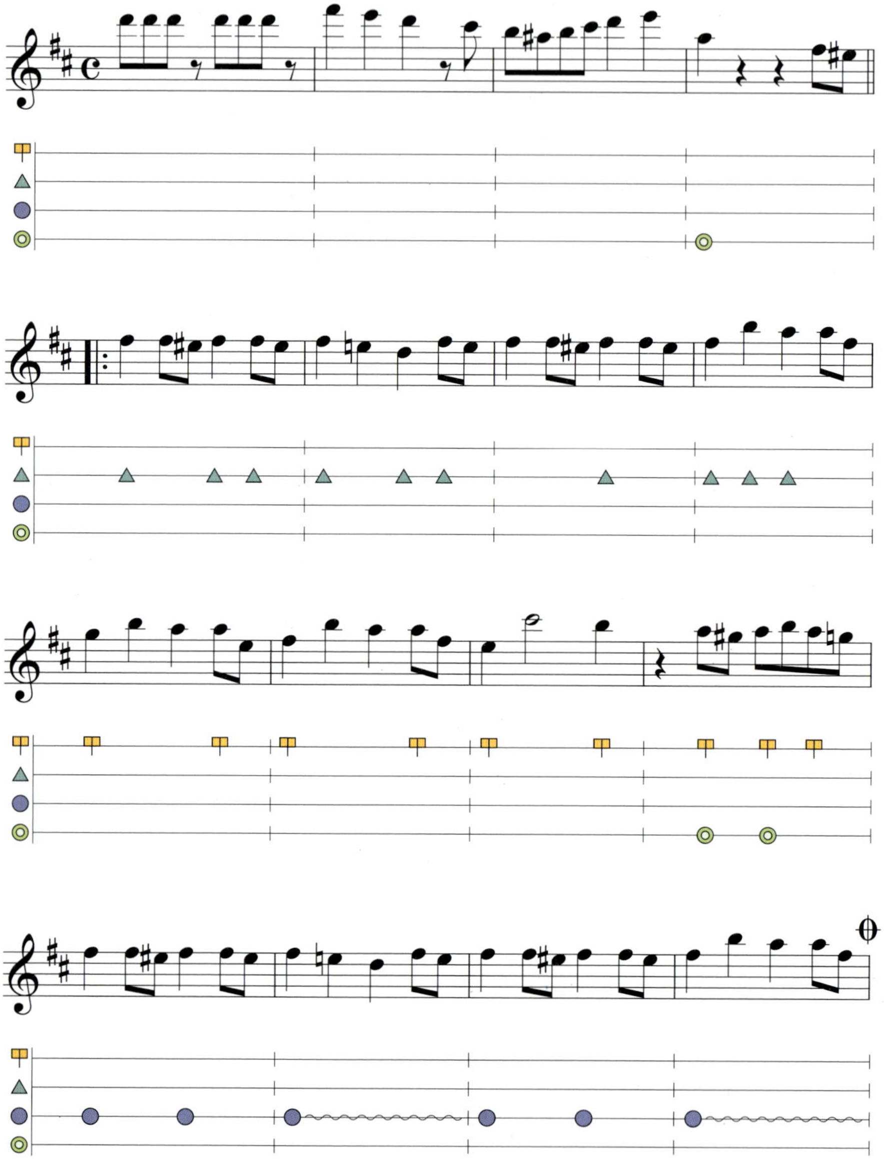

1.

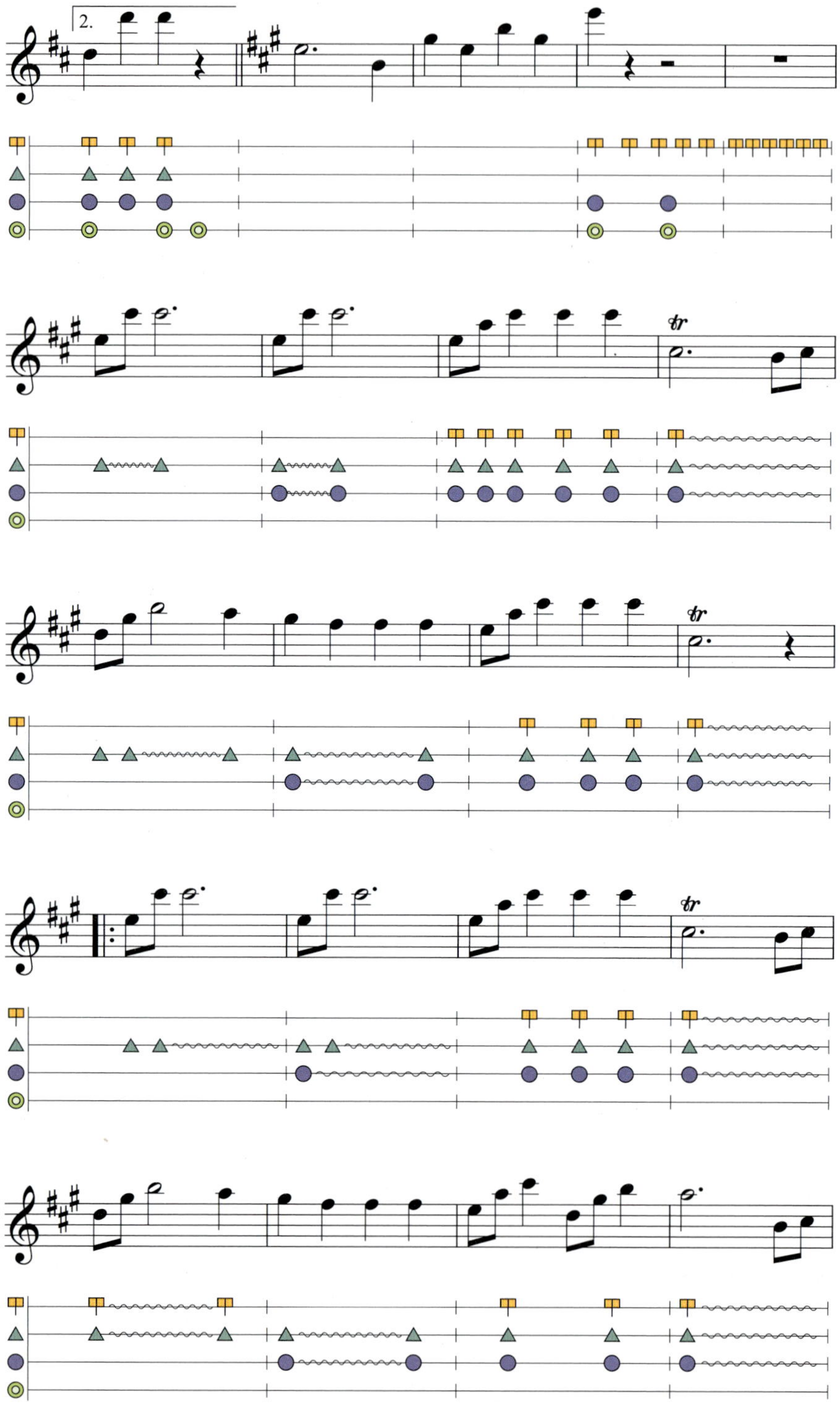
2.
tr
tr
tr

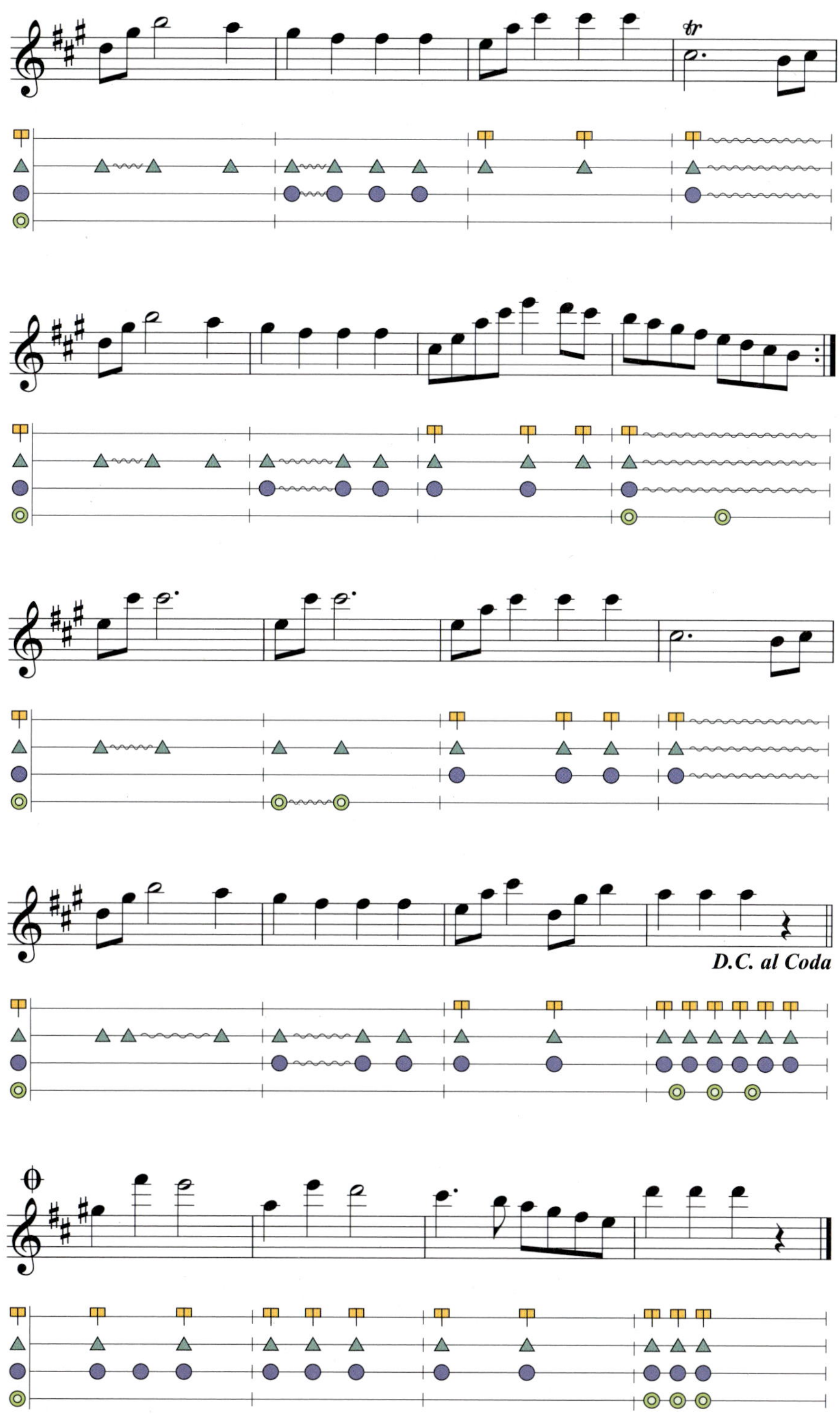
tr
D.C. al Coda

딩뎅동 물실로폰 놀이

생활주제 기계와 도구

활동목표
- 교육목표 : 물의 특성을 안다.
  물 높이와 소리와의 관계를 알고 탐구하는 태도를 갖는다.
  생활도구가 악기로 사용됨을 알고 경험할 있다.
- 음악목표 : 물의 양에 따라 음의 높이가 다름을 안다.
  음의 높이에 따른 이름이 계명(계이름)임을 안다.

누리과정 관련요소
- 자연탐구 : 과학적 탐구하기-간단한 도구와 기계활용하기-생활속에서 간단한 도구와 기계를 활용한다.
- 예술경험 : 아름다움 찾아보기-음악적 요소 탐색하기-음높이 등을 탐색한다.

활동자료 투명유리컵, 물, 물감(빨강, 주황, 노랑, 초록, 파랑, 남색, 보라색), 실로폰 채

투명유리컵에 물의 양을 달리하고, 각 컵의 물감의 색을 달리하여 도, 레, 미, 파, 솔의 음이 나도록 물 높이를 맞춘다.

색깔악보

활동방법

1) 도입 ① 투명유리컵에 물의 양을 달리하고, 각 컵의 물감의 색을 달리하여 도, 레, 미, 파, 솔의 음이 나도록 물 높이를 맞추어 유아들에게 제시한다.

- 여기에 무엇이 있니?

② 5개의 물컵을 실로폰 채로 하나씩 두드려 보며 소리를 들어 본다.

- 어떤 소리가 나니?
- 어떤 색 물컵에서 높은 소리가 나니?(물이 적은 거요/ 물이 많은 거요)
- 어떤 색 물컵의 소리가 가장 낮을까? (물이 적은 거요/ 물이 많은 거요)

③ 물 실로폰은 물의 양이 많은 것일수록 더 낮은 소리를 낸다는 것을 이야기한다.

2) 전개 ① 색깔악보를 보고 스케일을 연주해 본다. 정확하게 될 때까지 여러 번 시도한다.

- 낮은 도부터 높은 도까지 연주해 볼까?

② 교사는 ♬**나비야** 악보를 보고 연주하면서 노래를 부른다.

- 선생님이 유리컵 악기로 연주해볼게, 잘 들어보자.

③ 유아가 색깔악보 ♬**나비야**를 보면서 천천히 정확하게 연주하도록 한다.

- 악보를 보며 음표 색과 물컵 색을 맞추어 연주해보자.
- 노래를 부르며 연주해 보자.

④ 교사는 유아들의 연주를 녹음하고 들어본다.

- 너희들이 연주한 곡을 들어보자

3) 마무리 ① 물실로폰 악기를 연주해 본 느낌을 이야기한다.

- 연주해보니 어땠니?

② 연주가 끝나면 자료를 음률영역에 제시한다.

확장활동

① ♬**나비야** 연주가 익숙해지면 ♬**작은별**을 연주하도록 색깔악보를 제시해 준다.

② 물실로폰 연주곡은 4분음표로 된 곡이 유아들에게 적절하다.

나비야

윤석중 작사
외국곡

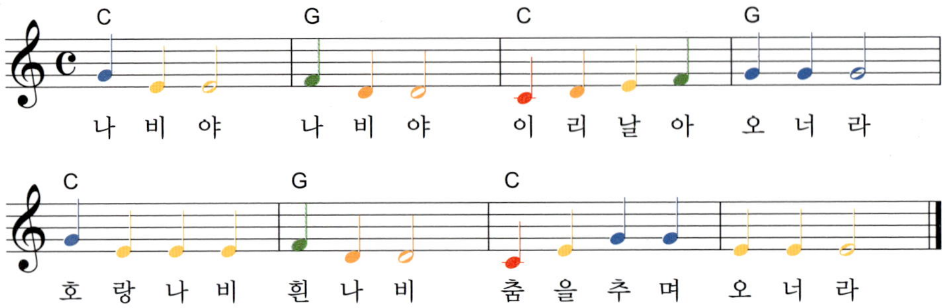

작은별

윤석중 작사
모차르트 곡

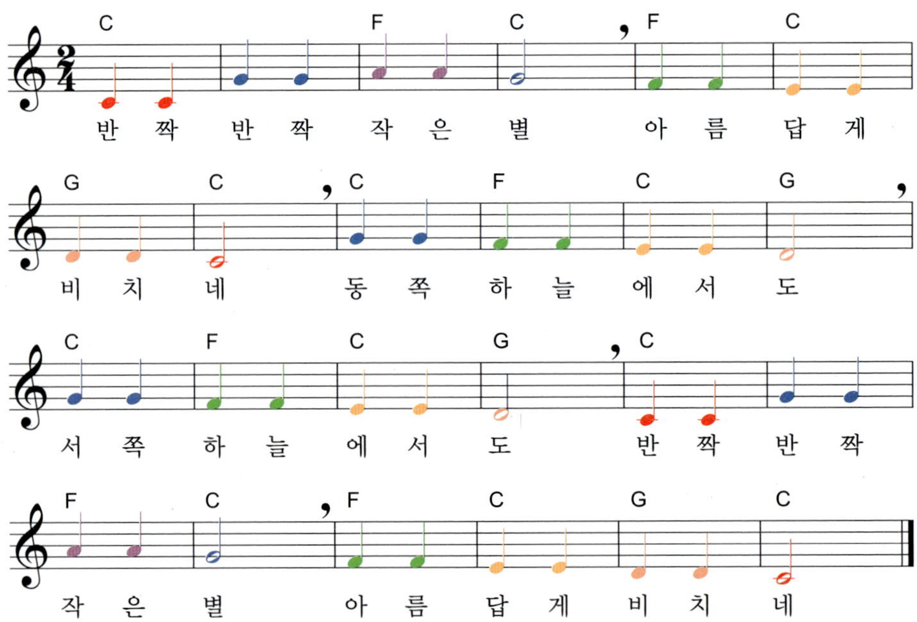

알록달록 핸드벨을 연주해요

생활주제 지구와 우주

활동목표
- 교육목표 : 색깔악보를 통해 색 변별력을 기른다.
  핸드벨은 가락악기임을 안다.
- 음악목표 : 핸드벨은 울림에 의해 소리 내는 악기임을 안다.
  음의 높이에 따른 이름이 계명(계이름)임을 안다.
  핸드벨 연주방법을 익히고 활용할 수 있다.

누리과정 관련요소
- 예술경험: 예술적으로 표현하기- 음악으로 표현하기-가락악기를 연주해 본다.
- 사회관계: 다른 사람과 더불어 생활하기- 친구와 사이좋게 지내기-친구와 함께 놀이한다.
- 자연탐구: 수학적 탐구하기-규칙성 이해하기-반복되는 규칙성을 알고 다음에 올 것을 예측해 본다.

활동자료 유아용 스프링 핸드벨, 리듬악보

활동방법

1) 도입 ① 핸드벨을 제시하며 이야기 나눈다.

- 여기 무엇이 있니?
- 이 악기 이름을 알고 있니?
- 가운데 있는 동그란 모양은 무엇이라고 할까?(추)

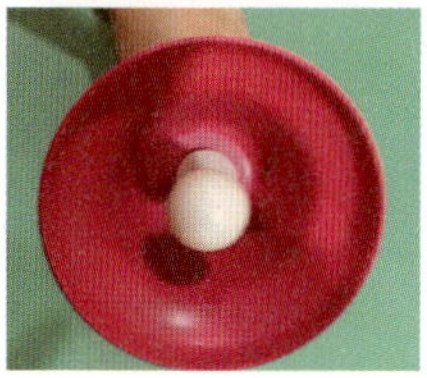

② 색깔로 된 7음계를 제시하며 이야기한다.

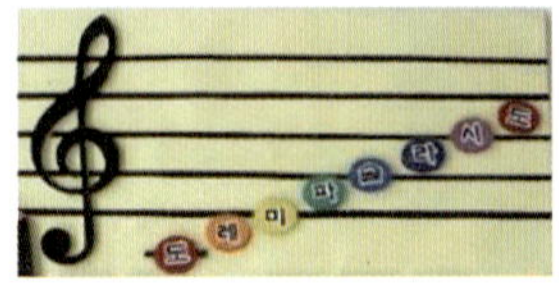

• 낮은도와 높은도 사이에 어떤 음이 있니?
• 각 음은 어떤 색으로 표현되었을까?

③ 8개의 핸드벨을 제시하며 소리를 탐색한다.

• 악기 소리를 들어 볼까?
• 색깔마다 음 높이가 어떻게 다르니?

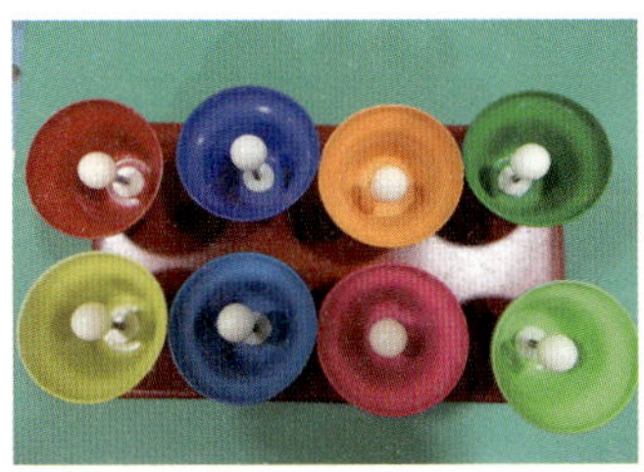

④ 악기 연주법을 소개한다.

• Ring 주법: 핸드벨을 양쪽 손에 들고 손목의 스냅을 이용해서 위로 올려서 몸쪽으로 당기며 연주하는 방법
• Damp(소리 멈추기): Ring을 한 후 몸쪽으로 당겨 몸에 닿으면 저절로 소리가 멈춘다.

Ring

Damp

• Shake(흔들기) 주법: 핸드벨을 흔드는 연주방법이다. 동요에서 긴 박이 나올 때 Shake 주법을 활용한다.

⑤ 연주 자세에 대해 이야기한다.

- 몸은 편한 자세를 유지하면서 손은 수평선보다 약간 위쪽을 행하여 핸드벨을 연주한다.
- 손은 항상 앞 방향으로 나가게 한다.

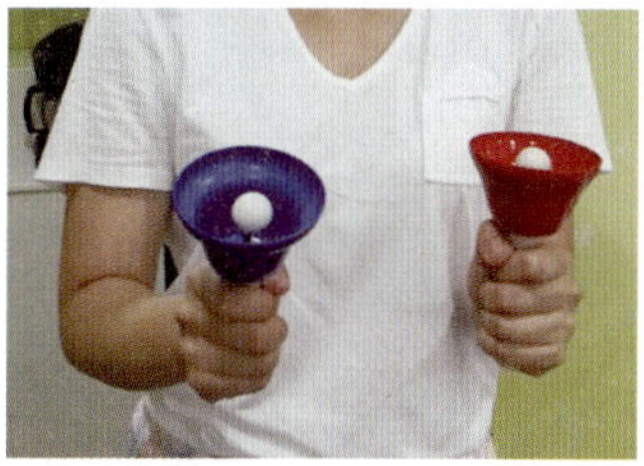

2) 전개 ① 원하는 음의 악기를 정한다.

• 어떤 음을 선택할까?
• '작은별' 노래에는 어떤 음이 가장 많이 나올까?

② 색깔악보를 보며 연주한다.

③ 익숙해지면 핸드벨 음을 바꾸어 연주한다.

3) 마무리 ① 핸드벨 연주 후의 느낌을 이야기한다.

• 핸드벨을 함께 연주해 보니 어떤 느낌이 드니?
• 어떤 자세로 했을 때 가장 아름다운 소리가 났을까?

② 악기는 조용히 제자리에 놓게 한다.

③ ♬**작은별** 색깔악보를 음률영역에 제시한다.

④ 악기소리가 나지 않게 악기 바구니에 정리한다.

- 가온도부터 높은 도까지 차례로 정리한다.
- 악기를 함부로 다룰 경우 파손되기 쉬우므로 유아에게 주의 시킨다.

작은별

반 짝 반 짝 작 은 별~~~
도 도 솔 솔 라 라 솔

아 름 답 게 비 치 네~~~
파 파 미 미 레 레 도

동 쪽 하 늘 에 서 도~~~
솔 솔 파 파 미 미 레

서 쪽 하 늘 에 서 도~~~
솔 솔 파 파 미 미 레

반 짝 반 짝 작 은 별~~~
도 도 솔 솔 라 라 솔

아 름 답 게 비 치 네~~~
파 파 미 미 레 레 도

두두두 오카리나를 불어요

생활주제 건강과 운동

활동목표
- 교육목표 : 홈을 막거나 열 때 손가락의 조절력을 기를 수 있다.
  호흡을 조절할 수 있다.
  오카리나가 가락악기임을 안다.
- 음악목표 : 오카리나 연주방법을 알고 활용할 수 있다.
  악기의 홈을 열거나 막을 때마다 음 높이가 다름을 안다.
  합주를 통해 조화(하모니)를 느낀다.

누리과정 관련요소
- 예술경험 : 예술적으로 표현하기-음악으로 표현하기-가락악기를 연주해 본다.
- 신체운동·건 강: 신체조절과 기본운동하기-신체조절하기-다양한 자세와 움직임에서 신체균형을 유지한다.

활동자료 피아노, 리듬악보, 유아용 오카리나

활동방법

1) 도입 ① 오카리나의 명칭을 설명해 주고 악기의 소리를 들려준다.

- 여기 무엇이 있니?
- 구멍을 막는 방법에 따라 낮은 소리부터 높은 소리가 난다.

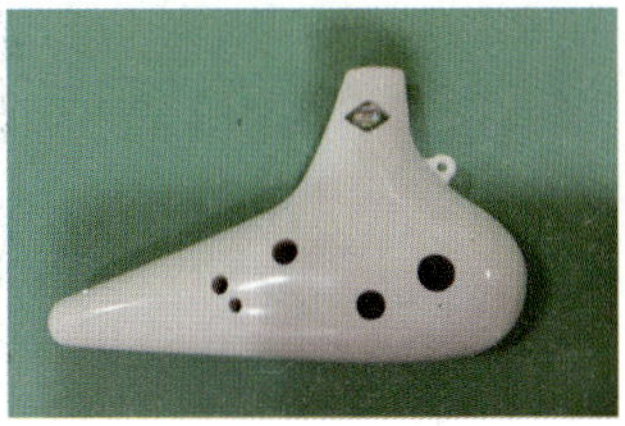

앞

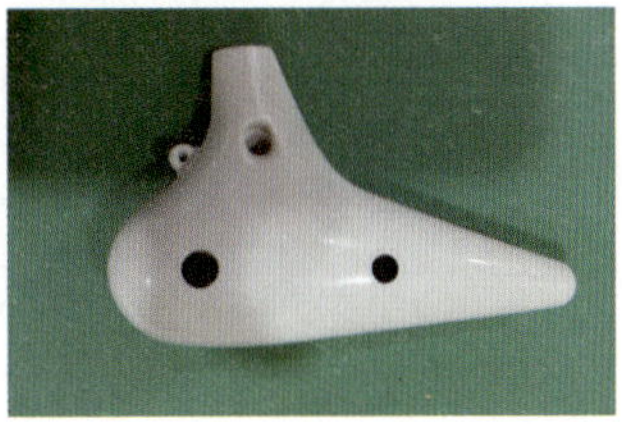

뒤

② 악기 연주법에 대해 알려준다.

• 기본자세 : 오카리나와 양쪽 팔이 삼각형이 되도록 자세를 잡는다.

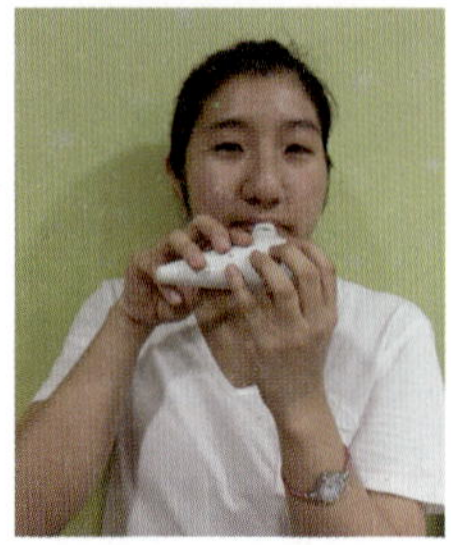 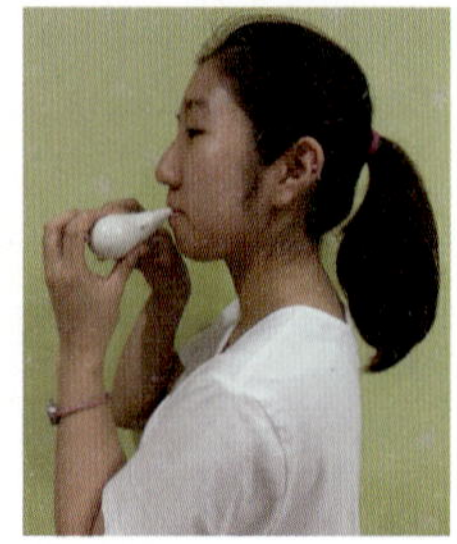

• 악기 잡는 법 : 구멍을 막을 때는 손가락에 힘이 들어가지 않아야 하며 바람이 새지 않도록 막는다.

 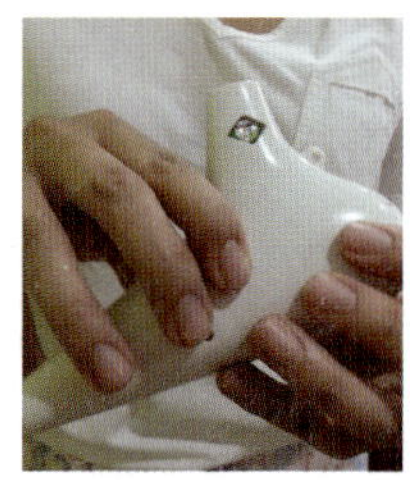

• 바른 입모 양 : 엠(M)이라고 말하듯이 입술을 양 옆으로 조금 당겨준다(이때 입술의 양끝으로 바람이 새어나오지 않도록 주의한다).

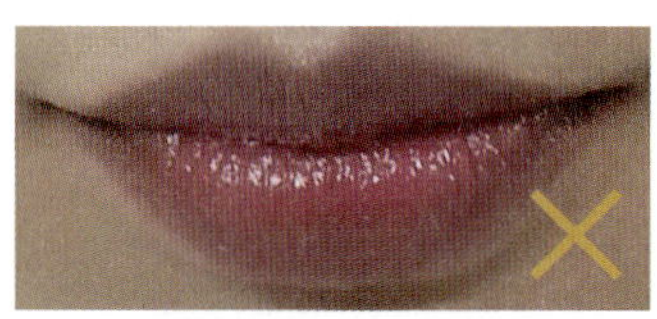 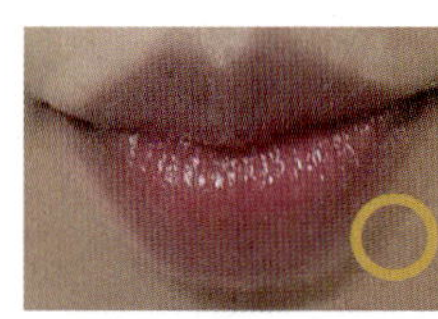

• 호흡 : 들숨-어깨의 힘을 빼고 숨을 깊이 들이 마신다.
　　　날숨-천천히 숨을 내쉰다(어께는 올라가지 않도록 주의한다).

• 텅잉(혀끝으로 소리를 끊는 연주법) : 혀끝을 윗니와 잇몸이 만나는 부분에 살짝 닿게 한 후 혀끝을 떼면서 '투' 라고 발음한다.

• 운지법을 지도한다.

유아들은 구멍을 막는 조절력이 약하기 때문에 '도레미' 운지를 할 때 '솔라' 부분의 구멍을 투명테이프로 붙여주어 새는 소리를 막는다. 익숙해지면 테이프를 제거해서 '솔라' 음을 내도록 지도한다.

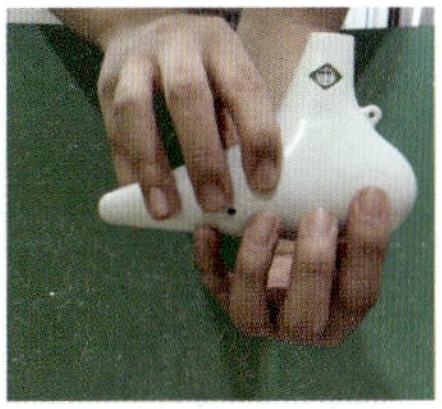

낮은 도

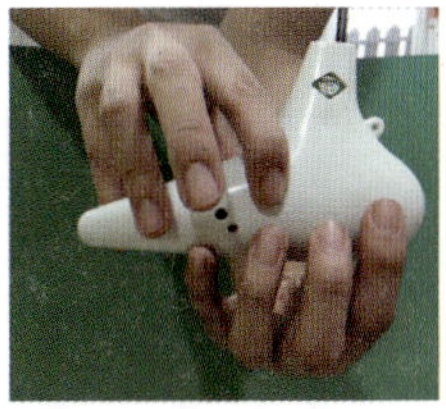

레

미

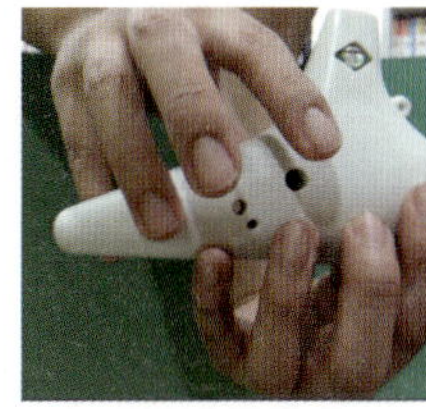

파

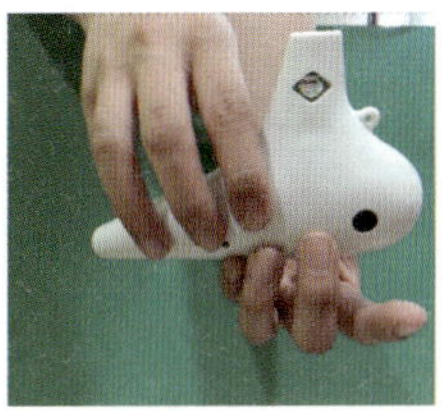

솔

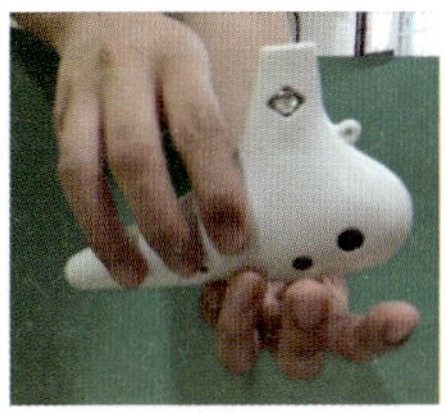

라

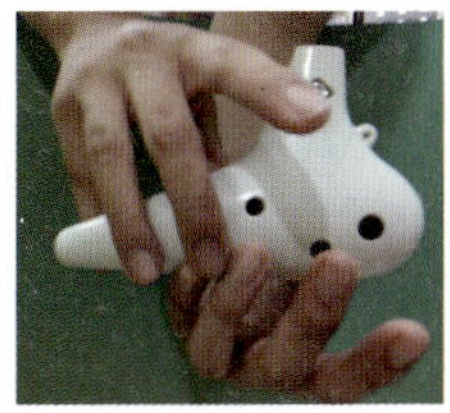

시

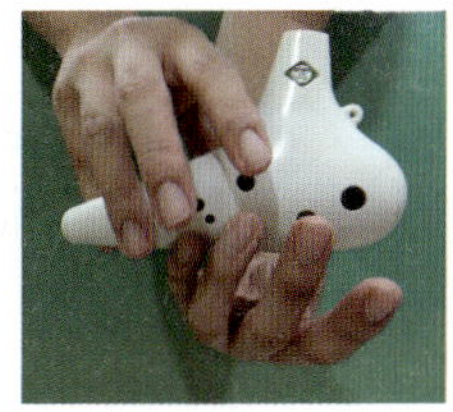

높은 도

2) 전개 ① **♬똑같아요**, **♬아침** 악보를 보여주며 노래를 배운다. 악보는 가사 위에 음을 적어 준다.

② 노래를 다 익히면, 오카리나로 연주시범을 보여준다.

③ 오카리나를 연주해 본다.

3) 마무리 ① 오카리나 합주 후 어떤 느낌이 드는지 이야기한다.

- 오카리나를 함께 연주해보니 어떤 느낌이 드니?
- 소리가 빈틈없이 나려면 어떻게 해야 할까?

② 악기 소리가 나지 않게 악기 바구니에 정리한다.

똑같아요

윤석중

아침

윤석중

제8장

음악적 창의력

유아들은 노래를 부르며 리듬에 맞춰 손과 손을 마주대고 박수를 치거나 발로 장단을 맞추고 고개를 끄덕이는 등 다양한 움직임으로 반응한다. 음악적 창의력을 위한 과정에서는 모든 음악적 표현의 요소, 즉 듣기, 신체표현, 노래 부르기, 악기 연주하기 등이 포함되며 이는 유아의 음악성장과 발달을 위해 주요한 경험이 된다.

음악적 창의력의 실제편에서는 15개의 활동을 신체로 표현하기와 음악을 연주하고 만들어내기 활동으로 분류하여 교수-학습방법을 제시하였다. 유아들은 다양한 유형의 활동을 통해 창의적인 표현력과 음악적 감수성을 향상시킬 수 있다.

신체표현
- 탈춤놀이
- 빗방울의 여행
- 모두다 뛰놀자
- 민들레 홀씨의 꿈

음악 만들기
- 노랫말 짓기
- 리듬 바꾸기
- 멜로디 바꾸기

신체표현: 탈춤놀이

생활주제 우리나라

활동목표
- 교육목표 : 탈춤은 관객과 직접적인 관계를 맺고 의사소통하는 예술임을 안다.
  탈춤은 공연자와 관객이 한마음을 갖고 즐거운 놀이판을 만들어가는 공연임을 안다.
  탈춤을 감상한 느낌을 말할 수 있다.
- 음악(동작)목표 : 전통 가락의 선율을 느낄 수 있다.
  탈춤의 기본동작을 따라할 수 있다.

누리과정 관련요소
- 예술경험 : 예술적 표현하기-움직임과 춤으로 표현하기
  예술감상하기-다양한 예술 감상하기-음악 등을 듣거나 보고 즐긴다.
- 사회관계 : 다른 사람과 더불어 생활하기-친구와 사이좋게 지내기-친구와 함께 놀이한다.

활동자료 노랫말판, 피아노, 소고, 탈, 한삼

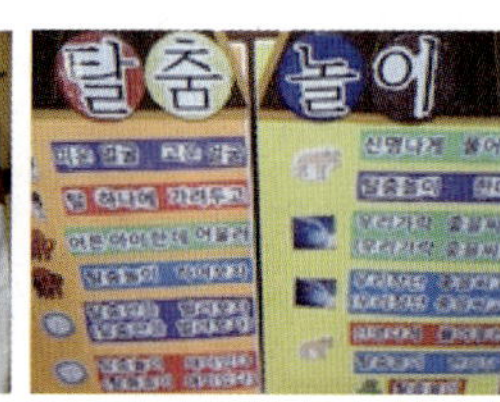

활동방법

1) 도입 ① ♬**탈춤놀이** 노래를 부른다. 유아들이 부를 때 교사는 소고 반주로 흥을 돋운다.

• 지난 시간에 불렀던 탈춤놀이 생각나니? 지난시간에 어떻게 불렀는지 떠올려 보면서 같이 불러보도록 하자.

② 탈춤놀이 영상을 함께 감상한다.

출처: http://kdaq.empas.com/qna/view.html?n=6401784

• 탈춤놀이는 어떻게 하는 걸까? 선생님이 영상을 하나 준비했어요. 여기 나오는 사람들이 어떻게 춤을 추는지 잘 보자.
• 탈춤놀이 춤을 추는 영상을 보고 나니까 어떤 느낌이 나니?
• 탈춤을 추는 사람들이 어떤 모습이었니?
얼굴에는 탈을 쓰고 팔에는 하얀 걸 쓰고 있었지? 그것을 뭐라고 부를까?
팔에 두른 하얀 천은 '한삼'이라고 한단다.

2) 전개 ① 탈과 한삼을 활용하여 탈춤을 익힌다.

• 탈춤놀이 기본동작을 배워본다 : 탈춤의 기본동작을 유아들이 이해하기 쉬운 언어로 바꿔서 하나씩 배움. 예를들면, 황소걸음을 황소가 걷는 모양으로 표현한다. 그리고 황소 그림을 준비해서 노랫말판에 붙여 놓는다.

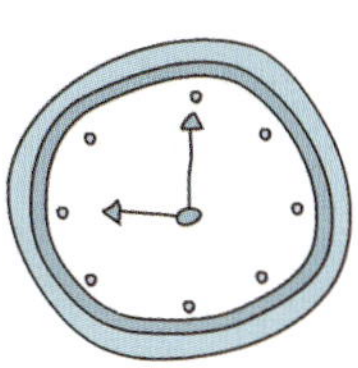

• 탈춤놀이 기본동작을 노래에 적용하여 탈춤놀이를 한다.

② 유아들이 노래에 맞춰 원을 그리며 탈춤놀이를 해 본다.

> • 이번에는 친구들과 원을 만들어서 탈춤을 춰 보기로 하자.

3) 마무리 ① 탈춤놀이에 대한 느낌을 이야기한다.

> • 그냥 노래만 배웠을 때보다 친구들이랑 함께 탈춤놀이를 해 보니까 어땠니?
> • 탈춤놀이 동작을 그림으로 쉽게 배우니까 어땠니?

② 탈춤놀이 자료는 극놀이나 음률영역에 제시한다.

탈춤놀이

정구성 작사
이성동 작곡
지원석 편곡

신체표현: 빗방울의 여행

생활주제 여름

활동목표

- 교육목표 : 빗방울이 되는 과학적 원리를 이해할 수 있다.
  친구와 협력하여 표현할 수 있다.
- 음악(동작)목표 : 뻗기, 구부리기, 앉기 등의 비이동동작과 걷기, 점프 등의 이동동작을 익힌다.
  정해진 아동경로를 따라 움직일 수 있다.

누리과정 관련요소

- 신체운동 · 건강: 신체조절과 기본 운동하기-신체조절하기-움직임 요소를 활용하여 움직인다.
  신체활동에 참여하기-자발적으로 신체 활동에 참여하기-신체활동에 자발적이고 지속적으로 참여한다.
- 자연탐구 : 과학적 탐구하기-자연현상 알아보기-돌, 물, 흙 등 자연물의 특성과 변화를 알아본다.
- 사회관계 : 다른사람과 더불어 생활하기-친구와 사이좋게 지내기-친구와 함께 놀이한다.

활동자료 물의순환을 설명하는 융판자료, 마스킹테이프, 코팅된 사진자료(마스킹테이프 중간 중간 붙여줄 것), 빗방울 목걸이(유아용), 해 목걸이(교사용), 그림책 《물방울의 여행》

활동방법

1) 도입 ① '빗방울의 여행' 동화를 회상하며 이야기 나눈다.

- 선생님이 들려준 '빗방울의 여행'이라는 동화가 기억나니? 다시 한번 들어보자.

  하늘에서 비가 내려요~ 이 빗방울들은 친구들이 쓰는 우산에도 떨어질 수 있고, 꽃잎에도 떨어질 수 있고, 길가의 돌멩이 위에도 떨어질 수 있어요.
  이렇게 여러 곳에 떨어진 빗방울들은 시냇물에서 만나게 되요.
  시냇물이 된 빗방울들은 흘러흘러 넓은 바다에 모여요.
  햇빛이 빗방울들을 뜨겁게 내리쬐면, 빗방울들은 하늘로 올라가서 구름이 되요!
  이 구름에 빗방울들이 더 모이면 구름이 점점 크고 무거워져요~
  그러다가 너무 무거워진 구름은 다시 빗방울이 되어 땅으로 떨어져요!

② 비가 오는 동영상을 함께 본다.

- 보슬비, 태풍, 천둥번개를 동반한 비가 내리는 장면을 함께 보자.

2) 전개 ① 교사가 유아와 함께 각 상황에 맞는 빗방울의 동작을 구상해본다.

- 이번 신체표현 시간에는 너희들이 주인공 방울이가 되어 표현해 보자.

② 비가 내리는 모양을 표현한다.

- 땅으로 내려온 빗방울들이 시냇물에서 모인대. 시냇물이 되어볼까?
- 바다로 흘러가는 모습을 표현해 보자.
- 뜨거운 햇빛으로 인해 하늘로 올라가는 빗방울을 표현해 보자.
- 하늘로 올라간 빗방울들은 구름이 되지? 구름을 어떻게 표현할까?
- 가벼운 구름을 표현해볼까? 무거운 구름을 표현해 보자.
- 이제 다시 비가 되어 꽃잎 위에 떨어져볼까?
- 돌멩이에 떨어진 빗방울은 어떨까?
- 우산 위에 떨어진 빗방울은 어떨까?

③ 음악이 나오면 바닥에 그려진 이동경로의 선을 따라 걸으며 비의 순환 과정을 몸으로 표현하도록 한다.

- 바닥에 그려진 이동경로에 따라 몸을 움직이면서 표현해 보자.

3) 마무리 ① 활동을 하면서 좋았던 점과 어려운 점에 대해 이야기 나눈다.

- 직접 빗방울이 되어 보았는데 어땠니?
- 재미있던 점이나 기억나는 것이 있었니?

② 음악을 듣고 움직일 때와 음악을 듣지 않고 움직일 때의 차이점에 대해 이야기한다.

- 음악을 듣고 움직일 때와 음악을 듣지 않고 움직일 때 어떻게 다르니?

신체표현: 모두다 뛰놀자

생활주제 건강과 안전

활동목표
- 교육목표 : 다양한 의태어를 알고 신체로 표현한다.
  혼자 또는 친구와 협력하여 표현한다.
  노랫말을 바꾸어 자신의 생각을 창의적으로 말할 수 있다.
- 음악(동작)목표 : 발구르기 등의 비이동동작과 뛰기, 돌기 등의 이동 동작을 익힌다.
  노래를 즐겁게 부를 수 있다.

누리과정 관련요소
- 신체운동·건강 : 신체조절과 기본 운동하기-신체조절하기-움직임 요소를 활용하여 움직인다.
  신체활동에 참여하기-자발적으로 신체 활동에 참여하기-신체활동에 자발적이고 지속적으로 참여한다.
- 의사소통 : 말하기-동요, 동시, 동화 듣고 이해하기-전래동요, 동시, 동화를 듣고 우리말의 재미를 느낀다.
- 사회관계 : 다른사람과 더불어 생활하기-친구와 사이좋게 지내기-친구와 함께 놀이한다.

활동자료 피아노, 악보, 노랫말판, 가사 동작을 표현한 동영상

활동방법

1) 도입 ① 유아들이 뛰기, 점프하기, 비행기 타기 등 몸을 움직이는 동영상을 보며 이야기한다.

> • 친구들이 무엇을 하고 있니?
> (뛰고 있어요! 점프 하고 있어요, 새처럼 날고 있어요, 비행기 흉내를 내고 있어요. 제자리에서 달리기를 하고 있어요, 빙글빙글 돌고 있어요)

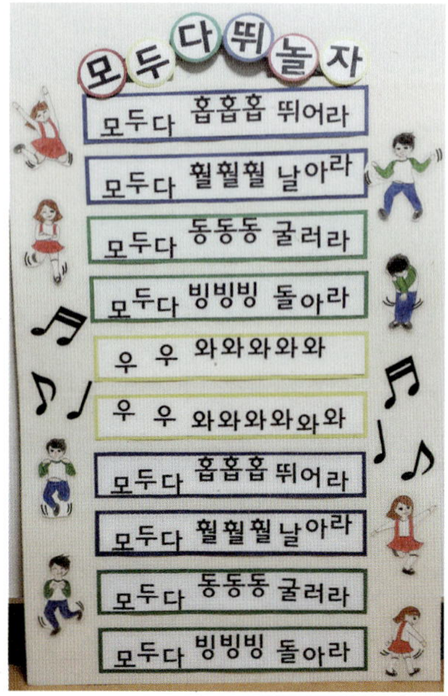

② 몸을 이용해 움직이는 것의 특징을 이야기한다.

- 왜 몸을 움직일까?
- 뛰기와 돌기는 어떻게 다르지?

2) 전개

① '모두다 뛰놀자' 노레를 노래를 부른다.

- 반주에 맞추어 함께 노래를 불러볼까?

② 영상으로 본 동작을 몸으로 직접 표현해 본다.

- 훕훕훕 뛰는 건 어떻게 뛰는 걸까?
- 훨훨훨 나는 건 어떻게 할 수 있을까?
- '동동동 굴러라'와 '빙빙빙 돌아라'는 어떻게 할 수 있을까?
- '우우 와와와와와' 부분은 어떻게 하면 좋을까? 이 부분을 부를 때 어떤 기분이 드니?

③ 훕훕훕, 훨훨훨, 동동동 빙빙빙 부분은 다른 말로 바꾸어 본다.

- 다른 표현으로 바꾸어 볼까?

④ 다 같이 원을 만들어 노래를 부르며 율동을 한다.

3) 마무리 ① 활동에 대한 평가를 한다.

- 뛰기, 돌기, 구르기를 해보니 어떤 느낌이 드니?
- 어떤 동작이 가장 재미있었니?
- 어떤 동작을 할 때 가장 힘이 들었니?

② 바깥놀이에서 친구들과 함께 해볼 수 있도록 이야기한다.

모두 다 뛰놀자

박경문 작사
김방옥 작곡

신체표현: 민들레 홀씨의 꿈

생활주제 봄

활동목표

• 교육목표 : 민들레의 성장과정을 알 수 있다.
친구들과 함께 표현하며 협동심을 기른다.

• 음악(동작)목표 : 구부리기, 앉기, 뻗기, 재빨리 피하기, 흔들기 등의 비이동 동작을 표현한다.
점프, 걷기, 말 뛰기 등의 이동 동작을 표현한다.
홀씨가 날아다니는 모습을 창의적으로 표현한다.
정해진 경로를 따라 움직일 수 있다.

누리과정 관련요소

• 신체운동·건강 : 신체조절과 기본 운동하기-신체조절하기- 움직임 요소를 활용하여 움직인다.
신체활동에 참여하기-자발적으로 신체 활동에 참여하기-신체활동에 자발적이고 지속적으로 참여한다.

• 자연탐구 : 과학적 탐구하기-생명체와 자연환경 알아보기-관심있는 식물의 특성을 알아본다.

• 사회관계 : 다른사람과 더불어 생활하기-친구와 사이좋게 지내기-친구와 함께 놀이한다.

활동자료 음악

동화 배경판 (홀씨가 땅에 정착하기까지의 과정)

홀씨 역할 유아가 입을 흰색 옷

바람 허리띠, 말 허리띠

활동방법

1) 도입

① '민들레홀씨의 꿈' 이야기를 회상한다.

- '민들레 홀씨의 꿈' 이야기 들었던 것 기억나니?
- 이야기를 회상해보자(교구활용)

② 이야기의 내용을 신체료 표현할 수 있음을 이야기한다.

- 오늘은 우리가 홀씨이야기에 나오는 홀씨, 바람, 말이 되어 몸으로 표현해 볼거야.

민들레 꽃에 붙어있 는 홀씨는 꿈이 하나 있었어요.
'언젠가 나는 넓은 땅에 무사히 심겨야지~!'
어느 날 드디어 바람이 찾아와 홀씨를 흔들어 주었어요.
"홀씨야, 내가 움직일 수 있게 도와줄게 날아가서 떠나렴."
이렇게 홀씨의 여행이 시작되었답니다.
흔들리며 꽃에서 떨어진 홀씨는 웅덩이를 만났어요.
"아이쿠 물에 닿아서 젖을 것 같아. 조심조심 피해가야지!" 이렇게 웅덩이를 마주쳐도 폴짝폴짝 건너고, 이번엔 평화롭고 안전해 보이는 초원해서 쉬어가려고 했는데 갑자기 달려오는 말에 놀라 "깜짝이야! 부딪혀서 다치치 않게 피해야지!!" 라고 하면서 재빨리 피하기도 했지요. 지칠 대로 지친 홀씨의 눈앞에 이제 커다란 산이 나타나자 홀씨는 결국 주저앉고 말았어요.
"아 힘들다. 이제 도저히 못 가겠다. 너무 지치고 힘들어. "
그때 어디선가 바람이 나타나 홀씨를 데리고 산을 넘어 주었어요.
"고마워 바람아. 너의 덕분에 무사히 산을 넘을 수 있었어." 이렇게 산을 넘은 홀씨는 무사히 대지에 도착할 수 있었답니다.

2) 전개

① 교사는 유아와 함께 홀씨, 바람, 말의 움직임에 적절한 동작을 구상해 본다.

- 바람이 가만히 있는 홀씨를 꽃에서 떨어지게 해주는 모습을 어떻게 표현할 수 있을까? (당기기/잡고 흔들기/주위를 맴돌기)
- 바람이 흔들어주어 꽃에서 떨어지는 홀씨는 어떻게 표현할 수 있을까? (폴짝 폴짝/점프 점프)
- 초원에 도착해서 초원을 둘러보고 쉬는 홀씨는 어떻게 표현하면 좋을까? (두리번두리번 / 가만히 서 있기)
- 이때, 갑자기 말이 달려왔지? 말은 어떻게 달려올까? (말 뛰기/달리기)

- 홀씨는 그 말을 어떻게 피했을까? (재빨리 피하며) 이렇게요!!
- 이제 지친 홀씨가 커다란 산을 보고 주저앉았는데 지친 홀씨를 어떻게 표현할 수 있을까? (구부리기/흐느적흐느적)
- 이때 바람이 나타나서 홀씨를 도와 줄 텐데, 친구들이 바람이라면 홀씨를 어떻게 도와줄 수 있을 것 같니? (밀기/흔들거리기/당기기)

② 역할을 나누어 함께 구상했던 동작들을 이어서 표현해 본다.

- 바람이 되어볼 친구 있니?
- 말이 되어볼 친구 있니?
- 홀씨가 되어볼 친구 있니?

③ 음악이 나오면 마스킹테이프를 따라 걸으며 선생님의 지시어에 따라 홀씨와 바람과 말의 모습을 몸으로 표현한다.

- 음악을 듣고 선생님이 이야기하는 내용을 잘 듣고 움직여보자

3) 마무리 ① 활동 중에 좋았던 점과 어려운 점에 대해 이야기 나눈다.

- 오늘 직접 민들레 홀씨와 바람과 말이 되어 보았는데 어땠니?
- 어려운 동작이 있었니?
- 재미있던 것이나 기억나는 것이 있니?

② 과학영역과의 연계활동을 제시한다.

- 과학영역에서 우리가 무엇을 키우고 있지?(민들레)
- 민들레가 씨앗에서부터 싹이 나고 꽃이 되고 홀씨로 변해 대지로 날아가서 다시 씨앗으로 심기는 과정까지 여러 활동들을 해보았던 것을 기억하면서 잘 가꾸도록 하자.

음악 만들기: 노랫말 짓기

생활주제 동식물과 자연

활동목표
- 교육목표 : 동물들의 특징을 알고 표현할 수 있다.
- 음악(동작)목표 : 노랫말에 따라 적절하게 움직일 수 있다.
  노랫말을 지어 부를 수 있다.
  다양한 동작(이동동작, 비이동동작)을 몸으로 표현함으로써 표현력을 기른다.

누리과정 관련요소
- 신체운동 · 건강 : 신체조절과 기본 운동하기-신체조절하기-움직임 요소를 활용하여 움직인다.
- 자연탐구 : 과학적 탐구하기-생명체와 자연환경 알아보기-관심있는 동물의 특성을 알아본다.
- 의사소통 : 말하기-낱말과 문장으로 말하기-다양한 낱말을 사용하여 상황에 맞게 말한다.

활동자료 노랫말 원판, 동물사진(ppt)

나도 작사가에요!

____ ___ ___
____ ___ ___
____ ___ ___
너무 좋아요

테마 악보 아래 음이 반복되는 형식의 노래이다.

동물원에 가요

신주영, 최보은 작사
신주영 작곡

활동방법

1) 도입 ① 동물원에 체험학습을 다녀온 후 이야기를 나눈다.

- 동물원에서 어떤 동물을 보았니?(원숭이, 기린, 학, 코끼리)

② 동물 사진들을 차례로 보여주며 아이들과 함께 동물들의 특징을 나눈다.

- 동물들은 어떤 특징이 있었니?(원숭이는 팔이 길어요! 이리저리 나무를 타고 다녀요)

2) 전개 ① 교사가 유아에게 '동물원에 가요' 노래와 율동을 보여준다.

- 이 노래에서는 어떤 동물들이 나왔니?(원숭이, 토끼, 코끼리요..)
- 동물들의 움직임은 어떠했니?(코끼리는 긴~ 코를 이리저리 흔들고 토끼는 깡충깡충 뛰었어요. 캥거루는 껑충껑충 높이 뛰었어요. 표범은 빠르게 달렸어요)

② 처음부터 끝까지 (   )의 지시 동작에 맞게 움직이며 노래를 불러본다(걷기, 홉핑 등).

동물원에 가요

오늘은 동물원 가는날 (걷기)
랄라랄라 날씨도 좋아요 (홉핑)
어떤 동물 친구 만날까
둘러보지요(구부리기)
(중간 빠르기 동작)
길쭉길쭉 코가 길쭉 코끼리 (흔들거리기, 회전하기)
깡충깡충 새하얀 토-끼 (앉기, 점프)
이리저리 흔들흔들 원숭이 (회전하기, 홉핑)
너무 좋아요
(느린 빠르기 동작)
날씬날씬 긴 다리 예쁜 학 (균형잡기)
쭈욱쭈욱 목을 쭈욱 기-린 (뻗기)
꿈틀꿈틀 흔들흔들 방울뱀 (비틀기, 흔들기)
너무 좋아요
(빠른 빠르기 동작)
따그닥 따그닥 달려가는 멋진 말 (말뛰기)
껑충껑충 높이 뛰는 캥거루 (뛰어넘기)
쌩쌩달려 날쌘돌이 표-범 (달리기)
너무 좋아요
(마무리)
오늘은 동물원 가는 날 (걷기)
랄라랄라 날씨도 좋아요 (홉핑)
재미있는 동물원 친구들
너무 좋아요

③ **나는 작사가예요** 활동지에 각자 자신들이 원하는 동물을 넣어서 직접 노랫말과 동작을 만들어 본다.

• 너희들이 또 어떤 동물을 표현하고 싶니? (사자, 공작새)
• 사자는 어떤 특징을 가지고 있을까? 노랫말을 어떻게 만들 수 있을까? (어흥어흥 우는 사자/ 곱고 예쁜 날개 펴는 공작새)

3) 마무리 ① 활동 중에 좋았던 점과 어려운 점에 대해 이야기 나눈다.

• 오늘 여러 가지 동물의 움직임을 몸으로 표현해보았는데 어땠니?
• 어려운 동작이 있었니?
• 재미있던 것이나 기억나는 것이 있니?

② 자료를 음률영역에 제시한다.

• 음률영역에서 동물원 노래를 부르며 동물들의 움직임을 마음껏 표현해 보자.

동물원에 가요

신주영, 최보은 작사
신주영 작곡

신주영, 최보은: 총신대학교 유아교육과 학생

음악 만들기: 리듬 바꾸기

생활주제 지구와 우주

활동목표
- 교육목표 : 별의 특징과 느낌을 언어로 표현할 수 있다.
- 음악목표 : 4분 음표의 길이에 대해 안다.
  ♬**작은별**의 리듬을 익힌다.
  4분음표의 곡을 8분음표의 리듬으로 바꾸어 본다.

누리과정 관련요소
- 예술경험 : 아름다움 찾아보기-음악적 요소 탐색하기-음악의 빠르기, 리듬 등을 탐색한다.
- 자연탐구 : 과학적 탐구하기-자연현상 알아보기-친숙한 물체와 물질의 특성에 관심을 갖는다.
- 의사소통 : 말하기-느낌, 생각, 경험 말하기-다양한 낱말을 사용하여 상황에 맞게 말한다.

활동자료 ♬**작은별** 악보(4분음표, 8분음표), 리듬악기

활동방법

1) 도입

① ♬**작은별**을 여러 번 들려주어 익숙하게 한다.

- 이 곡은 '작은별'이라는 곡이란다.

② 곡의 느낌을 이야기한다.

- 곡을 듣고 나니 어떤 느낌이 드니?

2) 전개

① ♬**작은별** 리듬을 익힌다.

- 4분음표는 어떻게 연주할까?
- 4분음표 리듬에 맞추어 손뼉을 치면서 불러보자.

② 8분음표의 리듬을 익힌다.

- 8분 음표는 어떻게 연주할까?
- 8분 음표 리듬에 맞추어 손뼉을 치면서 불러보자.
- 짧게 끊어서 노래하면 8분음표가 되고 스타카토로 표시해도 노래의 방법은 같아진다.

③ 리듬악기로 4분음표, 8분음표로 연주한다.

3) 마무리 ① 친구들과 함께 다른 리듬으로 바꾸어 불러본 느낌을 이야기한다.

- 리듬을 바꾸어 불러 보니 어땠니?

② 악기는 조용히 제자리에 놓게 한다.

작은별

음악 만들기: 멜로디 바꾸기

생활주제 동물

활동목표

- 교육목표 : 나비의 특성을 알고 언어와 신체로 표현한다.
- 음악목표 : ♬**나비야**의 멜로디를 안다.
  부분적으로 멜로디를 바꾸어 부른다. ♬**나비야**의 멜로디를 안다.
  부분적으로 멜로디를 바꾸어 부른다.

활동자료 ♬**나비야** 악보

활동방법

1) 도입 ① ♬**나비야**를 여러 번 들려주어 익숙하게 한다.

- 이 곡은 '나비야'라는 곡이란다.

② 곡의 느낌을 이야기한다.

- 곡을 듣고 나니 어떤 느낌이 드니?

2) 전개 ① ♬**나비야** 노래를 배운다.

- '나비야' 노래를 손뼉을 치면서 불러보자.

② 익숙해지면 두 마디를 바꾸어 부른다.

- 둘째 단 마지막 마디를 (미파미)로 바꾸어 부른다.
- 넷째단 마지막 마디를 (미파미)로 바꾸어 부른다.

③ 바꾸어 부르고 싶은 멜로디가 있는지 이야기하며 바꾸어 본다.

3) 마무리 ① 친구들과 함께 다른 멜로디로 바꾸어 불러본 느낌을 이야기한다.

- 멜로디를 바꾸어 불러 보니 어땠니?

나비야

C G C G
나 비 야 나 비 야 이 리 날 아 오 너 라
C G C
노 랑 나 비 흰 나 비 춤 을 추 며 오 너 라
G7 C
봄 바 람 에 꽃 잎 도 방 긋 방 긋 웃 으 며
C G7 C
참 새 도 짹 짹 짹 노 래 하 며 춤 춘 다

부록

동화를 통한 음악극

기악곡

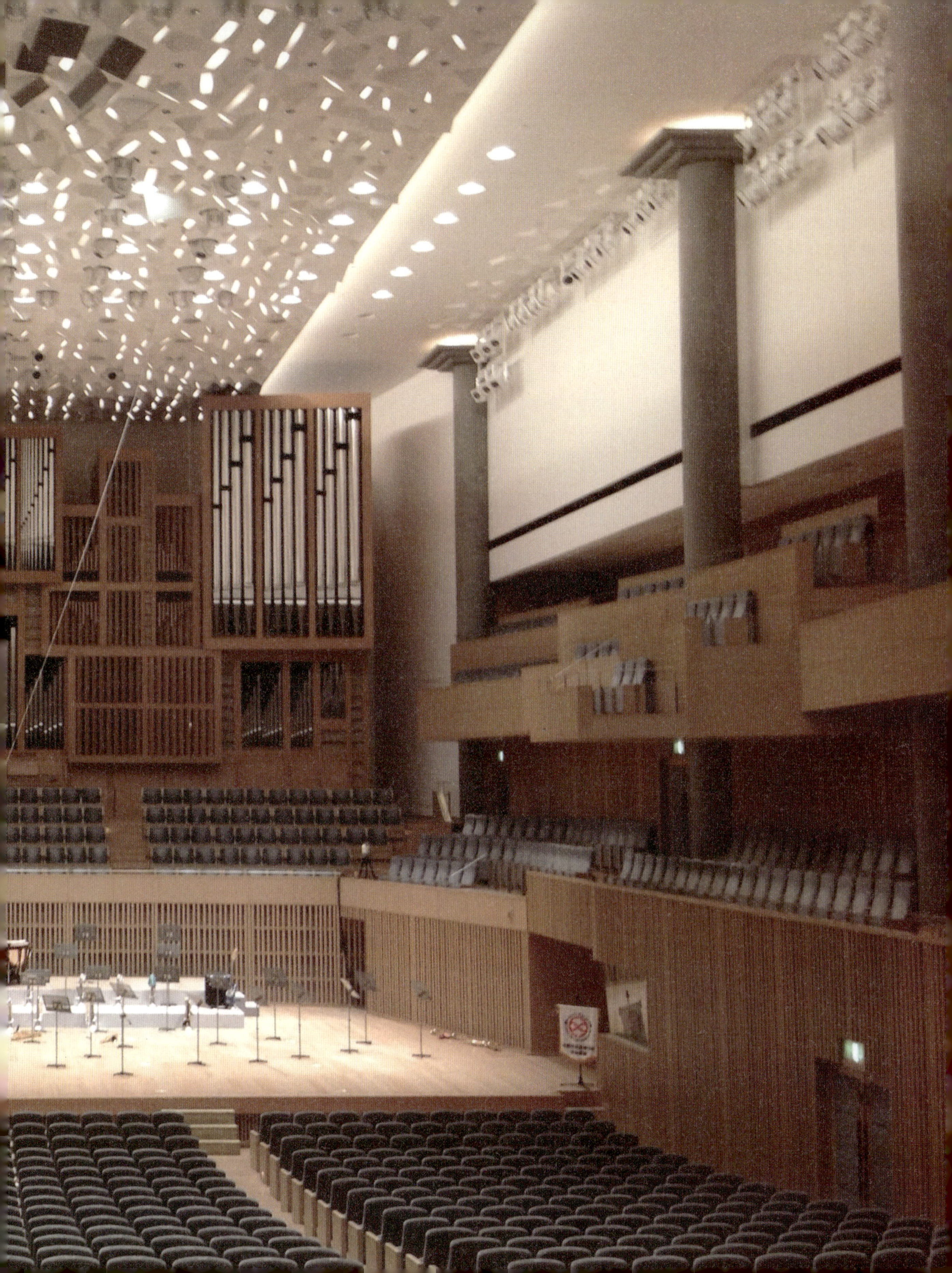

1. 동화를 통한 음악극

1) 음악극의 정의

음악극은 음악을 주 매개체로 하여 이야기 중심으로 전개되는 활동을 의미하며(Richard-Laurie, 1997), 음악과 이야기를 엮어내는 구조 내에서 주어진 역할을 수행하여 극으로 표현하는 형태를 말한다. 음악극은 동화를 기초로 노래, 대사, 악기, 음악, 동작 등을 포함하여 유아를 대상으로 극을 구성한 형태를 의미한다(장은희, 2007).

2) 유아 음악극의 교육적 가치

유아 음악극의 교육적 가치는 다음과 같다(구수진, 2006: 이효숙, 2001, Hoffman, 1973).

① 음악극은 음악의 여러 요소들을 학습하는 효과적인 놀이 과정이다. 음악극 속에 포함되어 있는 연극과 노래, 악기연주들은 유아들에게 학습이 아니라 놀이 체험에 더욱 가깝다. 유아들은 음악극을 통해 상상적 체험을 하게 되고 그 과정에서 상호작용을 거쳐 자기를 발전시킬 수 있는 기회를 가지며 연습하고 발표하면서 협동하는 것이 즐거운 것임을 깨닫게 된다.

② 음악극에 직접 참여를 통해 삶과 직결된 음악교육을 실시할 수 있다. 듀이(Dewey, 1938)는 유아기에 직접 체험의 중요성을 언급하면서 직접 체험을 통한 활동 경험은 유아들에게 자발적으로 이끌어가는 내재적인 노력을 함양할 수 있게 하며 이러한 내재적인 노력은 유아들이 흥미를 갖고 활동에 집중하는 태도를 형성해주는데 효과가 있다고 하였다. 유아들이 음악극에 직접 참여를 통해서 음악극의 주인공과 동일시하면서 인간 삶의 모든 측면을 경험하고 그들 자신의 세계를 투영하고 이해하고 표현한다고 하였다.

③ 음악극을 통해 의사소통 능력을 신장시킬 수 있다. 유아가 타인과 원만한 관계를 형성하기 위해서는 자신의 생각이나 느낌을 상황에 맞게 표현할 줄 알아야 하며, 주의 깊은 경청을 통해 타인의 의사를 이해하고 수용하며 공감할 줄 알아

야 한다. 유아들은 음악극을 만들고 참여하는 과정 속에서 그 안에 있는 특수한 정보를 받아들이고 표현하면서 의사소통한다. 음악극의 의사소통은 이야기를 담고 있는 시와 문학을 통해서, 노래와 음악적인 요소들을 통해서 그리고 신체 언어를 통해서 이루어진다.

맥길(McGirr, 1995)은 언어와 음악, 이들 두 표현양식의 기본구조나 적용 방식이 매우 유사함을 밝히고 있다. 음악적 요소인 소리, 리듬, 강약, 반복, 기록체계는 언어의 요소와 많은 특성을 공유하기 때문에 서로 연관된 의사소통 체계를 갖는다. 이처럼 음악극을 통한 의사소통은 말로 이루어지는 의사소통과는 달리 단일한 영역들이 분리 되는 것이 아니라 이야기, 말, 노래. 그리고 신체, 언어 등이 함께 어우러져서 전달된다. 그러므로 유아들에게 음악극을 실시하는 것은 유아들의 사고에 대한 다양한 표상들을 통합적인 활동과정 속에서 자연스럽게 의사소통하는 방법을 익힐 수 있는 교육활동이라는 점에서 그 의의를 찾을 수 있다.

④ 음악극을 통해 통합적 교육활동을 경험할 수 있다. 음악극을 통하여 유아들은 이야기에 대한 느낌과 생각을 표현하고, 음악과 연결하여 동작으로 표현하고, 그림을 그리면서 통합적인 활동을 경험하게 된다. 그러므로 음악극은 음악, 언어, 드라마, 그리고 신체표현을 통해 즐겁고 통합적인 경험을 할 수 있도록 구성되어야 한다.

3) 음악극의 구성요소

음악극 프로그램은 음악적 요소, 언어적 요소, 신체적 요소, 미술적 요소, 연출적 요소의 5개 요소로 구성되어 있다(장은희, 2007). 각 요소별 하위 내용은 [그림 1]과 같다.

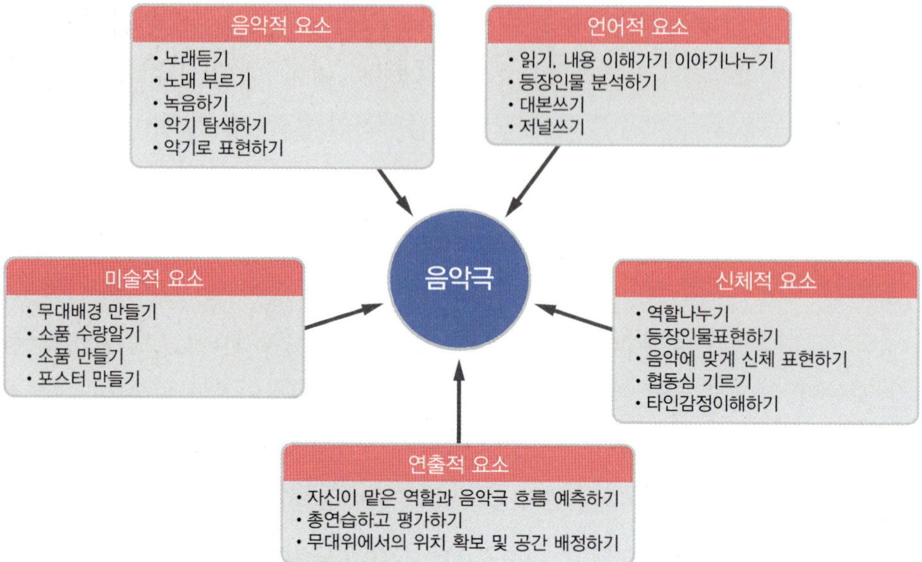

그림 1 유아 음악극의 구성 요소

4) 음악극 교수학습과정

음악극 교수학습과정은 음악극 계획하기, 통합 활동하기, 공연 및 평가하기의 3단계로 구성되며(장은희, 2007), 각 단계별 활동과정은 [그림 2]에 제시되어 있다.

5) 교사의 역할

유아들이 풍부한 음악적 환경 속에서 교육적으로 발달적으로 다양하고 의미 있는 음악극 활동을 유도하는 데 있어서 교사의 역할은 매우 중요하다. 효과적인 음악극을 위한 교사의 역할은 다음과 같다.

① 교사가 음악극 활동에 가치를 두고 적극적으로 참여한다.

② 교사는 음악극 활동에 필요한 기술과 전략을 자극하고 적극적으로 중재한다.

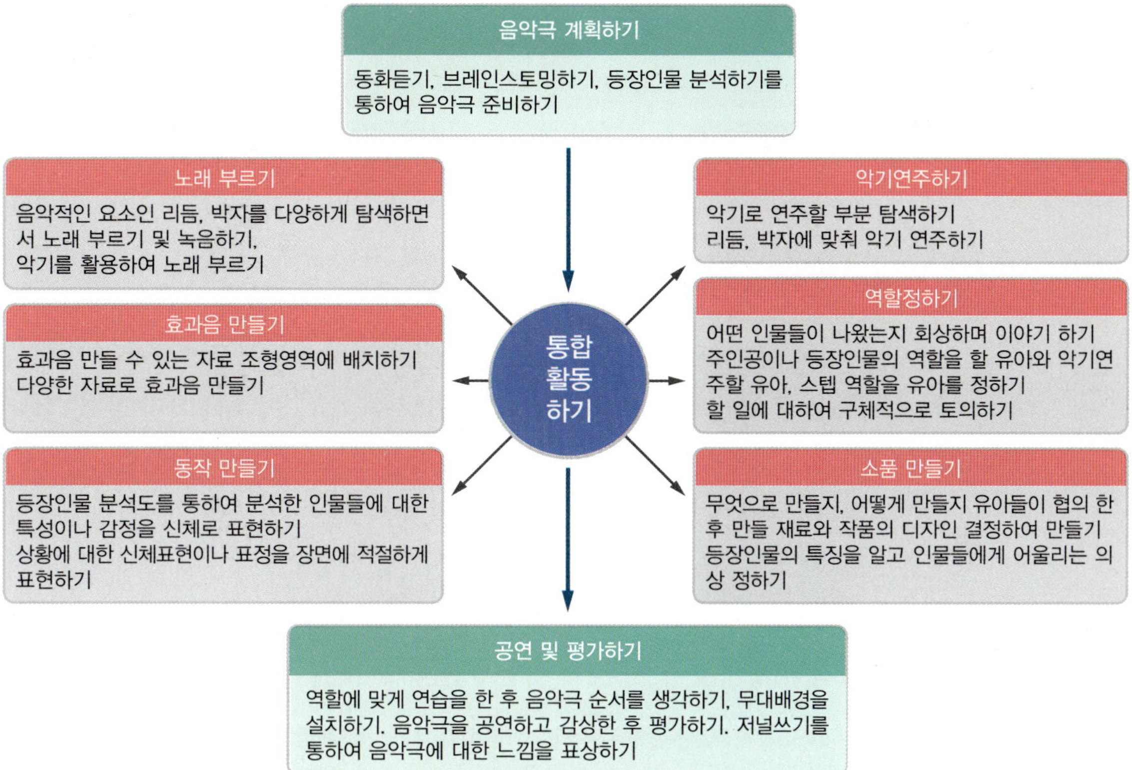

그림 2 유아 음악극 활동과정

③ 유아가 음악극 활동에 대한 동기유발을 일으키도록 유아의 재능과 장점을 인식하도록 돕는다.

④ 음악극의 전 활동 과정에서 유아의 생각을 존중하고 수용한다. 이는 유아에게 음악극에 대한 흥미를 높여주는 동기가 되며, 자긍심을 길러줄 수 있다.

⑤ 유아 스스로 자신이 표현한 음악극 활동에 대해 성취감을 느끼도록 한다.

음악극의 실제 ①

빨간 모자

1. 동화 전체 줄거리

엄마와 함께 살고 있던 빨간 모자는 어느 날 할머니가 아프셔서 병문안을 가게 되었어요. 출발 전 빨간 모자는 엄마와 두 가지 약속을 해요. "숲속에 가지 말 것, 늑대를 조심할 것". 그렇지만 아름다운 숲속을 본 빨간 모자는 그만 약속을 잊어버려요. 늑대는 빨간 모자에게 할머니께 아름다운 꽃을 따서 드리면 좋아하실 거라며 유혹하지요. 빨간 모자가 꽃을 따고 있을 때 늑대는 먼저 할머니 댁으로 가서 할머니를 잡아먹고 할머니처럼 분장을 했어요. 빨간 모자는 그것도 모르고 할머니로 분장한 늑대에게 귀가 왜 이렇게 큰지, 입이 왜 이렇게 큰지 물어봐요. 결국 늑대는 빨간 모자도 잡아먹었지요. 마침 그 근처를 지나던 사냥꾼이 이상한 소리를 듣고 할머니 집에 왔어요. 그곳에는 배가 볼록 튀어나온 늑대가 할머니 침대에서 자고 있었어요. 사냥꾼은 "이 늑대가 할머니를 잡아먹었구나!" 라고 생각을 하고 잠을 자는 늑대의 배에서 빨간 모자와 할머니를 구해 주었답니다.

2. 각 장면별 설명

#1. 여는 노래

음악극의 시작을 알리는 부분이다.

피아노의 반주가 시작되면 배역팀 모두가 무대 중앙으로 나온다. 배역팀은 노래를 부르며 율동을 하고, 합창단과 악기팀은 악기를 연주하면서 노래를 부른다.

#2. 엄마와 빨간 모자의 대화

빨간 모자가 엄마의 심부름을 가기위해 준비하는 부분이다.

초반에 합창단이 노래를 부르는 부분에서는 배역팀 중 한 사람이 나와 율동을 한다.

합창단 파트가 끝나면 엄마와 빨간 모자가 배경 뒤에 숨어 있다가 무대로 나와 빨간 모자의 집 앞에서 노래와 율동을 한다.

#3. 숲속에 있는 빨간 모자

빨간 모자가 숲속의 아름다움에 감탄하며 꽃다발을 만드는 부분이다.

빨간 모자가 숲에서 노래와 율동을 하며 꽃다발을 만든다.

#4. 늑대 등장 – 빨간 모자와의 대화

배고픈 늑대가 숲속에 있는 빨간 모자를 발견하고 빨간 모자에게 다가가 유혹하는 부분이다.

빨간 모자가 꽃다발을 만들고 있으면 늑대가 다가와 노래와 율동을 하며 말을 건다.

빨간 모자와 늑대가 노래를 하며 대화를 주고받는다.

#5. 늑대가 할머니 잡아먹기 – 도착한 빨간 모자 – 빨간 모자 잡아먹기

빨간 모자로 변장한 늑대가 할머니 집으로 가 할머니를 잡아먹고 곧 이어 도착한 빨간 모자까지도 잡아먹는 부분이다.

늑대가 할머니 집 앞에서 노래를 부르며 할머니를 부르면 할머니가 집 뒤에서 노래를 부르며 나온다. 이때 늑대가 할머니를 잡아먹는다.

할머니를 잡아먹은 늑대가 할머니 집 뒤로 숨고 나면 곧이어 빨간 모자가 찾아온다. 빨간 모자가 문을 두드리며 노래를 부르면 할머니로 변장한 늑대가 집 뒤에서 나타나 빨간 모자도 잡아먹는다.

#6. 사냥꾼의 노래

할머니와 빨간 모자를 구해줄 사냥꾼이 등장해서 할머니와 빨간 모자를 구해주는 부분이다.

사냥꾼은 숲 배경 뒤에서 총을 들고 용감하고 씩씩하게 노래를 부른다. 그러고는 할머니 집으로 이동하여 늑대를 발견한다.

#7. 돌을 넣자

사냥꾼이 늑대의 배를 갈라 할머니와 빨간 모자를 구해낸 후 늑대의 뱃속에 돌을 채워 넣는 부분이다.

늑대는 할머니와 빨간 모자, 사냥꾼에 의해 무대 앞으로 끌려나오고, 할머니와 빨간 모자와 사냥꾼은 합창단의 노래에 맞추어 늑대의 뱃속에 돌을 집어넣는다. 노래가 마쳐질 쯤에 늑대를 우물에 빠뜨린다.

#8. 감사합니다

사냥꾼 덕에 살아나게 된 할머니와 빨간 모자가 사냥꾼에게 감사를 표하는 부분이다.

사냥꾼, 할머니, 빨간 모자는 무대 앞으로 나와 노래와 율동을 하며 대화를 주고받는다. 노래가 끝나면 사냥꾼은 무대 뒤로 사라진다.

#9. 닫는 노래

음악극의 끝을 알리는 부분이다.

배역팀 전체가 무대 중앙으로 나와 노래를 부르며 율동을 한다.

합창단과 악기팀도 함께 노래한다.

3. 배경, 소품, 의상

1) 배경

숲 배경

할머니 집

빨간모자 집

2) 소품

꽃과 덤불

우물

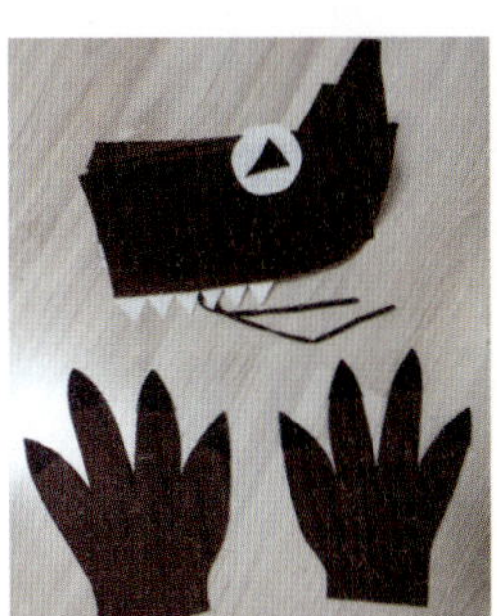

늑대와 사냥꾼 소품

4. 악보

#1. 여는 노래

C Dm Em Am G F F♯ Gsus4 G7
여 러 분 들 환 영 해 요 wel - come to mu - si - cal
C Dm Em Am G C C7
여 기 는 빨 간 모 자 살 고 있 는 마 을
F Em Am G Dm C G
깡 총 깡 총 토 끼 를 찾 아 훨 훨 나 는 예 쁜 나 비 찾 아
C Dm Em Am G G C G C
모 두 함 께 떠 나 봐 요 빨 간 모 자 음 악 극 속 으 로 Let's go!

#2. 엄마와 빨간 모자의 대화

(엄마) (빨간모자) (엄마) (빨간모자)
F C G
숲 속 에 서(숲 속 에 서) 늑 대 가(늑 대 가) 나 타 날 지 모 - 르 - 니
C Dm Em F G C
한 눈 팔 지 말 고 조 심 조 심 다 녀 오 - 너 라
(빨간모자)
C G
알 - 겠 어 요 걱 정 마 세 요 늑 대 를 조 심 할 게 요
C F G C
한 눈 팔 지 말 고 조 심 조 심 잘 다 녀 올 게 요
(엄 마 안 녕)

#3. 숲속에 있는 빨간 모자

(빨간모자)
F C C7 Dm
아 름 다 운 숲 속 이 야
B♭ F G C
초 록 빛 나 무 좀 봐 –
F C C7 Dm
향 기 로 운 들 꽃 으 로
B♭ C7 F
꽃 다 발 을 만 들 자 –

#4. 늑대 등장 – 빨간 모자와의 대화

(빨간모자)
B♭ Am Dm G C F
할 머니아 파서 병 문 안 가 는 길이 야

(늑대)
Dm
(빨간모자)
Fine
할 – 머니집 이 어 디 지 숲 – 너머너 머 있 단 다
천 – 천히예쁜꽃 따 오 렴 나 – 먼저먼 저 갈 테 니

#5. 늑대가 할머니 잡아먹기 – 도착한 빨간 모자 – 빨간 모자 잡아먹기

(늑대가 할머니 잡아먹기)

(늑대가 빨간 모자 잡아먹기)

#6. 사냥꾼의 노래

(사냥꾼)
F Gm Am C7
나는사냥꾼 나는사냥꾼 용 감한사냥꾼이 다
F Gm C7 F
늑대쯤이야 상대가안돼 멋 진 사냥꾼이 다
Gm Am Dm F/C Gm/B♭ C7
이 상하다 이 상 해 할 머니소리가아 냐
B♭ Dm/A Dm G C7 F
드릉드릉쿨 쿨쿨 늑대소 리 할머니를구해내 자

#7. 돌을 넣자

#8. 감사합니다

#9. 닫는 노래

C Dm Em Am G F D/F♯ Gsus4 G7
구해 냈죠 구해냈죠 할머니와빨간모 자
C Dm Em Am G C C7
늑 대는 우물속에 빠 지고말았어 요
F Em Am Dm C G
깡총 깡총 토끼와함께 훨훨 나는 나비들과함께
C Dm Em Am G C
빨간 모자 행복해요 이다음에다시만나 요

음악극의 실제 ②

작은 암탉 이야기

1. 동화 전체 줄거리

언제나 부지런한 암탉 꼬꼬는 어느날 땅 위에 떨어진 밀알을 발견했어요.

동물 친구들에게 밀알을 같이 심자고 하지만 오리, 강아지, 고양이 친구들 모두 싫다고 거절했답니다. 암탉은 혼자서 씨를 심고, 물도 주었더니 어느새 밀알이 쑥쑥 자랐어요.

암탉 꼬꼬는 동물친구들에게 밀베는 것을 도와달라고 부탁하지만 역시나 친구들은 귀찮아 그런지 모두 거절했답니다. 암탉 꼬꼬는 하는 수 없이 혼자서 밀을 베었습니다.

밀을 다 벤 암탉은 밀을 빻으러 방앗간에 같이 가자고 해요.

그러나 동물 친구들은 이번에도 바쁘다며 거절했지요. 암탉 꼬꼬는 하는 수 없이 혼자서 밀을 빻아와서 반죽을 도와달라고 하지만 또 거절당하고 말았어요. 혼자 밀가루 반죽을 하여 구수한 빵을 만들고 식탁위에 버터와 딸기즙과 우유를 올려놓은 암탉! 동물친구들은 먹는 것을 도와주겠다고 달려들었어요. 그러나 암탉은 그 빵을 혼자 다 먹었어요. 동물 친구들은 군침만 흘렸어요.

2. 각 장면별 설명

#1. 여는 노래

음악극의 시작을 알리는 부분이다.

피아노의 반주가 시작되면 배역팀 모두가 무대 중앙으로 나온다. 배역팀은 노래를 부르며 율동을 하고, 합창단과 악기팀은 악기를 연주하면서 노래를 부른다.

#2. 암탉 노래

합창단 파트가 끝나면 암탉이 배경 뒤에 숨어 있다가 무대로 나와 노래와 율동을 한다.

#3. 암탉과 동물들과의 대화

암탉이 동물들에게 밀을 심자고 부탁하고 오리는 거절하는 부분이다. 암탉은 애절한 표정으로 노래하며 동물들은 팔장을 낀 채 단호하게 거절한다.

#4. 이를어쩌나- 암탉이 슬퍼하는 노래

암탉이 마음을 추스르고 혼자 밀을 심고 추수하고 밀가루를 빻고 반죽을 하겠다는 내용이다.

#5. 닫는 노래

음악극의 끝을 알리는 부분이다. 배역팀 전체가 무대 중앙으로 나와 노래를 부르며 율동을 한다. 합창단과 악기팀도 함께 노래한다.

3. 배경, 소품, 의상

빨간 암탉 소품

4. 악보

장은희 작사/작곡

#1. 여는 노래

#2. 암탉 노래

#3. 암탉이 오리에게 부탁하는 노래

오리의 대답

#4. 이를 어쩌나 – 암탉 노래

#3. 암탉이 강아지에게 부탁하는 노래

강아지의 대답

#4. 이를 어쩌나 – 암탉노래

#3. 암탉이 고양이에게 부탁하는 노래

고양이의 대답

#4. 이를 어쩌나 – 암탉노래

#. 합창

#3. 암탉이 오리에게 부탁하는 노래

오리의 대답

#. 혼자 추수해야지 – 암탉 노래

#3. 암탉이 강아지에게 부탁하는 노래

강아지의 대답

#. 혼자 추수해야지 – 암탉노래

#3. 암탉이 고양이에게 부탁하는 노래

고양이의 대답

#. 암탉 노래

이 – 를 어 쩌 나 도 와 주 지 않 네
할 수 없 지 나 혼 자 밀 을 베 어 야 지
싹둑 싹둑 밀을 베 밀가 루로 만 들 자
영 차 영 차 영 – 차 방 앗 간 으 로 가 자

도 와 줘 요 도 와 줘 요 방 앗 간 으 로 밀 을 옮 겨 요
싫 — 어 요 싫 어 요 달 리 기 시 합 해 야 지
이 — 를 어 쩌 나 도 와 주 지 않 네
나 혼 자 방 앗 간 으 로 밀 을 옮 겨 야 지

사락 사락 사라 락 밀가 루가 되 었 네
랄 라 랄 라 신 나 게 반 – 죽 을 해 야 지
도 와 줘 요 도 와 줘 요 밀 가 루 로 반 죽 해 야 죠
싫 – 어 요 우 리 는 나 – 비 를 잡 아 야 해

이 – 를 어 쩌 나 도 와 주 지 않 네

나 혼 자 조 물 조 물 반 죽 해 야 겠 구 나

#. 암탉

고 – 소 한 빵 냄 새 맛 있 게 구 워 졌 구 나

버 터 우 유 딸 기 잼 식 탁 위 에 차 려 놔 야 지

#. 동물들

암 – 탉 님 우 리 에 게 고 소 한 빵 주 – 세 – 요
싫 – 어 요 나 혼 자 냠 냠 냠 냠 다 먹 겠 어 요

#5. 닫는 노래

꼬 꼬 댁 꼬 꼬 꼬 꼬 댁 꼬 꼬 작 은 암 탉 이 야 기
어 려 울 때 서 로 도 와 요 랄 랄 라 신 나 게

음악극의 실제 ③

늑대와 양

등장인물: 늑대, 양치기(1), 양(5–상황에 따라 변동가능)

#1. 여는 노래

(반주가 시작되기 전 합창단은 무대 가운데에서 율동을 준비한다. 등장인물은 무대 뒤편에서 율동과 노래를 함께 한다.)

#2. 늑대-외로워 노래

(반주가 시작되면 합창단은 자기 위치로, 양과 양치기는 무대 뒷편으로, 늑대는 무대 가운데 위치한 뒤 율동과 노래를 준비한다. 늑대 노래하는 동안 양과 양치기는 즐겁게 놀이하는 것 처럼 움직이며 상황극을 한다.)

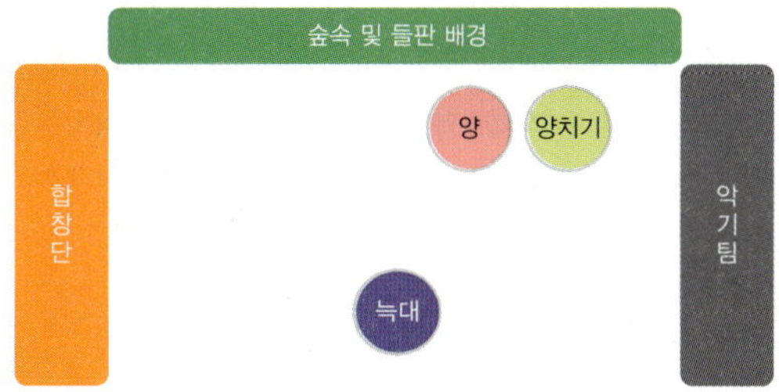

#3. 양치기, 양-친구와 즐겁게 노래

(반주가 시작되면 늑대는 무대 뒤편으로, 양과 양치기는 무대 가운데로 위치한 뒤 율동과 노래를 준비한다.)

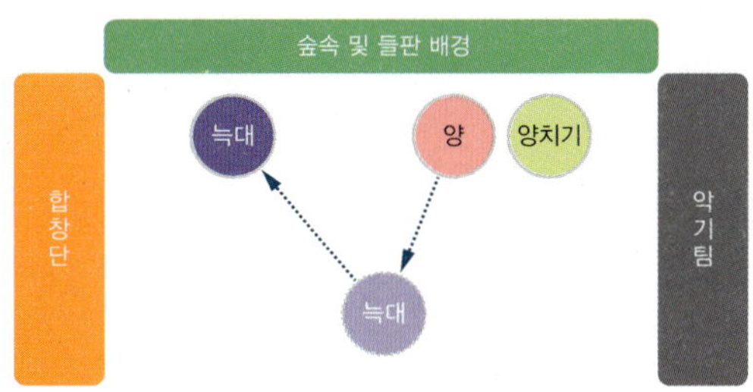

#4. 늑대- 외로워 노래 '친구가 되어주세요'

(반주가 시작되면 늑대는 무대 가운데로, 양과 양치기는 무대뒷편으로 이동한 뒤 율동과 노래를 준비한다.)

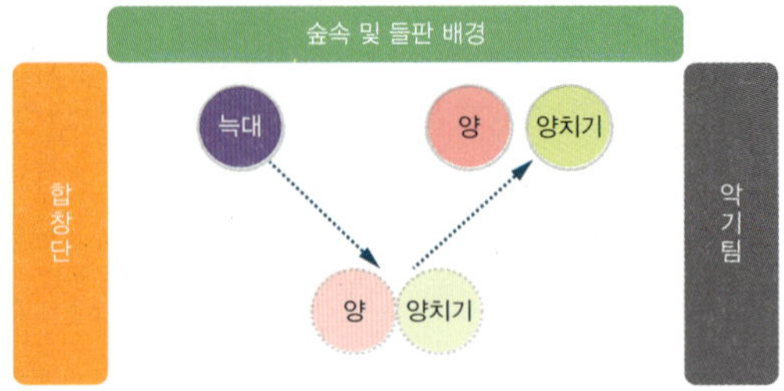

#5. 양치기, 양-도망가자 노래

(무대 가운데에서 늑대와 양, 양치기가 원형으로 쫓고 쫓기듯이 움직이며 노래한다.)

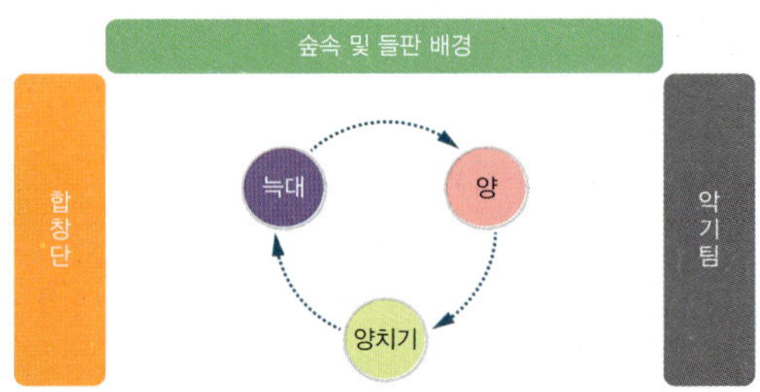

#6. 늑대-외로워 노래 '가지마'

(#5번 노래 끝날 즈음 양과 양치기는 무대 뒷편으로 가고 늑대는 무대 중앙에 자리잡는다.)

#7. 합창단-늑대 고민 노래

(합창단은 무대 가운데에 자리잡고 노래 부른다. 늑대는 무대 왼편에, 양과 양치기는 무대 오른편에 위치한다. 늑대는 양과 양치기쪽으로 점점 다가가며 노래한다.)

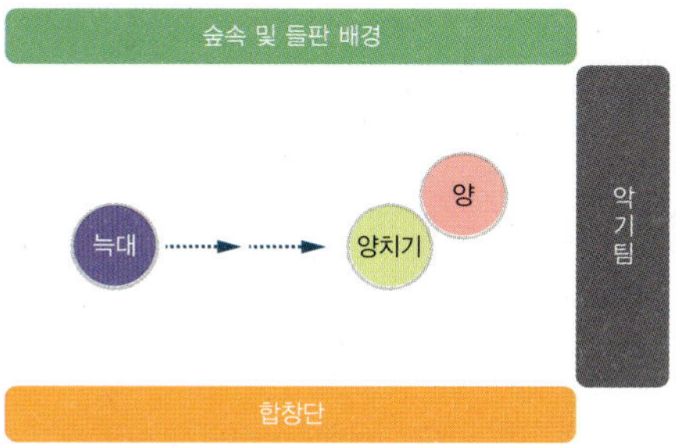

#8. 합창단-늑대의 노래 소개

(합창단은 무대 가운데에서 노래한다. 노래 마지막에 합창단은 두 팀으로 갈라져 다음 노래에서 늑대가 무대 가운데로 나올 수 있는 통로를 만들어 준 뒤 그대로 자리에 앉는다.)

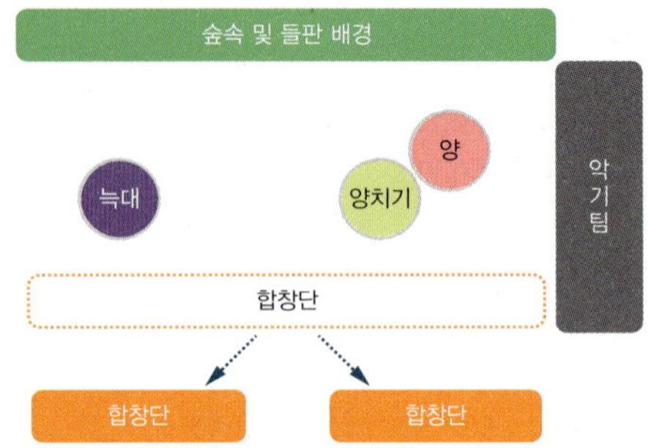

#9. 늑대-나랑 친구하자 노래

(늑대는 합창단 사이 통로쪽으로 서서히 나오며 노래하고 양치기와 양은 무대 뒷편에서 서서히 앞으로 나온다.)

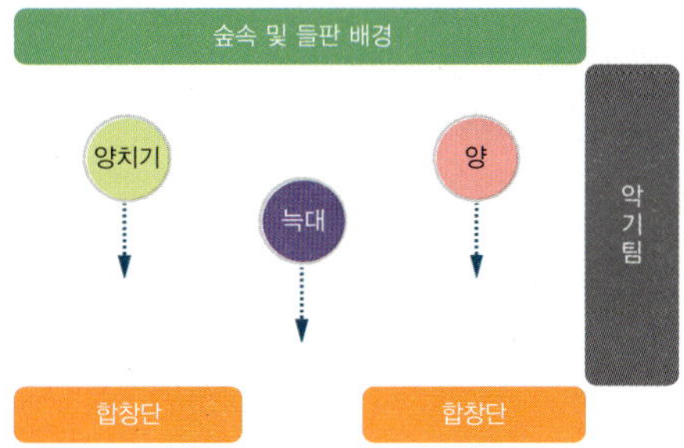

#10. 늑대, 양, 양치기-우리 모두 친구

(여는 노래와 동일한 위치에 선 뒤 노래와 율동을 한다.)

#11. 닫는 노래

2. 기악곡

유아 교육 현장에서 음악감상, 노래 부르기, 악기 다루기(리듬합주) 등 음악수업에 다양하게 활용할 수 있는 7곡을 선정하였다. 다양한 음원들을 쉽게 구할 수 있지만 전곡이 아니어도 부분적으로 주 멜로디를 직접 연주하여 유아들에게 들려주는 것은 유아들에게 호감도와 집중력을 끌어낼 수 있다. 직접 유아들에게 연주해 줄 수 있도록 연습해 본다.

애국가

안익태

연주방법
3성부의(소프라노, 알토, 베이스) 악보이다. 한 성부씩 충분히 따로 연습후 같이 연주해 본다. 더 웅장한 느낌이 들게 왼손을 옥타브로 연주할 수 있다.

My Way

Claude Francois
J. Revaux

연주방법

1967년 루보가 작곡한 곡에 1969년 폴 앙카가 존경하는 가수 시나트라를 위해 가사를 붙여 My way라고 이름지었다. 시나트라가 은퇴할 것 같다는 이야기를 듣고 지나온 인생을 돌아보는 노랫말을 썼다. 4분의 4박자의 조금 느린 곡이므로 멜로디를 느끼며 여유롭게 연주해 본다.

DO RE MI

Rodgers Richard

연주방법
영화 '사운드 오브 뮤직'의 삽입곡으로 마리아 선생님과 이이들이 언덕을 오르면서 부르는 노래이다. 계이름을 지도에 부르기 좋은 곡이고 영어가사, 한글가사 모두 재밌게 아이들이 배울 수 있는 노래이다. 쉬운 알베르티(도솔미솔) 반주법으로 되어있으므로 연습하여 노래 지도 시에 직접 반주해 보도록 한다.

C
mp
C
G7
C
G7
C
mf
mp
G7
C
G7
C
G7
C
G7
mf
C
f

Moon River

Johnny Mercer
Henry Mancini

연주방법
영화 '티파니에서 아침을' 에서 주인공 오드리 햅번이 기타를 치며 부른 노래이다. 아카데미 주제가상을 받고 이후 많은 음악가들에 의해 편곡되어 널리 알려진 명곡이다. 3박자의 느낌을 살리며 멜로디를 부드럽게 연결하여 연주해 본다.

Canon in D

Johann Pachelbel

연주방법
캐논은 '돌림노래'를 뜻한다. 처음 8마디 왼손의 주선율이 반복되고 오른손 멜로디는 그 선율을 아름답고 화려하게 변형시킨다. 멜로디가 잘 살아나도록 연주해 본다. 음악감상지도 시에 주제 선율을 들려주고 어떻게 변형되는지 직접 연주하여 들려줄 수 있다. 주제와 변주의 개념을 알려줄 수 있는 곡이다.

Salut d'amour

Edward Elgar

연주방법

엘가가 아내 엘리스에게 바치는 사랑의 마음이 담긴 우리에게 친숙한 곡이다. 처음 피아노곡으로 작곡되었지만 관현악곡으로 편곡되어 널리 알려진곡이다. 음악 감상 지도시에 교사가 피아노 버전을 연주하여 들려주고 관현악 버전을 비교하며 들려줄 수 있다. 오른손의 아름다운 멜로디를 부드럽게 연결하여 표현하고 왼손의 당김음 반주 리듬에 주의하며 연습해 본다.

Humoresques

Antonin Dvorak

연주방법

유모레스크는 제목 그대로 유머러스하고 변덕스런 성격의 곡이다. 가볍게 뛰는 듯한 밝은 멜로디로 시작되어 갑자기 느리고 슬픈 멜로디로 바뀐다. 마지막에 다시 처음의 뛰는 듯한 멜로디가 반복되며 끝을 맺는다. ABA형식을 지도할 수 있는 곡이다. 변화되는 템포와 분위기를 잘 살려 연주해 본다.

Più lento
dim.
cresc.

ff
rit.
Tempo I
pp
rit.
a tempo
f
p
p
dim.
rit.
p dim.
pp

참고문헌

국내문헌

강문진 (2009). 코다이 교수법이 유아의 음악성에 미치는 효과. 총신대학교 교육대학원 석사논문.

곽봉애 (2010). 통합적 리듬악기 지도 프로그램이 유아의 음악 능력 및 음악적 창의성에 미치는 영향. 전남대학교 교육대학원 석사학위논문.

교과부 (2013). 3-5세 연령별 누리과정 해설서. 교과부.

권오선 (2011). Orff 접근법에 의한 음악활동이 유아의 음악표현 능력에 미치는 영향. 덕성여자대학교 교육대학원 석사학위논문.

김광자 (2004). 포괄적 음악교육에 기초한 유아의 음악적 능력 증진 프로그램 개발 및 효과 검증. 서울여자대학교 대학원 박사학위논문.

김남연, 김명정 (2013). 예술과 통합한 유아과학교육에 대한 유아교사의 인식과 실태 분석. 유아교육학논집, 17(3), 107-130.

김명정, 조형숙 (2011). 음악극 경험을 통해 나타나는 유아들의 음악적 반응 변화. 한국교육문제연구, 29(2), 131-154.

김명희, 김영천 (1998). 다중지능이론: 그 기본 전제와 시사점. 교육과정연구, 16(1), 299-330.

김민아 (2000). 신체활동을 통한 유아음악 Program에 관한 연구: 만 3, 4세를 중심으로. 숙명여자대학교 대학원 석사학위논문.

김수현 (2012). 고든의 음악학습이론을 이용한 음악적성 신장 방안 개발. 경인교육대학교 교육대학원.

김영연 (2003). 유아음악교육론. 서울: 학지사.

김영연 (2007). 음악교육의 지평 2. 서울: 신정.

김영이 (2001). Dalcroze와 Orff의 리듬지도 방법의 효과 비교. 계명대학교 교육대학원원 석사학위 논문.

김은심, 안숙희(2008). 영유아를 위한 음악 동작교육. 파란마음.

김정화 (1998). 유아음악놀이지도. 서울: 학문사.

김혜경 (1997). 유아음악교육 2000. 서울: 창지사.

김혜경 (2010). 유아음악교육 2000. 서울: 창지사.

남소현 (2006). 유아교사 양성과정의 유아음악교육에 대한 현직교사의 인식 및 개선방안. 이화여자대학교 대학원 석사학위논문.

남은열 (2011). 유아 음악 교육. 서울: 정민사.

류숙희 (1996). 지각된 다중지능의 집단 차와 IQ 및 성적과의 관계 연구. 서울대학교 대학원 석사학위논문.

문혜연 (2002). 유아 음악 감상활동이 유아의 음악능력에 미치는 영향. 울산대학교 교육대학원 석사학위논문.

민경훈 (2006). 초등학교 음악교육에 있어서 통합 예술적 수업모형 개발에 대한 연구. 음악교육연구, 29, 53-76.

민경훈, 김신영, 김용희, 방금주, 승윤희 (2010). 음악교육학 총론. 서울: 학지사.

박상하, 조순이 (2001). 오르프 음악교육이 초등학생의 창의성 개발에 미치는 영향. 초등교육연구, 17(1), 109-134.

박수정 (2007). 유아의 음악적 재능개발을 위한 교육방법연구. 관동대학교 교육대학원 석사학위논문.

보건복지부 (2013). 표준보육과정. 보건복지부

성인지 (2007). 유아음악교수법의 연구동향 분석. 숙명여자대학교 교육대학원. 석사학위논문.

송세라 (2006). Dalcroze 교수법이 유아의 음정과 리듬감에 미치는 영향 - 만5세를 중심으로. 총신대학교 교육대학원 석사학위논문.

송연아 (2001). 리듬악기를 이용한 음악활동이 유아의 음악능력발달에 미치는 영향. 원광대학교 대학원 석사학위논문.

신수현 (2013). 클래식을 편곡한 동요에 적용된 유아 발달 특징 : '치로의 클래식 동요' 음악 분석을 중심으로. 상명대학교 일반대학원 석사학위논문.

심성경, 이희자, 이선경, 김경의, 이효숙, 박주희 (2003). 유아음악교육. 서울: 양서원.

심성경, 이희자, 이선경, 김경의, 이효숙, 박주희 (2013). 영유아음악교육. 서울: 양서원.

안경숙, 김소향, 나은숙 (2012). 영유아음악교육. 경기: 양서원.

안재신 (1996). 유아음악교육. 경기: 교육과학사.

안재신 (2004). 유아음악교육(개정증보판). 경기: 교육과학사.

양혜경 (2010). 하워드 가드너의 음악적 지능에 따른 피아노 지도 내용 구성에 관한 연구. 숙명여자대학교 사회교육대학원 석사학위논문.

육순진 (2007). 유아 교사를 위한 반주법의 이론과 실제. 서울: 정민사.

윤영배, 정윤선 (2005). 유아, 초등음악 학습을 위한 오르프 접근법과 악기 앙상블. 서울: 창지사.

윤은미 (2006). Gordon의 음악학습이론에 기초한 유아 음악과 동작의 통합활동 프로그램 구성 및 적용 효과 탐색. 중앙대학교 대학원 박사학위논문.

음악세계연구회 (2010). 피아노 반주세상. 서울: 음악세계.

이민경 (2005). 유아를 위한 음악교육. 서울: 21세기사.

이슬기 (2011). 달크로즈 교수법에 의한 음악지도 방안연구: 4-6세 유아를 중심으로. 계명대학교 교육대학원.

이영주 (2006). 유치원 음악교육의 실태조사연구. 공주대학교 교육대학원 석사학위 논문.

이옥주 (2002). 고든의 이론에 기초한 유아 음악교육의 방법에 관한 연구: 제6차 유치원 교육과정에 근거하여. 중앙대학교 교육대학원 석사학위논문.

이진우, 이순영 (2006). 영유아 음악교육. 서울: 파란마음.

이홍수 (1990). 음악교육의 현대적 접근. 서울: 세광음악출판사.

임미경 (1989). 오르프 접근법. 서울: 세광음악출판사.

임미경, 현경실, 조순이, 김용희, 이에스더 (2010). 음악교수법. 서울: 학지사.

임혜정 (2008). 유아음악교육. 서울: 태영출판사.

장은주 (2013). 유아음악교육. 서울: 양서원.

장은희 (2007). 유아음악극 프로그램 구성 및 효과연구. 덕성여자대학교 박사학위 논문.

전인옥, 이숙희 (1997). 유아음악교육. 한국방송대학교 출판부.

전현성 (1999). 최신유아음악교육. 서울: 태림출판사.

조주연 (2009). 칼 오르프의 음악교수법을 활용한 음악학습지도방안. 계명대학교 교육대학원 석사학위논문.

조혜리 (2012). 유아음악교육지도방안에 관한 연구. 경상대학교 교육대학원. 석사학위논문.

조혜영 (2009). 유아교육기관의 음악교육활동에 관한 교사의 인식 및 학부모의 인식분석연구: 경남 지역을 중심으로. 창원대학교 교육대학원 석사학위논문.

조홍기 (2004). 코다이 음악교육. 서울: 세광음악출판사.

최슬기 (2009). 코다이 교수법을 적용한 효율적인 시조창 지도방안 연구: 코다이 손기호를 중심으로. 연세대학교 교육대학원 석사학위논문.

최유리 (2012). 오르프 교수법을 적용한 음악 수업이 초등학교 4학년 음악적 개념 및 태도에 미치는 영향. 경인교육대학교 대학원 석사논문.

국외문헌

Andress, B. (1995). Transforming curriculum in music. In S. Bredekamp & T. Rosegrant(Eds.), *Reading potentials :Transforming early childhood curriculum and assessnent* Vol. 2. Washington D.C: National Association for the Education of Young Children.

Barbara W. (1996). *Elementary Rudiments of Music*. The Frederick Harris Music Co.

Campbell, P. S. & Scottkassner, C. (1995). *Music in Childhood :From preschool through the elementary grades*. New York: Schimer Books.

Charles, H. & Lawrence, R. (2000). *Harmony through Melody*. Scarecrow Press.

Claude, V. P. (1996). *Norton Anthology of Western Music*. New York: W. W. Norton & Company.

Don, M. R. (1996). *The Harvard Biographical Dictionary of Music*. Cambridge: The Belknap Press of Harvard University Press.

Donna W. (1982). *Move, Sing, Listen, Play*. Troto, Ontario: Gordon V. Thomas.

Gardner H. (1993). *Multiple intelligence: The theory in practice*. NewYork: BasicBooks.

Gardner, H. (1983). 이경희 역, 마음의 틀. 서울: 문음사.

Gardner, H. (1993). 김명희, 이경희 역, 다중지능의 이론과 실제. 서울: 양서원.

Gordon, E. E. (1971). *The Psychology of Music Teaching*. Englewood Cliffs: Prentice-Hall.

Gordon, E. E. (1990). *A music learning theory for new born and young children*. Chicago, Ⅱ: G.I.A. Pub. INc.

Gordon, E. E. (1991). *Guiding your child's musical development*. Chicago: GIA Publication.

Gordon, E. E. (1997). *The Nature, description, measurement and evaluation of music aptitude*. Chicago: GIA.

Greenberg, M. (1979). 이기숙, 김영주 역, 유아음악교육. 서울: 교문사.

Greenberg. M. (1979). *Your children need music*. Englewooe Cliffs, NJ: Prentice Hall.

Hodges, D. A. (1996). *Handbook of music psychology*(2nd ed). San Antonio, TX: IMR Press.

Jane, F. & Kent, K. (1987). *Discovering Orff*. New work: Schott Music Corperation 14.

Kirby, F. E. (1995). *Music for Piano: A Short History*. Amadeus Press.

McDonald, D. T. & Ramsey, J. H. (1978). Awakening the Artist. *Music for Young Children*, 33, 26-32.

Pugh, A. & Pugh, L. (1998). *Music in the early years*. London: New Fetter Lane, Routledge.

Robert, P. M. (1991). *Twentieth-Century Music*. New York: W. W. Norton & Company.

Scott-Kassner, C. (1993). *Musical Characteristics by MENC*.

Shelly, S, J. (1969). "Developing Sensory Perception in 3,4 and 5 Years old" Paper presented at the Meeting of the Music Educators National Conference. Washington.

Swanson, B. R. (1964). *Music in the Education of Children*. Balmont. California: Wadsworth.

Taylor, B. J. (1996). *A child goes Forth : a curriculum guide for preschool children*. 8th ed. New Jersey : A somon & Schuster.

저자 소개

장은희

덕성여자대학교 대학원 유아교육학 전공(교육학 박사)

현재 무지개유치원 원장

평택대학교 아동청소년복지학과 겸임교수

최영해

덕성여자대학교 대학원 유아교육학 전공(교육학 박사)

현재 총신대학교 부속유치원 원감

총신대학교 유아교육학과 강사

곽윤경

캐나다 마니토바주립대학교 피아노 전공(음악석사)

캐나다 알바타주립대학교 음악대학 피아노 전공(박사과정 수료)

현재 경인여자대학교 · 총신대학교 강사

김명정

중앙대학교 일반대학원 유아교육학 전공(석사)

중앙대학교 일반대학원 유아교육학 전공(박사과정 수료)

현재 국립한국복지대학교 · 백석예술대학교 강사

영유아 음악교육

2014년 9월 5일 초판 인쇄
2014년 9월 10일 초판 발행

지은이 | 장은희 · 최영해 · 곽윤경 · 김명정
발행인 | 유제구
발행처 | 파워북
주 소 | 경기도 고양시 일산동구 호수로 358-25
동문굿모닝타워 2차 529호
전 화 | (02) 730-1412
팩 스 | (031) 908-1410
등 록 | 1997. 1. 1 제 300-1997-13

정 가 23,000원
ISBN 978-89-8160-237-6 (93370)